纪连海谈道德经

纪连海 著

石油工业出版社

图书在版编目（CIP）数据

纪连海谈道德经 / 纪连海著. —北京：石油工业出版社，2019.1
 ISBN 978-7-5183-2901-4

Ⅰ.①纪… Ⅱ.①纪… Ⅲ.①道家②《道德经》–通俗读物 Ⅳ.①B223.1-49

中国版本图书馆CIP数据核字（2018）第219418号

纪连海谈道德经
纪连海　著

出版发行：石油工业出版社
　　　　　（北京安定门外安华里2区1号　100011）
网　　址：www.petropub.com
编　辑　部：（010）64523607　图书营销中心：（010）64523633
经　　销：全国新华书店
印　　刷：北京晨旭印刷厂

2019年1月第1版　2019年1月第1次印刷
700×1000毫米　开本：1/16　印张：23.5
字数：310千字

定　价：45.00元
（如发现印装质量问题，我社图书营销中心负责调换）
版权所有，翻印必究

中国历史上下五千年，悠久而漫长，在历史的长河中，中华民族用劳动和智慧创造了光辉灿烂的文明，积淀了独具魅力的文化。

文化是一个民族的标志，更是一个民族的灵魂。

中华文化是中华民族无数古圣先贤、风流人物、仁人志士对自然、人生、社会的思索、探求与总结，是我国各族人民的智慧源泉与精神支柱，是中华民族的尊严与标志，更是中华民族屹立于世界民族之林的形象，它既是中华民族智慧的凝结，更是道德规范、价值取向、行为准则的集中再现。

中华民族之所以历经磨难而不衰，非常重要的一点，就是中华文化营造出的强大的民族向心力。中华传统文化是中华文明成果根本的创造力，是民族历史上道德传承、各种文化思想、精神观念形态的总和。以现在的学科分类，则囊括了中国古代的哲学、宗教、政治、科技、历史、地理、文学、教育、经济、军事、文化、艺术、民俗诸多方面。概括来说，传统文化包括经史子集、十家九流，它以先秦经典及诸子之学为根基，涵盖两汉经学、魏晋玄学、隋唐佛学、宋明理学和同时期的汉赋、六朝骈文、唐宋诗词、元曲与明清小说并历代史学等一套特有而完整的文化、学术体系。观其构成，足见其之广博与深厚。

千百年来，中华文化融入我们每一个炎黄子孙的血液，铸成了中华民族的高尚品格，书写了辉煌灿烂的历史，成为人类文明的不可或缺的组成部分。"己所不欲，勿施于人"的行为规范、"乐以天下，忧以天下"的政治抱负、"苟利国家，不求富贵"的报国情怀、"富贵不能淫，贫贱不能移，威武不能屈"的浩然正气、"志士仁人，无求生以害仁，有杀身以成仁"的献身精神、"知人者智，自知者明"的通达心态等，都传承着中华民族的精神基因，这是我们最深厚的文化软实力。

凝魂聚气，强基固本，习近平总书记就传承和弘扬中华优秀传统文化做出一系列重要指示。他指出："我们决不可抛弃中华民族的优秀文化传统，恰恰相反，我们要很好地传承和弘扬，因为这是我们民族的'根'和'魂'，丢了这个'根'和'魂'，就没有根基了。""一个国家、一个民族的强盛，总是以文化兴盛为支撑的，中华民族伟大复兴需要以中华文化发展繁荣为条件。"

在2017年10月18日召开的中国共产党第十九次全国代表大会上，习近平总书记提出要深入挖掘中华优秀传统文化蕴含的思想观念、人文精神、道德规范，结合时代要求继承创新，让中华文化展现出永久魅力和时代风采。习近平总书记的讲话，为我们继承和弘扬传统文化指明了方向。

一个没有自己文化的国家，可能会成为一个大国甚至富国，但绝对不会成为一个强国。也许它会强盛一时，但绝不能永远屹立于世界强国之林。而一个国家若想健康持续发展，则必然有其凝聚民众的国民精神，且这种国民精神也必然是在其自身漫长的历史发展中由本国人民创造、形成的。中华民族的伟大复兴，中华巨龙的跃起腾飞，离不开传统文化的持久浸润与滋养。

传统文化对于个人的成长更为重要。众多的专家学者认为，一个人的精神启蒙，往往始于不可替代的传统经典。试想，当优秀传统文化的经典了然于心，熟能成诵，孔子、孟子、老子、庄子等伟大的先贤就与你的生命相伴了。有圣贤藏于心，笃于行，德必向善，学必精进，功自然成。潜心于传统文化，我们就会发现其蕴含的无法穷尽的智慧，并从中领略到恒久的治世之道与管理之智，体悟到超脱的人生哲学与立身之术。

中国人民在历经站起来、富起来的历史进步后，将迈入建设中国特色社会主义现代化强国"强起来"的新时代。历史悠久、光辉灿烂的中华传统文化，是一座人类文明的巨大宝库。系统地了解、认识中华文化精华，更好地继承中华民族优秀文化传统，激发民族自豪感，增强民族凝聚力，大力弘扬爱国主义精神，是我们应当担负起来的神圣的历史责任。

为了让更多读者从传统文化中受益，我们特别邀请了中央电视台"百家讲坛"著名主讲纪连海主编了这套"名家谈国学经典"丛书。

"名家谈国学经典"系列将分辑出版，这次出版的是第一辑，分别是《纪连海谈论语》《纪连海谈道德经》《纪连海谈黄帝内经》《纪连海谈孙子兵法》《纪连海谈三十六计》《纪连海谈孟子》《纪连海谈庄子》。这些经典著作高度浓缩了中华五千年文明的精华，包含了中华民族生存的大思想、大智慧。

丛书富有知识性、哲理性和可读性，尽量把艰难晦涩的传统文化予以通俗化、现实化的演绎，以古今中外的精彩案例解析深刻的文化内涵，让传统文化焕发出历久弥新的时代风采。丛书秉承了纪连海一贯的幽默活泼、接地气的语言风格，使读者在轻松愉悦和饶有趣味的阅读中，收获满满的人生感悟。

丛书瑕疵难免，错漏之处敬请读者批评指正。

道　经 1

德　经 172

道 经

原文

道①可道②，非常③道。名④可名⑤，非常名。无名⑥天地之始；有名⑦万物之母⑧。故常无欲以观其眇⑨；常有欲以观其徼⑩。此两者，同出而异名，同谓⑪之玄⑫。玄之又玄，众妙之门⑬。

注释

①道，名词，指的是宇宙的本原和实质，引申为原理、原则、真理、规律等。

②道，动词。指解说、表述的意思，犹言"说得出"。

③常：一般的，普通的。

④名，名词，指"道"的形态。

⑤名，动词，说明的意思。

⑥无名：指无形。

⑦有名：指有形。

⑧母：母体，根源。

⑨眇（miào）：通"妙"，微妙的意思。

⑩徼（jiào）：边际、边界。引申端倪的意思。

⑪谓：称谓。此为"指称"。

⑫玄：深黑色，玄妙深远的含义。

⑬门：之门，一切奥妙变化的总门径，此处用来比喻宇宙万物的唯一原"道"的门径。

纪老师说

两千多年来，虽然人们对于"道可道，非常道"的解释不尽相同，但在"道"的理解上，学者们有大致相同的认识，都认为"道"是运动变化的，而非僵化静止的；宇宙万物包括自然界、人类社会和人的思维等一切运动，都是遵循"道"的规律而发展变化的。

老子告诉我们，所谓"道"就是事物规律，欲知事物规律，必须知道何为事物；欲知何为事物，必须知道事物的形成；知道形成的事物都有名有归属，那么没有形成事物的是什么呢，是太极中看不见"万物之始"的物质。于是说知道"万物之始"的物质永久存在于自然界的人很少；要知道现有物种为什么能长久存在于自然界，研究者必须从头到尾去观察该物种。

最后老子得出结论：无形无名与有形有名的两种事物，叫法不同性质却一样，两者同是一样的物质成分。它相互转化的道理，奥妙而深远，世上很少有人理解，很少有人得知他（它）相互转化的窍门（玄而又玄，众妙之门）。

"无""有"是用来称呼"道"的，用来表明"道"由无形落实向有形的一个活动过程。老子所说的"无"，并不等于零。只因为"道"是一种潜藏力，它在未经成为现实性时，"隐"着了。这个幽隐而未形的"道"，不能为我们的感官所认识，所以老子用"无"来称呼这个"不见其形"的"道"。这个"不见其形"而被称为"无"的"道"，却又能产生天地万物，因而老子又用"有"字来形容"道"介于无形与有形之间的一种状态。可见，老子所说的"无"含藏着无限未显现的生机，即"无"蕴含着无限的"有"。"无"和"有"的连续，显现了不见其形的"道"产生天地万物时的一个活动过程。

我们不妨用牛顿发现万有引力来打个比方，以便更好地理解此章内容。

在牛顿没有对掉下的苹果感兴趣前，没有"万有引力"之名，"万有引力"就是"无名"。但是万物之间的引力是存在的，天地之始引力就存在，只是"无名"而已。

牛顿把这种以前不识的力命名为"万有引力"，这就"有名"了。我们现在认识的万物都是"有名"的，所以"有名"是万物之母。这就是"无生有"。

牛顿在命名万有引力前，他发现、归纳了这种万物之间引力的存在规律、本质，虽然一直看不见（常无），不知其名，但是从宇宙太空到微观的电子内部都存在着这种力。

当有了万有引力之名后，我们观察到，不只苹果落地，日月星辰的运行都有（常有）万有引力的征状显现。

"道"在未被认识前无名，被认识后就有名了。都是道，只是在认识前后的名不同而已。

老子想象有个东西掌管着万事万物的一切，其掌管的方法又是有自己的规律和特征的，老子把这个东西命名为道，就是自然之道、天之道。

老子说"道"产生了天地万物，但它不可以用语言来说明，而是非常深邃奥妙的，并不是可以轻而易举地加以领会，这需要一个从"无"到"有"的循序渐进的过程。

比如，公司是一种陌生人的利益合作机构，其最高的原则是追求股东利益的最大化，这是它的"有"。但是，它也应该是一个人的精神、情感或心灵投放、寄托其中的家园，这是它的"无"。"无"做得好，企业兴盛的寿命就比较长。或者从某种意义上看，一个企业家最重要的就是"无"的意识和如何打理好"无"的智慧。

美国汽车大王福特忽然要给员工增加一倍的工资，这样下来他每年需要支出1000万美元，可是他当时一年的利润也只有1000万美元。于是大家都不理解他，认为他疯了。福特解释说，他这不是做慈善、施仁爱，而是为了公司的发展，是要把生产者同时也变成本公司的消费者、用户，多发薪酬是为了提高他们的购买能力，让他们有多余的钱来买本公司的汽车。结果，当年的利润由1000万美元猛增到了3000万美元，他付出了1000万美元却赚回了2000万美元！他有效地利用和发展了"无"，用"无"的智慧生产出了可能的"需求"和可能的"购买力"。

因此，我们便可以推断出，市场本来是不存在的，是一个一个的空白，被一个一个的新需求所填充起来，之后市场便"无中生有"了，正是企业引导消费者产生某种需求进而产生消费，市场才被创造出来的。所以，从"道"的角度看，市场的产生是符合客观自然规律的。

除此之外，我们从老子的"有无"中亦可发现如何去创造一个市场。

日本新闻记者佐佐木明1976年受到卫星计算机浪潮的启示，产生了专门从事设计机种向大公司出售"智慧"的想法，便同两位朋友白手起家，开办了"头脑公司"——微型系统科技公司。

当时日本的科技开发机构多属于官方或大公司，像松下、日立、东芝等电器公司，均设有开发新产品的科技研究所。佐佐木明的公司能生存下去吗？能够同大公司的科研竞争吗？特别是佐佐木明本人，既没有计算机的科技知识，也没有开发公司的资本，用什么来建立新的公司呢？

头脑公司为自己的出现动起了头脑：他们的第一个奋斗目标是要用并不比别人高名的技术，向别人还没有注意到的社会需要开发，力求赶在大公司前面研制出新产品。他们的第二个奋斗目标是在千百万人司空见惯的社会现象中，发现别人还没有发现的路子。即了解潜在的市场需求。佐佐木明在观察到社会的潜在市场后，立即着手"学习机"的设计与制造。

业精于勤，功成于思。佐佐木明等人经过一年半的刻苦钻研，克服了技术和经费上的困难，终于研制成了"学习机"，头脑公司也从此享有声誉，从几个人发展到十八个人，但仍然保持着初建时期的勤奋作风。

由此可见，我们身边的事物很多时候来自一个个的创意，也就是来自一个个的"无中生有"，确切地说是来自那些别出心裁的"无中生有"。然而找到了好的创意，投资创业就会无中生有，最后取得成功。

纪连海谈 道德经

原文

天下皆知美之为美，斯恶已①。皆知善之为善，斯②不善已。故有无相③生，难易相成，长短相刑④，高下相盈⑤，音声⑥相和，前后相随。恒也。是以圣人居无为之事⑦，行不言之教；万物作⑧而弗始，生而弗有，为而弗恃，功成而不居。夫唯弗居，是以不去。

注释

①恶已：恶、丑。已，通"矣"。

②斯：这。

③相：互相。

④刑：通"形"，此指比较、对照中显现出来的意思。

⑤盈：充实、补充、依存。

⑥音声：汉代郑玄为《礼记·乐记》作注时说，合奏出的乐音叫作"音"，单一发出的音响叫作"声"。

⑦圣人居无为之事：圣人，古时人所推崇的最高层次的典范人物。居，担当、担任。无为，顺应自然，不加干涉、不必管束，任凭人们去干事。

⑧作：兴起、发生、创造。

如果说《道德经》有个烧脑的开篇,第二章就应该算是个补偿了,越仔细琢磨,就越别有一番情趣。因为这里面所阐述的道理,对于好琢磨、爱思考的人来说,有些别开生面,引人入胜的魅力了。

美与善,本来是古今中外人所景仰、崇拜,极力追求的境界。如西洋文化渊源的希腊哲学中,便以真善美为哲学的目的。中国的文化也有同样的标榜,尤其对人生哲学的要求,必须达于至善,生活与行为必须要求到至美的境界。

老子却以颠覆常规思维的头脑风暴冲击开场,通过生活中的"美""善"之辨,打破了人们以前对于"美"和"善"的绝对观念。

美与丑、善与恶是人为观念所致,根本无绝对标准。

有一篇情怀文章《扎克伯格:好吧还是我自己来回答中国人的疑问吧》,风靡了微信圈子,里面就讲述了那个巨年轻、巨有钱、又不闹绯闻,还是爱妻狂的马克·扎克伯格,他回答中国朋友问为什么娶了个丑女的问题,他说外表再美,心灵是索取的,因而也是丑陋的,灵魂是肮脏的。这样的美女,我看才真正是丑女,而且,外表的美是会随着年龄贬值的,而内在的美是会随着岁月增值的,他还说他爱他妻子的上善若水与真实质朴……

而"天下皆知美之为美",则意味着天下被人为地创建了一个美的标准、模式,甚至是美的形象代言人。这样,天下也就产生了许许多多的排斥,甚至是厌恶,但凡一切不符合美之标准的形象,不在所谓"美"的狭小圈子之内的,大概都在被排斥之列。

就像我们在日常生活中所感受到的那样,丑都是被美比出来的,而对于丑的排斥,是从爱美之心中滋生出来的。比如,都觉得白富美是美,土肥圆是丑,如此这般地分辨美丑,有所好恶,如果仅限于个人的自然情感,当然无可厚非,可是,如果全天下都接受那个关于"美"的狭小圈子,那么天下就不仅被审美主张割裂了,而且审美的情趣和创造力也被关进了一个逼仄的笼子里。

并且,建立了一个美的标准,那个美便会闹出"东施效颦""楚王好细腰,宫中多饿死"的陋习。

再看看今世今日,也不难发现本句话的道理。女人多以瘦为美,明明已经低于健康的标准体重了,还要持之以恒地不断"减肥"。演艺女星们就厉害了,吸脂、削骨等无所不用其极。

其实,任何价值取向都是有它的对立面存在的。人们在崇尚美的同时,也就承认了丑的存在;在张扬善的同时,也就表明了恶的存在。反过来,如果无所谓美,又哪来的丑呢?如果无所谓善,又哪里来的恶呢?

老子通过美与恶、有与无、难与易、高与下、长与短等事物表象的相互对立、相互依存关系,说明世间万物相互联系、相互统一的规律,确立了对立统一的永恒普遍法则。

《三国演义》开篇云:"话说天下大势,分久必合,合久必分。"这里的"合"与"分"就是对立统一的辩证法关系。老子说:"祸兮福所依,福兮祸所伏。"孙子说:"百战百胜,非善之善者也。不战而屈人之兵,善之善者也。""失败是成功之母。""置之死地而后生。""避其锐气,击其惰归。"等等。这些流传千古的名言警句里面也蕴含了深刻的辩证法思想。

物极必反、否极泰来、物壮则衰、绝处逢生、致阴致阳、致柔致刚、穷寇勿追、反败为胜、破釜沉舟、枯木逢春、瑕不掩瑜、推陈出新,以及"塞翁失马,焉知非福"等成语中也蕴含了深刻的辩证法思想。

面对这个对立统一，变化多端的世界，我们该如何应对呢？老子给了我们答案："处无为之事，行不言之教""功成而不居"。

"不言"并不是不说话，而是指不依靠语言去感化人。俗话说，身教重于言教，桃李不言，下自成蹊。作为老师、父母，身教更能感化孩子；作为单位、国家的负责人，身教更能德化群众，使群众都以积极的姿态快乐地生产，幸福地生活，实现国泰民安的盛世景象，这就是作为统治者的最大成效。

然而功成则弗居，这是老子的重要思想。功成了，任其自然存在，而不能归功于自己，占为己有，更不能居功自傲。要对成败荣辱淡然处之，只有这样，他的成就才永远不会逝去。

一个想真正有所作为的人，不能把功名利禄看得太重，而应抱着淡然一笑的立场。曾国藩带领"曾家军"攻破南京、平定太平天国、立下赫赫军功后，给弟弟曾国荃寄去一首诗："左列钟铭右读书，世间随处有乘除；低头一拜屠羊说，万事浮云过太虚。"诗中告诫他的弟弟，千万不能居功自傲，越有功劳越要夹着尾巴做人。

诗中屠羊说的典故，出自庄子的《让王篇》。屠羊说是楚国的一个屠夫，曾跟着遇难的楚昭王流亡。在流落途中，昭王的衣食住行都是他帮忙解决的。后来楚昭王复国，想起了屠羊说，问他想做什么官。屠羊说回答道："楚王失去了故国，我也随着失去了卖羊肉的摊位，现在楚王恢复了领土，我也恢复了我的羊肉摊，生意仍旧红火，还要什么犒赏呢？"

昭王过意不去，又下命令，一定要屠羊说领赏。于是屠羊说更进一步说，这次楚国失败，不是我的错误，所以我没有请罪杀了我。当初复国了，也不是我的功绩，所以也不能领赏。我文不能写，武不能上马，只是因为逃难时偶尔跟国王在一起，如果国王因为这件事要犒赏我，是一件违反道理的事，我不乐意天下人来嘲笑楚国没有法制。

楚昭王听后，更感到屠羊说非等闲之辈，任命他为三公。可他仍死活不肯，并说："我很清楚，官做到三公已是到顶了，比我终日守着羊肉摊不知要高尚多少倍。那优厚的俸禄，比我靠杀多少头羊赚点小钱，要丰富多少倍。这是君王对我这无功之人的厚爱。我怎么可以因为自己贪图高官厚禄，使我的君主得一个滥行奖赏的恶名呢？因此，我绝对不能接受，我觉着摆我的羊肉摊更心安理得。"

谁不想占有豪宅美服，万贯家财？谁不想功成名就，受人尊重与赞赏？但面对忽然从天而降的荣华富贵，屠羊说没有忘乎所以，没有趾高气扬，而是保持了一种难得的平凡心。

原文

不尚贤①，使民不争；不贵②难得之货，使民不为盗③；不见④可欲，使民心不乱。是以圣人之治，虚其心⑤，实其腹，弱其志⑥，强其骨。常使民无知无欲。使夫智者不敢⑦为也。为无为，则无不治⑧。

注释

①尚贤：尚，同"上"，即崇尚，尊崇。贤：有德行、有才能的人。

②贵：重视，珍贵。货：财物。

③盗：窃取财物。

④见（xiàn）：通"现"，出现，显露。此为显示，炫耀的意思。

⑤虚其心：虚，空虚。心：古人以为心主思维，此指思想，头脑。虚其心，使他们心里空虚，无思无欲。

⑥弱其志：使他们减弱志气。削弱他们竞争的意图。

⑦敢：进取。

⑧治：治理，此意是治理得天下太平。

纪老师说

有人说，老子真坏，教统治者愚民，"虚其心，实其腹，弱其志，

纪连海谈 道德经

强其骨"，不是想把我们变成身强体壮只知道吃饱睡觉的傻子吗？

有人看到"不尚贤"几个字，心里就不大舒服，因为贤人象征着人们要争取的名望和地位，也象征着人生价值的实现，在很多人心里有至高无上的位置。但老子偏偏要说"不尚贤"，为什么？

《道德经三十八章》云："失道而后德，失德而后仁，失仁而后义，失义而后礼。夫礼者，忠信之薄也，而乱之首也。"贤人之上有德、有道、有自然，大道之行有沉默不言的伟大德行，代表贤人的仁义礼，乃是大道德行性的应用和末流。

因此"不尚贤"，不是人们理解的"不崇尚贤人"，而是不要把贤人放到至高无上的位置上，否则就会"失道、失德"，用今天的话来说就是"道德滑坡"。人们需要认识贤人之上的大道之行，这是老子衡量社会生命的价值尺度。所以，"不尚贤，使民不争；不贵难得之货，使民不为盗；不见可欲，使民心不乱。"这段话应该这样理解："不要把贤人、财宝放在至高无上的位置，学习大道之行的伟大德性，人们会自然而然地不愿争、不愿为盗、不愿见可欲，使民众的心在大道自然里得到永恒的安宁"。

其实本章重点在接下来的一句"使夫智者不敢为也"，意思就是人民回归本真了，无知无欲了，那些自以为聪明的人就没有办法使用巧诈去扰乱民心，达成他控制人民的目的了。所以这里的"知"与"欲"，是指巧诈与贪欲，去掉这些，保持"无"，才能让心真正定下来，回归力量的源头。

人如果能到达"无知无欲"的境界，别人想要操控你，也就没那么容易了，因为你就是一个强大的世界，只有自己可以掌控自己。无论治国还是修身，皆应顺应道之本体规律，不拘泥和局限于人为设定的框架中。所以，是不是愚民，要看你会不会被愚。

　　在老子生活的春秋末期，天下大乱，国与国之间互相征战、兼并，大国称霸，小国自保，统治者们为维持自己的统治，纷纷招揽贤才，用以治国安邦。在当时的社会生活中，处处崇尚贤才，许多学派和学者都提出"尚贤"的主张，这原本是为国家之本着想。然而，在尚贤的旗号下，一些富有野心的人，竞相争权夺位。抢占钱财，给民间也带来恶劣影响。一时间，民心紊乱，盗贼四起，社会处于动荡、大变动的形势。针对社会上被人们所推崇的"尚贤"这一主张，老子在第三章里提出不尚贤的观点，同时也批评了由"尚贤"而引起的追求物质利益的欲望。

　　统治者是人民的榜样，他的所作所为都会影响到人民的处世方式。统治者如果不喜好稀缺难得的财货，不炫耀引起人民欲望的事物，人民就会安分守己，各操其业；反之，如果统治者骄奢贪婪，到处搜刮珍宝，竭尽嗜欲，其统治之下的人民也会变得心神迷乱，争财夺利。所以，历史上有道的统治者无不生活简朴，以淡泊无欲的心态治理国家；贤能的大臣也都知道劝谏君主远离奢侈、欲望，以天下百姓为本。

　　奢侈、贪婪是人最大的错误之一，即使他拥有整个天下，一旦被欲望所支配，生活奢侈起来，天下都将不堪重负，最终他将失去一切。

　　商纣王初始继位的时候，并没有那么昏庸无道，历史上记载他是个很有才的人，思维敏捷，善于奔跑，力气大得可以徒手搏击野兽。也正是因为如此，他的父亲才将帝位传给了他，所有的人都认为，这样一个聪慧有才的君主，一定会为殷商带来复兴。然而，纣最终成为了历史上暴君的典型，成为了殷商自己的灭亡者。

　　商纣王的祸患，要从一双筷子说起——一双象牙做的筷子。

　　纣王开始生活并没有那么奢侈，平时用度都遵照着先王的旧例。但

纪连海谈 道德经

一次,外邦使臣觐见,进献了一双精美的象牙筷子。纣王对这双筷子十分喜欢,每餐都要使用,还在朝堂之上拿出来给大臣们看。

他的这一行为,被大臣箕子看到了,箕子立刻忧愁哀叹起来。

同列的大臣不知缘故,便问箕子:"您为何看到了君王的象牙筷子便哀叹呢?我们国家虽然不大,但区区一双象牙筷子有什么可值得珍惜的?"

箕子感慨道:"我并不是为了一双象牙筷子而心痛,我所心痛的是大王将要变坏了,这双筷子只是一个开端而已。"

别人不能理解,箕子继续说道:"你们没看到大王拿着筷子那副骄傲自得的样子吗?这表明他已经放弃了先王简朴的生活传统,开始走向奢侈荒淫。他得到了那样的一双筷子,自然不会把它放在土制的碗盘之上,一定要有美玉雕刻的餐具才配得上它;有了美玉雕成的餐具,难道还会装清淡平常的食物吗?一定要装着野兽的心肝、奇鸟的肉髓才可以;有了这些以后,他肯定还不满意,一定要穿精美华贵、缠金佩玉的衣服;一定要住雕栏玉柱、重楼叠阁的宫殿……这样必然要剥掠百姓、征发他们服徭役,长久下去百姓不堪重负,就会不满,怨恨他,斥责他,他也将对不满者进行镇压,用残暴的手段对待人民。那样他就失去民心了,我们的国家也就危险了。"

箕子所说并没有引起大臣们的注意,很多人都认为他是杞人忧天,对他的忧虑一笑而过,然而,事实却证明箕子的预言果然在纣王、殷商王朝身上得到了验证。

纣王的生活越来越奢侈,欲望越来越多,不断地耗费民力,满足自己的欲望。身边那些奸佞的小人,看到他如此,纷纷阿谀奉承,进献好玩、好吃的东西给他,加深他的迷乱,提出更加荒谬的建议,助长他的无道。那些忠正的大臣们再去进谏，纣王已经完全听不进去了。大臣们进谏多了，纣王便感到厌烦，于是设立了炮烙之刑，来惩罚无辜的人，于是没人再敢劝谏。纣王又建造了酒池肉林，每日和宠姬、近侍在里面饮酒作乐，对百姓的疾苦不闻不问。

几年以后，殷商的百姓要么放弃昏君，逃往国外，要么变得和纣王一样，只知道追求奢侈、享乐。天下的诸侯见到殷商无道，也逐渐生出了背叛之心。不久，西方的周武王兴师讨伐殷商，纣王众叛亲离，大军临阵反戈，他只能逃到耗费民力兴建的鹿台之上，点火自焚而死了，殷商也随之灭亡。

纣王给后世的统治者们树立了一个典型的反面教材——骄奢淫逸一定会导致亡国亡身。所以那些志在天下的人，无不告诫自己远离奢侈、坚守淡泊无欲的生活。

汉高祖刘邦开始进入咸阳之时，立刻被秦宫之中的珍宝、美人所吸引，索性要居住在秦宫之中，日日和美人饮酒作乐。

大臣们见此，非常忧虑，于是樊哙、张良等人纷纷进谏，劝说道："秦王正是因为贪图这些宝物、每日饮酒作乐而灭亡的，大王您刚进入咸阳就如此，难道是要步暴秦的后尘吗？"

刘邦并非昏庸之辈，恍然大悟，于是封藏好所有珍宝，立刻离开了秦宫。他没有看重那些"难得之货"，赢得了民心，最终取得了天下。

纪连海谈 道德经

原文

道冲①，而用之有弗盈②。渊兮③，似万物之宗④。挫其锐⑤，解其纷⑥，和其光⑦，同其尘⑧。湛⑨兮似或存⑩。吾不知谁之子，象⑪帝之先。

注释

①冲：通盅（chōng），器物虚空，比喻空虚。

②有弗盈：有，通"又"。盈：满，引申为尽。

③渊：深远。兮：语助词，表示停顿。

④宗：祖宗，祖先。

⑤挫其锐：挫：消磨，折去。锐：锐利、锋利。挫其锐：消磨掉它的锐气。

⑥解其纷：消解掉它的纠纷。

⑦和其光：调和隐蔽它的光芒。

⑧同其尘：把自己混同于尘俗。以上四个"其"字，都是说的道本身的属性。

⑨湛（zhàn）：沉没，引申为隐约的意思。段玉裁在《说文解字注》中说，古书中"浮沉"的"沉"多写作"湛"。"湛""沉"古代读音相同。这里用来形容"道"隐没于冥暗之中，不见形迹。

⑩似或存：似乎存在。连同上文"湛呵"，形容"道"若无若存。参见第十四章"无状之状，无物之象，是谓惚恍"等句，理解其意。

⑪象：似。

纪老师说

老子察天俯地，苦思冥想"道"到底是个什么东西？真的是想不出来啊！那就暂且再用"冲""渊"来表示它是万事万物的无源之源吧！

"冲"是对道的描述，把道比喻为一个肚内空虚的容器，是对其神秘性、不可触摸性和无限作用的最直观和最形象的比喻。"冲"字在《老子》这一章句中的意思，应该作为冲和谦虚的"谦冲"解释。换言之，冲，便是虚而不满，同时有源远流长、绵绵不绝的含义。

"渊"就是深，很深，"道"是很深奥，深不可测的一种状态，它是万物的祖宗，万物产生的源头。

老子称颂"道"虽然虚不见形，但不是空无所有，从"横"的角度谈，"道"是无限博大，用之不尽；再从"纵"的角度谈，"道"又是无限深远，无以追溯其来历，它好像是自然万物的祖宗，又好像是天帝（上帝）的祖先。从此说来，不是天帝（上帝）造物，而是"道"生天帝（上帝），继生万物。"道"的作用是宇宙。

除了道是宇宙本源的思想外，老子在这里还提出了自己的人生处世观点"挫其锐，解其纷，和其光，同其尘"，即虚怀若谷、收敛锋芒、顺应外部环境。

真正有智慧的人，就应该顺应大道，永远怀着敬畏之心，不露锋芒，远离纷扰，上和其光，下同其尘，圆润谦卑，与周围和谐一体，共生共存，最终获得自由自在的人生。

据记载，与老子同时代的思想家杨朱，曾接受过老子的和光同尘的教诲，受益匪浅。

杨朱的思想和学说，深受人们的推崇，再加上他本人气宇轩昂，言行举止透出不凡的气质，备受关注，是名副其实的高富帅，为当时的风云人物。但他自己也很苦恼，总感觉被人高高地供在上面，不能和别人融合在一起。比如，他每到一处，人们看见他，都会恭敬地站起，表示欢迎，一会就围得水泄不通，都想一睹思想家的风采。

杨朱感到非常苦恼，心想："我并没有刻意表现和炫耀自己，怎么这么引人关注呢？"于是，他决定去拜访老子，希望得到他的教诲。

当时，老子正在秦国讲学，杨朱就在他的必经之地大梁等候。老子一到大梁，远远就看见了杨朱。还没等他开口说话，老子就仰天叹息："以前我还认为你前途无量，必有一番作为。可现在看来，我看错了。"说完老子就走了，没有接见杨朱。

杨朱每天苦思冥想，仍百思不得其解，于是又去拜访老子，希望老子能为其指点迷津。

老子回答说："君子的德才并不表露在外，相反，真正的君子看上去还有些愚蠢。而你呢，仰头张目傲慢跋扈，你还能够跟谁相处？过于洁白的好像总会觉得有什么污垢，德行最为高尚的好像总会觉得有什么不足之处。你面带骄傲之色，只是你不自觉而已。一个人有了派头，就会冥顽不灵，欲念横生。快舍弃这些吧，让自己再笨一些，平凡一些，结果定会不同。"

经过老子的点拨，扬朱提高了自觉与自知，懂得收敛傲气，不露锋芒，走路也不再昂首挺胸、气宇轩昂的样子。相反，他心平气和，谦虚低调，时刻保持一颗平常心，和其光，同其尘。甚至在许多场合，他还故意降低自己的身份，表现出和普通人别无二样，切实地与周围的人打成一片，真正隐于闹市。这样，既融洽了自己与周围人的关系，也不再有受人关注的盛名之累。

后来，杨朱潜心研究老子，对老子的思想加以发展，旨在通过对个体的自我完善，进而达到社会的整体和谐。他的"贵生""全生"的观点，对稍后的庄周都很有启发，受到后人敬仰！

这才是真正的修养，也是处世的最高智慧。

《孙子兵法·军形篇》中说："善守者，藏于九地之下。"意思是说，善于防守的人，像藏于深不可测的地下一样，使敌人无形可窥。与人交往，也要谨以安身，避免成为别人攻击的目标。

避招风雨的处世方法，初看好像比较消极，其实，它并不是委曲求全，而是通过少招惹是非，少生麻烦的方式，更好地展现自己的才华。

三国荀攸，智慧超群，谋略过人，他辅佐曹操征张绣、擒吕布、战袁绍、定乌桓，为曹操统一北方、建立功业做出了重要贡献。

他在朝二十余年，能够从容自如地处理政治旋涡中上下左右的复杂关系，在极其残酷的人事倾轧中，始终地位稳定，立于不败之地，就在于他善于谨以安身，避招风雨。

曹操曾高度地评价荀攸："公外忌内智，外怯内勇，外弱内强，不伐善，无施劳，智可及，愚不可及，虽颜子、宁武不能过也。"

荀攸平时十分注意周围的环境。

参与军机，他智慧过人，连出妙策；迎战敌军，他奋勇当先，不屈不挠。

对曹操，对同僚，他却不争高下，表现得总是很谦卑、文弱、愚钝、怯懦。

有一次，他的姑表兄弟辛韬曾问及他当年为曹操谋取袁冀州的情况，他却极力否认自己的谋略贡献，说自己什么也没有做。

他为曹操"前后凡划奇策十二"，史家誉之为"张良、陈平第二"，但他本人对自己的功勋却守口如瓶、讳莫如深。

他与曹操相处二十年，关系融洽，深受宠信，从来不见有人到曹操处进谗言加害于他，也没有一处得罪过曹操或使曹操不悦。

建安十九年，荀攸在从征途中善终而死，曹操知道后痛哭流涕，赞誉他为谦虚的君子和完美的贤人。

原文

天地不仁，以万物为刍狗^①；圣人不仁，以百姓为刍狗。天地之间，其犹橐籥^②乎？虚而不屈^③，动而俞^④出。多言数穷^⑤，不如守中^⑥。

注释

①刍（chú）狗：用草扎成的狗。古代专用于祭祀之中，祭祀完毕，就把它扔掉或烧掉。比喻轻贱无用的东西。在本文中比喻天地对万物，圣人对百姓都因不经意、不留心而任其自长自消，自生自灭。

②犹橐籥（tuóyuè）：犹，比喻词，"如同""好像"的意思。橐籥：古代冶炼时为炉火鼓风用的助燃器具——袋囊和送风管，是古代的风箱。

③屈：竭尽，穷尽。

④俞：通"愈"，更加的意思。

⑤多言数穷：老子认为，见多识广，有了智慧，反而政令烦苛，破坏了天道。数，通"速"，是加快的意思。穷：困穷，穷尽到头，无路可行。

⑥守中：中，通"冲"，指内心的虚静。守中：守住虚静。

纪连海谈

纪老师说

要想很好地理解本章，要从"仁"和"刍狗"这两个词开始。因为这两个词常常会招致老子没有仁爱之心的指责。

"仁"字，从人从二。从人，表示一个站立的人；从二表示数目字，复数，指不仅是我一个人，还有我以外的很多人；老吾老以及人之老，幼吾幼以及人之幼，将心比心地、公平地对待每一个人，不能有所偏爱，老子用在这里的"仁"字并非儒家所推崇的"仁爱"，而是偏爱的意思。"天地不仁"和"圣人不仁"是说天地对于世间的万物，是无所谓仁慈的，对一切都是公平的，一视同仁的，无所谓偏爱的，圣人也是如此，无论高低、贫富、贵贱、亲疏，在天地和圣人的眼里都是一样的，要平等、公平地对待。

"刍狗"，指古代祭祀时用草扎成的狗，庄子在《天运》篇一文给予了这样的解释："夫刍狗之未陈也，盛以箧衍，巾以文绣，尸祝齐戒以将之；及其正陈也，行者践其脊，苏者取而爨之"。意思是用草扎成的狗还没有用于祭祀之前，一定会用竹制的笼箱装着，用绣有文饰的衣巾披着，祭祀主持人斋戒之后迎送着。等到祭祀结束之后，行路人踩踏它的头颅和脊背，拾草的人捡回去用于烧火煮饭罢了。由此可见，老子将万物和百姓比作"刍狗"，并无侮辱之意，而是表达一种对待事物平和、平等的心态，不因万物的外形不同而有偏见。在大道的眼里，人的生死荣辱，不过和刍狗一样，没有什么特别之处，包含了人人平等的法治思想。

理解了这两个词的含义，我们就不难发现，老子是在告诉我们天不带有任何人类道义和道德方面的感情，它只按自己的客观规律——即"道"运行。天不讲仁慈，但也无所偏向，不怀恻隐之心但也不具暴虐之性。它滋生万物，并非出于喜好；它降灾致疫，也不是出于厌恶。因此，"圣人"治理百姓也不可讲仁慈，应该顺应自然之道，顺应百姓之性，无为而治。

其实，老子在这里是从反对"有为"的角度，谈论"无为"的道理。他通过生活中的两件事加以解说，一是人们祭祀时使用的以草扎制而成的狗，祈祷时用它，用完后随手就把它扔掉了。同样，圣人无所偏爱，取法于天地之纯任自然。即圣明的统治者对老百姓也不应有厚有薄，而要平等相待，让他们根据自己的需要安排作息。二是使用的风箱，只要拉动就可以鼓出风来，而且不会竭尽。天地之间好像一个风箱，空虚而不会枯竭，越鼓动风越多。老子通过这两个比喻要想说明的问题是："多言数穷，不如守中。"政令烦苛，只会加速其败亡，不如保持虚静状态。

在这一点上，老子与孔子似乎有诸多相似之处。孔子认为君子应"敏于事而慎于言"，甚至主张"一言而兴邦""一言而丧邦"将言语提到关乎国计民生的高度上。但孔子是从"有为"角度出发，老子所谈的却是"无为"，主张为政不在言多，其所说的守中之"中"，指内心的虚静，不是儒家所谓的中正、中庸、不偏不倚。

《吕氏春秋·察明》记载了宓子贱鸣琴而治的典故。宓子贱是孔子的学生，鲁国国君派他去治理单父这个地方。

宓子贱刚到单父不久，该地的大小官吏就都前往拜见。宓子贱叫两个副官拿记事簿把参拜官员的名字登记下来，这两人奉命而行。当两个副官提笔书写来者姓名的时候，宓子贱却在一旁不断地用手去拉扯他们的胳膊，使两人写的字一塌糊涂，不成样子。写完后，宓子贱又拿着乱糟糟的名册，把他们狠狠地训斥了一顿，嫌他们写得不好。

纪连海谈 道德经

两个副官受了冤屈、侮辱，心里非常恼火。事后，他们向宓子贱递交了辞呈。宓子贱不仅没有挽留他们，而且火上浇油地说："你们写不好字还不算大事，这次你们回去，路上可要当心，如果你们走起路来也像写字一样不成体统，那就会出更大的乱子！"

两个副官回去以后，满腹委屈地向鲁君汇报了宓子贱在单父的所为。他们以为鲁君听了这些话会向宓子贱发难。没有料想到鲁君竟然负疚地叹息道："这件事既不是你们的错，也不能怪罪宓子贱。他是故意做给我看的。过去他在朝廷为官的时候，经常发表一些有益于国家的政见。可是我经常扰乱阻挠其政治主张的实现。你们在单父写字，宓子贱有意掣肘的做法实际上是一种隐喻。他在提醒我今后对他治理单父的事不要干扰过多，在他治理时不要掣肘。"

鲁君说罢，立即派其亲信去单父，对宓子贱说："从今以后，单父再不归我管辖。这里全权交给你。凡是有益于单父发展的事，你可以自主决断。你每隔五年通报一次就行了。"于是宓子贱在单父按照自己的理念进行治理，将其治理得井井有条。

宓子贱在治理单父之时，每天十分逍遥，闲暇时就弹琴取乐，悠闲自在很少走出公堂。

后来，孔子的另一个弟子巫马期来治理单父，巫马期治理单父之时十分勤奋，每天星星还高挂在天上时就出门工作，直到星星又高挂天上时才回家，日夜不得安宁，事事都亲自办理，很多事搞得他头昏脑涨，好不容易将单父治理好了，自己也病倒了。

于是他向宓子贱请教治理单父的道理。宓子贱说："我治理单父之时任用贤人，顺从百姓本性，而你治理之时，用的都是自己的力量。"

后人称赞宓子贱的治理之法，四肢安逸，耳目不烦，心平气和，而百官得其位，人民得其道，只是因为顺从了治理之道的缘故。

而巫马期则智力疲劳，身体穷乏，政令繁多，未能得治民之道。

可见，如果想要达到最好的治理效果，上级不能对下级干扰太多，以免在其施政中掣肘；治理的人不能对人民干扰太多，以免政令繁冗，使民不知所从。

"多言数穷，不如守中"是本章中最为精华并最值得深思的道理。其中体现出的治理思想是政令不在多、更不在繁，而是需要保持稳定、保持定力，才能做到"蹄疾而步稳"。

纪连海谈 道德经

原文

谷神①不死,是谓玄牝②。玄牝之门③,是谓天地根。绵绵④若存⑤,用之不勤⑥。

注释

①谷神:谷读为毂(gǔ),《尔雅·释言》:"毂,生也。"《广雅·释诂》:"毂,养也。"谷神者,生养之神。据高亨说:"谷神者,道之别名也。"

另据严复在《老子道德经评点》中的说法,"谷神"不是偏正结构,是联合结构。谷,形容"道"虚空博大,象山谷;神,形容"道"变化无穷,很神奇。

②玄牝(pìn):玄,原义是深黑色,在《老子》书中是经常出现的重要概念。有深远、神秘、微妙难测的意思。牝:本义是雌性的兽类,这里借喻具有无限造物能力的"道"。玄牝指玄妙的母性。这里指孕育和生养出天地万物的母体。

③门:指产门。这里用雌性生殖器的产门的具体义来比喻造化天地生育万物的根源。

④绵绵:连绵不绝的样子。

⑤若存:若,如此,这样。若存:据宋代苏辙解释是实际存在却无

法看到的意思。

⑥堇（jīn）：通"勤"，作"尽"讲。

纪老师说

何为"谷神"，众多学者各有解释。有人认为它是用"道"的特质来代指"道"的。"谷"指空虚博大，"神"指变幻无穷。用"谷"来象征"道"体的虚状，用"神"来比喻"道"生万物的绵延不绝。

也有人对"谷神"另有解释，比如南怀瑾先生在《老子他说》中就提到，谷开始就是一般所谓山谷的简称，因为山谷的特殊构造，其中气流涌动，声音回环如有神人居住，古时人们见识浅薄，便依此形成宗教式的神话，塑造了很多莫须有的传说。可以说这种"谷神"和平时常说的"山神""河神"相似，老子在这里说谷神，只是借用了其中间空而无物的性质。

"谷神不死"道出了道的特性空虚广大、变幻无穷，没有穷尽。

"玄牝之门""天地根"都用来说明"道"为产生天地万物的始源。"玄牝"一般都被解释为母体生产之门。"玄牝"，玄妙的母性，指孕育和生出天地万物的母体，具有神奇的生殖力。老子以此来说明万物的存在，一定有来源，这个来源就是"道"，所以"道"化育天地，无穷无尽。

老子在这一章里继续说明"道"的特征。他所运用的方法仍是比喻、借代。他用"谷"象征"道"，说明"道"既是空虚的又是实在的；他用"神"比喻"道"，说明"道"生万物，绵延不断；他用"玄牝之门"比喻"道"是产生万事万物的根源等。他想说明"道"的作用是无穷无尽的，从时间而言，它历久不衰，天长地久。从空间而言，它

纪连海谈 道德经

无处不在、无穷无尽。它孕育着宇宙万物而生生不息。

"道"生出的万物好不热闹，有春夏秋冬四季、寒来暑往循环，有山川河流变迁、人间王朝更替。它无影无形，却无处不在。

《庄子外篇·知北游》记载，东郭子向庄子请教说："人们所说的道，究竟存在于什么地方呢？"庄子说："大道无所不在。"东郭子曰："必定得指出具体存在的地方才行。"庄子说："在蝼蚁之中。"东郭子说："怎么处在这样低下卑微的地方？"庄子说："在稻田的稗草里。"东郭子说："怎么越发低下了呢？"庄子说："在瓦块砖头中。"东郭子说："怎么越来越低下呢？"庄子说："在大小便里。"东郭子听了后不再吭声。庄子曰："夫子之问也，固不及质。正获之问于监市履狶也，每况愈下。"

在庄子看来，道是无所不在无所定在，万物、言论和大道遍及各个角落，它们名称各异而实质却是相同，它们的意旨是归于同一的。而郭东子一定要庄子指明道的具体"定在"，这实际上就是把道与某种具体的事物混同起来了，因而也就远离了道的本质，所以庄子只能用"每况愈下"的方式来回答他，是不是很有禅意啊。

清朝末年，李鸿章热心于洋务。有一次，他问一个下属什么叫抛物线，下属讲了一大通后，李鸿章仍是不懂。下属急了，说："李中堂，你撒不撒尿，撒尿就是抛物线啊！"李鸿章一下子大笑，明白了，幽默地说："各位明白了吧，庄子说'道在屎溺'就是说的这个道理啊！"

由此可知，"道"一方面内在于宇宙万物里面，体现于宇宙万物之中；另一方面，宇宙万物不管怎么变化，甚至最后消灭了，"道"照样存在。

老子所讲的"道"具有伟大而崇高的母性光辉，体现了母性力量的不可战胜。

有个攻无不胜、战无不克的国王康拉特三世，在一场战争中，他把敌人巴伐利亚公爵完全包围在一个城市里了。

康拉特三世和巴伐利亚公爵有不共戴天之仇。康拉特三世要攻下城来，巴伐利亚公爵和他那些死党要一个不留，全部杀光。而此时的巴伐利亚公爵已经弹尽粮绝，没有任何战斗力了。

因为欧洲骑士有尊重妇女的传统，所以康拉特三世在攻城前说："我跟巴伐利亚公爵有仇，你们这些女人，我打开城门放你们走，你们可以带走能带走的东西。剩下的巴伐利亚公爵和他的士兵，我们要决一死战。"

可当城门打开的时候，全体康拉特围城的士兵愣了，只看见巴伐利亚城里全体女士走了出来，大人孩子每个人肩上都扛着一个男人，连巴伐利亚夫人都扛着巴伐利亚公爵走了出来。女人把自己的丈夫扛走，母亲把儿子扛走，甚至是小女儿把父亲扛走。

那时中世纪骑士的武装是非常沉重的，那个铁甲非常重，如果把铁甲脱下来搁在地上站着也不倒的。但穿着铁甲的男人，却被瘦弱的女人扛着，就这样走出了城门！

康拉特三世是杀人不眨眼的魔王，可当他看到这个景象时，不由自主流下了眼泪，于是，宣布不再进攻。

女人们用自己瘦弱的双肩挽救了男人，挽救了一座城池。

纪连海谈 道德经

原文

天长地久①。天地所以能长且久者,以其不自生②,故能长生。是以圣人后其身③而身先④,外其身⑤而身存。非以其无私邪⑥?故能成其私。

注释

①天长地久:长、久均指时间长久。

②以其不自生:因为它不为自己生存。以,因为。

③身:自身,自己。以下三个"身"字同。

④先:居先,占据了前位。此是高居人上的意思。

⑤外其身:外,是方位名词作动词用,使动用法,这里是置之度外的意思。

⑥邪(yé):同"耶",助词,表示疑问的语气。

纪老师说

第七章的主旨,是从容放下一个自私的小我,向天地境界升华,在永恒的意义上,成就无小私的大我。

"天长地久"类似于《诗经》的比,即比拟于天地。由比拟天地而拎出"圣人",则类似于《诗经》的兴,即由天地境界而兴圣人品德。

由比而兴，由天地而圣人。"推天道以明人事"的思想逻辑很清晰，很诗意地完成了从天到人的过渡。

天地为什么能够长久？天地是最无私的，它们不是为了自己而生存（以其不自生），它们就好像是为了资助万物而生存的。天滋润万物、普照万物，地承载万物、孕育万物。如果是为自己的存在着想，必定不愿意如此付出，正因为不考虑自己，所以能够长生不老。

圣人也应该学习天地，把自己的一切置身事外，不考虑自己的安危和生存，这样才能够长久，这并非天地无私，圣人无私，这是说天地无私才成其私，无私是大私，大私就是无私。

这一章里老子以天人合一的境界，把宇宙、人生和社会看成一个统一的整体，从而要求人与人之间爱而忘私，和谐相处。无私是合乎道的美德，只有坚持这一美德，人类才能实现"长生"。应用到现实即"不自私""不争夺""甘为人后"才能成就自己。

1945年，瑞典皇家医学院决定将该年度的诺贝尔生理学或医学奖授予弗洛里、弗莱明和钱恩三人。

授奖词中把青霉素的发现称为"现代医学史上最有价值的贡献"，并特别强调指出，这是"不同科学方法为了共同目标而协作的杰出范例"。

在20世纪30年代以前，人类经常遭受到病菌的侵害。很多人由于受病菌感染，往往不治而终。然而，当时的医生对这些病菌了解甚少，在疾病面前束手无策，只能眼睁睁地看着病人做垂死挣扎。

伦敦大学圣玛丽医学院的英国细菌学家亚历山大·弗莱明希望用自己的科学研究来改变这个状况。十几年来他一直致力于探求消灭病菌的方法，研制杀死这些人类死敌的药物。

1928年夏季，弗莱明发现一种绿色霉菌的分泌物能有效地杀死凶恶的葡萄球菌。他把这种绿色霉菌称为青霉菌,把青霉菌的分泌物命名为青霉素。

在一次聚会上,弗莱明向英国一位大人物说起了自己的发现。那位大人物好心建议道:"弗莱明,你发财的机会来了啊。想想看,这种青霉素在今后医药上的用途有多大?你赶快去申请制造青霉素的专利权,从今以后,你和你的家人再也不用像现在这样为生计发愁了。"

当时,弗莱明家负担很重,还时常需要亲戚们的接济,所以这位大人物的建议也让弗莱明心动。但经过一番考虑,他还是谢绝了这一建议。他在给这位大人物的信中写道:"为了我自己和我一家人的荣华富贵,有意无意地去危害无数人的生命,我不忍心。"

弗莱明知道,要把滤液中含量极少的青霉素提炼出来,并制成一种临床使用的药物,光凭他个人的力量是不行的,还需要许许多多科学家的共同努力。因此,他毫不犹豫地在英国皇家《实验病理季刊》上把自己的发现公布于众,并呼吁更多的科学家参与到这一研究工作中来。

英国病理学家霍华德·沃尔特·弗洛里也一直在研究天然抗菌物质。他历来主张不同学科的学者之间需要密切合作。弗莱明的发现公布以后,弗洛里决定和才华出众的德国生物化学家钱恩一起,共同进行青霉素的系统研究。

从1939年开始,在弗洛里的主持下,一批热心的科学家自愿组成了实验攻关小组。

细菌学家加德纳和山德士负责青霉菌培养,钱恩负责从滤液中提取青霉素。山德士还研究出一种能测定青霉素含量的简便方法。培养液中青霉素的含量是极少的,要处理好几吨的滤液,才能得到一点点青霉素。科学家每天要洗刷几百个大玻璃瓶,培制十多吨培养液,还要接种、分离、干燥……工作十分艰苦。但科学家们都不以为苦，因为他们知道，一旦研制出青霉素制剂，将给整个人类社会带来福音。

1940年，弗洛里等终于得到了最初的青霉素制品，它的杀菌能力空前强大。这时，正好附近有家医院收治了一位严重感染的病人，他被送进医院时已经神志不清。虽然医生尽最大努力进行抢救，用了大量药物，仍未能见效。弗洛里把青霉素溶液缓缓地注入病人的静脉，病人很快清醒过来，体温也逐渐恢复正常。之后，他们又用青霉素制品治疗一批被葡萄球菌感染的病人，结果病人都迅速恢复了健康。

然而，从青霉菌中提炼出来的青霉素实在太少了，远远满足不了医学上的需要。为了寻找高产菌种，解决青霉素含量过少的问题，弗洛里等人四处奔波，从各地的土壤、垃圾堆和发霉的食品中分离出几百种霉菌标本，逐一加以研究、比较。

功夫不负有心人，他们在垃圾箱的西瓜皮上找到了高产的优良菌种，使青霉素的产量成倍增长。同时，他们进一步研究和改进提炼方法，不断提高青霉素制品的纯度，使它能成为临床用药。

青霉素的大量生产和广泛应用，使许多恶性疾病不再，无数面临死亡威胁的病人得到挽救，特别是在第二次世界大战期间，青霉素医治了成千上万的伤病员。人们一致把青霉素和原子弹、雷达并称为第二次世界大战中的三大发明发现。

当时的媒体把弗莱明描述成发现青霉素的天才，而对研究小组要么只字不提，要么仅用几句话一带而过。但在弗莱明本人的演讲中，他总是把青霉素的诞生归功于弗洛里、钱恩和他的同事们所作的研究。

诺贝尔奖评奖委员会并没有受舆论的蒙蔽。作为弗莱明的合作者，弗洛里和钱恩与他共同获得了诺贝尔医学奖。

纪连海谈 道德经

原文

上善若水①。水善利万物而不争，处众人之所恶②，故几于道③。居善地，心善渊④，与善仁⑤，言善信，正善治⑥，事善能，动善时⑦。夫唯不争，故无尤⑧。

注释

①上善若水：上，最的意思。上善即最善。这里老子以水的形象来说明"圣人"是道的体现者，因为圣人的言行有类于水，而水德是近于道的。

②处众人之所恶：即处于众人所不愿去的地方。恶：厌恶。

③几于道：几，接近。即接近于道。

④渊：沉静、深沉。

⑤与善仁：与，指与别人相交相接。善仁，指有修养之人。

⑥正善治：为政善于治理国家，从而取得治绩。

⑦动善时：行为动作善于把握有利的时机。

⑧尤：怨咎、过失、罪过。

纪老师说

在我们的生活中，水像空气一样，是我们离不开的。但另一方面，除非空气被污染了，水被污染了，否则我们不会特别珍惜水和空气，也不会特别关注它们。

生活往往这样，越是常见的，越容易被忽略，我们的关注和珍惜，总是迟到在失去之后。好在这世上还有哲学家、思想者，他们总能在我们所忽略的地方发现神奇，在我们渐渐麻木的时候唤醒关注。

老子在自然界万事万物中最赞美水，认为水是近于道的。而理想中的"圣人"是道的体现者，因为他的言行与水的德行相似。为什么说水近于道呢？王夫之解释说："五行之体，水为最微。善居道者，为其微，不为其著；处众之后，而常德众之先。"以不争争，以无私私，这就是水的最显著特性。

孔子说"智者乐水"，老子说"上善若水"，都是以水为喻，他们一致认为一个人只要具备了水的品性，无论是立身处世，还是建立功业，都能不招人怨，获得成功。

"上善若水"是说水具有滋养万物生命的德行。它能使万物得到它的利益，而不与万物争利，故天下最大的善性莫如水。正如古人所说的："到江送客棹，出岳润民田。"凡是能利物、利人之事，水都尽力去为。水的这种特性，可谓之"上善"。

众所周知，水有形却无状，它圆融通达，遇圆则圆，遇方则方，随物赋形，不与物争。用坝拦它，它就静止不动；抽刀断水，于水毫发无损。在天则为雨雪云雾，在地则成江河湖海。遇热成汽，逢冷结冰，见风起浪，居高成湍，千变万化。最重要的是无论它身处多么显贵的高位，都会谦卑地向下流淌。这一点和人类恰恰相反，人是钟情于高处的，仿佛只有不停地高攀才能实现自身的价值，人人都往高处走，所以难免会有竞争，有竞争就有博弈，有博弈就会有得失、成败。水比人明智，它甘居下位，滋润万物而不居功自傲，清静无为而又无所不为。

老子认为最完善的人格就应具备水的特性，才能没有忧患。首先要学习水滋润万物而不争的特质；同时还应该学习水的谦下、至静、无私、至柔、至大能容、曲直自如、因时就势等品性。

老子由水的哲学讲到"不争"的人生智慧，对于各行各业的人生实践，都极具启示意义，所以这一章会让许多人读起来亲切，体会到其中奥妙，甚至会禁不住手之舞之，足之蹈之。

孙叔敖是春秋时期楚国名相（令尹），他辅佐楚庄王施教导民，宽刑缓政，发展经济，使楚国国力大增，为楚庄王争夺霸主之位奠定了坚实的基础。

孙叔敖年少的时候，有一次出去游玩，碰到了两头蛇，就把它杀了并且埋了起来。回到家中就哭泣来。他的母亲问他哭泣的原因，孙叔敖说"我听说见到两头蛇的人一定会死，现在我见到了，恐怕我要抛下母亲先死了。"母亲说："两头蛇现在在哪？"孙叔敖说："我怕后来的人又会看见，就把它杀了并且埋了起来。"母亲说"我听说暗中助人的人上天对他必定有善报，你一定不会死。"等到孙叔敖长大，出任楚国令尹，还没有推行自己的治国主张国人就已经信服他的仁义了。

孙叔敖出任令尹以后主张宽刑缓政，着力发展经济。当时，淮水流域常常会闹水灾，影响农业的发展。为使百姓富足，国家强盛，他亲自调查，并兴修水利设施。

孙叔敖反对繁苛的政令。一次，楚庄王曾认为当时楚国的车子太小，遂命令全国一律改造高大的车子。孙叔敖劝谏说，若以命令行事，会招致百姓反感，不如把都市街巷两头的门槛做高，人们就会自觉改造高车了。当时的楚国通行贝壳形状的铜币，叫作"蚁鼻钱"。楚庄王嫌它太轻，下令将小币铸成大币，但老百姓却觉得不方便，特别是商人们更是蒙受了巨大损失，纷纷放弃商业经营，这使得市场非常萧条。更严重的是，市民们都不愿意在城市里居住谋生了，这就影响了社会的安定。孙叔敖知道后，就去见楚庄王，他以便民为先，请求恢复原来的币制。庄王答应了，结果三天后，市场又恢复到原来繁荣的局面。

孙叔敖任令尹期间，三上三下，升迁和恢复职位时不沾沾自喜；失去权势时不悔恨、不叹息。作为令尹，他的权力在一人之下、万人之上，但一直轻车简从，吃穿简朴，妻儿不衣帛，连马都不食粟。由于行政、治军有功，楚庄王多次重额封赏，孙叔敖坚辞不受。他为官多年，家中没有任何积蓄，临终时，连棺椁也没有。

孙叔敖生病将要去世的时候，将他的儿子叫到病榻之旁，告诫他说："楚王曾数次想封我土地，但我都没有接受。现在我要死了，楚王一定会封你，你一定不要接受肥沃的土地。楚国、越国之间有一块荒郊土地——寝之丘，这地方名字不好，土地贫瘠，楚国人害怕这儿有鬼，越国人也很迷信。你如果不得不接受封地，就要这一块土地吧。"

孙叔敖死后，楚庄王果然以肥沃的土地分封他的儿子，但他的儿子记着父亲临死的遗言，坚辞不就，最后不得已接受了"寝之丘"。

后来楚国历经混乱，很多曾经封到肥沃之地的功臣后代都因富贵而丧身失位，唯有孙叔敖的后人保留着那块土地长久不失。列子说："孙叔敖的智慧，知道不以利为利。知道处于别人所厌恶的地方，这就是得道者与众不同之处。"

孙叔敖遵从百姓的意愿，反对繁冗政令，可谓无为而治；他任令尹而不喜，罢官也不忧，正如本章所说的水，不争不求，能"居善地"；他有了功绩，却不求奖赏，也正是"善利万物而不争"；他要儿子求封于寝之丘，甘愿"处众人之所恶"。正是因为这种超人的智慧，他才能辅佐楚庄王成就霸业，才能保全子孙后代。

原文

持而盈之①，不如其已②。揣而锐之③，不可长保④。金玉满堂，莫之能守。富贵而骄，自遗其咎⑤。功成身退⑥，天之道⑦。

注释

①持而盈之：持，手执、手捧。此句意为持执盈满，自满自骄。

②不如其已：已，止。不如适可而止。

③揣而锐之：把铁器磨得又尖又利。揣，捶击的意思。

④长保：长久保存。

⑤咎：过失、灾祸。

⑥功成身退：功成名就之后，不再身居其位，而应适时退下。"身退"并不是退隐山林，而是不居功贪位。

⑦天之道：指自然规律。

纪老师说

这一章讲一般人的为人之道，主旨是要留有余地，不要把事情做得太过，不要被胜利冲昏头脑。

"物极必反""盛极必衰"是宇宙间一条不变的法则。日中则昃，月满则亏；灯将灭时必炽明，花将谢时必盛开。这不仅是道的运行规律，也是事物运动的规律，同时亦是人们活动须臾不可偏离的准则。

人如果贪图禄位，私欲满盈，就会遗害无穷，因为物壮则老，盛极必衰；如果恃才傲物，锋芒毕露，就会受到挫折，因为众叛亲离，不能常保；金玉是难得之货，必然引起争夺；富贵是众人所求，必然招致祸患。功成名就是件好事，为人人所追求，但想永远地保持下去，那是一厢情愿，必然会走向反面。所以，只有功成身退、敛身自保，才是首选的养生之道。就如同大自然四季更替、周而复始的规律一样。

但许多人居功自傲，贪心不足，富贵而骄，忘乎所以，最终导致身败名裂，历史上这样的人很多，年羹尧便是其中的一个。

年羹尧是清代前期的著名武将，战功彪炳，显赫一时。他曾经屡立战功、威镇西陲，满朝文武无不服其神勇，同时也得到雍正帝的特殊宠遇，可谓春风得意。但是不久，风云骤变，弹劾奏章连篇累牍，各种打击接踵而至，直至被雍正帝削官夺爵，列大罪92条，赐自尽。一个曾经叱咤风云的大将军最终落此下场，实在令人扼腕叹息，也不得不令人深思。

年羹尧年少得志时为人谨慎、谦恭。不到30岁就被康熙皇帝破格提拔为四川巡抚。到任之后，他很快熟悉了四川通省的大概情形，提出了很多兴利除弊的措施。而且，他自己也带头做出表率，拒收节礼，"甘心淡泊，以绝徇庇"。

自康熙以来，西北边事不断，屡剿难平，是清王朝的一块心病。而年羹尧为平定西藏立下了功劳。康熙皇帝任命他为川陕总督，并亲自赏赐了弓矢等物。

年羹尧原为雍正亲信，且文武兼具。在雍正登基前后，他运筹帷幄，驰骋疆场，曾配合各军平定西藏、青海乱事，立下赫赫战功。班师回朝时，雍正亲自相迎，擢升为抚远大将军，并加封为太保、一等公。

 纪连海谈 道德经

康熙末年，皇室内部围绕着皇位进行激烈残酷的争斗。而具有远见卓识的年羹尧认定未来的皇位继承人将是康熙第四子胤禛，所以他选中胤禛作为自己未来政治前途的"监护人"。在皇位的争夺当中，年羹尧作为一名拥有重兵、镇守边疆的朝廷重臣，他为雍正登上皇位起到了十分重要的作用，是拥护雍正登基的大功臣。

在军事上的成就，加上与雍正的特殊关系，使年羹尧青云直上，达到极端，几乎是一人之下，万人之上。他的妹妹是胤禛的侧福晋，雍正即位后封为贵妃；他的妻子是宗室辅国公苏燕之女。此时的年家可谓是地位显贵的皇亲国戚、官宦之家。

随着时间的推移，地位的升高，年羹尧便有些自傲。特别是当他平定西北之乱后，更是以为劳苦功高，自诩为"一人之下，万人之上"，乃至专横跋扈，不可一世。在当时的时代背景下，他在皇帝面前"无人臣礼"，藐视并进而威胁皇权。他在西安总督府时，令文武官员逢五、逢十在辕门做班，辕门、鼓厅画上四爪龙，吹鼓手着蟒袍，与宫廷相似。他还令雍正帝派来的侍卫前引后随，牵马坠蹬。按清代制度，凡上谕到达地方，地方大员须迎诏，行三跪九叩全礼，跪请圣安，但雍正帝恩诏两次到西宁，年羹尧竟"不行宣读晓谕"。他在与督抚、将军往来的咨文中，擅用令谕，语气模仿皇帝。更有甚者，他曾向雍正帝进呈其出资刻印的《陆宣公奏议》，雍正帝欲为此亲撰序言，但年羹尧以不敢"上烦圣心"为借口，代雍正帝拟就序言，要雍正帝颁布天下。年羹尧的放纵骄横，犯了为人、做官的大忌，为自己的政治前途乃至身家性命埋下祸根。他虽聪明绝顶、英勇善战，风光一时，但最后在雍正王朝激烈残酷的倾轧斗争中下场悲惨，成为中国历史上又一名以悲剧告终的功勋人物。

雍正是在激烈的争斗中登上皇位的，皇族内已经失败了的势力还在

活动，曾经支持过雍正的权贵重臣也慢慢地居功自傲起来，这些都威胁着他作为皇帝的最高权力。因此，为了巩固皇权，雍正不得不对威胁自己的皇兄弟进行严厉的打击，对居功擅权的重臣给予坚决的惩治。

仅仅14个月的时间，年羹尧就从权力的顶峰跌入死囚牢中，这是他做梦也想不到的。他甚至死到临头还幻想雍正会对他赦免，他更不会注意到站在他面前的监刑官正是曾被他逮治过的一位巡抚。在监刑官的反复催促下，年羹尧自缢而死，终年47岁。这位曾经不可一世的大将军，终于落了个家破人亡的悲惨下场。

年羹尧不但功高盖主，引起皇帝的猜疑，而且他本人性格居功自傲，得势之后飞扬跋扈目中无人，在形势逆转之时不懂得急流勇退或者稍作收敛，这些都是落败的关键。加上他排斥异己，用人为私，形成了以他为首的"政治军事小集团"，无论是在管理中还是政治中都是大忌讳。此外年羹尧为官不清正，贪赃受贿、侵蚀钱粮，贪敛财富，个人生活糜烂，也是罪有应得。

据清人《瞑庵杂识》记载：年羹尧小的时候，父亲遐龄带他到山寺去游玩，遇见了一位道士。道士抚摸着年羹尧说："奇贵，可惜后福不好。"遐龄惊异，忙问有没有术数可解。道士回答："术数管什么用！跟我学习三年，改变木性，或许还有万分之一的希望。"可惜未到三年，年羹尧母亲因思念儿子，借病将他接了回家，终没能完全扭转他的性格。

古人一再强调："自伐无功"，也就是说自己夸耀自己的功劳，有功也变得无功，因为自我邀功、居功自傲都是一种不明智的行为，轻则让人厌恶，重则危及身家性命。性格决定命运，把握住自己的"性格"也就是掌握了"人生"的生死富贵！有勇无谋、不懂得修身养性之人，终难以有后福！

纪连海谈 道德经

原文

载营魄抱一①，能无离乎？专气②致柔，能婴儿乎③？涤除玄鉴④，能无疵乎？爱民治国，能无为乎⑤？天门开阖⑥，能为雌⑦乎？明白四达，能无知⑧乎？生之畜⑨之，生而不有，为而不恃，长而不宰。是谓玄德⑩。

注释

①载营魄抱一：有学者解释为身体与精神合一。而帛书版则是戴营袙抱一，营：缠裹；袙：束发头巾；抱一：专心致志，心神合一，一心一意。"戴营袙抱一"，指用缠头巾裹紧脑袋，心神合一，一心一意。

②专气：专，结聚之意。专气即集气。

③能婴儿乎：能像婴儿一样吗？

④涤除玄鉴：涤，扫除、清除。玄，奥妙深邃。鉴，镜子。玄鉴即指人心灵深处明澈如镜、深邃灵妙。

⑤爱民治国，能无为乎：即无为而治。

⑥天门开阖：天门，有多种解释。一说指耳目口鼻等人的感官；一说指兴衰治乱之根源；一说是指自然之理；一说是指人的心神出入即意念和感官的配合等。此处依"感官说"。开阖，即动静、变化和运动。

⑦雌：即宁静的意思。

⑧知：通"智"，指心智、心机。

⑨畜：养育、繁殖。

⑩玄德：玄秘而深邃的德行。

纪老师说

本章用一连串六个反问来讲修身的的功夫和标准，问即是答。前半句是方法，后半句是标准和方向。

灵魂是人的内在，没有灵魂的人就如同行尸走肉。所以保护灵魂和坚持大道必须紧密结合，不能分离。通俗地说，人是要有精神和理想信念的。有了理想信念，人的方向感会更加明确，归属感会更加强烈，干事创业的劲头会更加十足，所从事的事业也会更加兴旺发达。

同时，人还要像出生的婴儿一样纯洁如玉，平和宁静，品德质朴和顺，处事清静无为。顺应客观规律，坚持实事求是地办事情，干工作。始终坚守理想信念，耐得住孤独和寂寞，慎独、慎欲，不去妄想，不能妄为。

当然，这是一种至高、至纯、至善的完美境界。我们处在一个复杂的转型社会当中，很难一下子达到如此境界。但老子给我们指出了修身的办法，要求我们要"载营魄报一"不能分离，"专气至柔"要像婴儿，"涤除玄览"不出瑕疵，"爱民治国"坚持无为，"天门开合"要有节制，"明白四达"要用心智。

"道"的境界和自我之德是同步的，"玄德"表明自我之德与道合一，是德的最高境界。老子认为，人们无论是形体还是精神，无论是主观努力还是客观实际，都不可能是完全一致的。但是人们在现实生活中，应该将精神和形体合一而不偏离，即使肉体生活与精神生活保持和

 纪连海谈 道德经

谐,这样就必须做到心境淡定,洗清杂念,摒除妄见,懂得自然规律,提高自身修养,也只有这样,才能够真正做到"爱民治国"。

安史之乱使唐朝从鼎盛的巅峰跌落下来,藩镇割据、宦官专权、朝臣朋党相争、朝臣同宦官之间的南衙北司相争此伏彼起,政局经常动荡。但唐朝又延续了一个半世纪,经济文化仍然有所发展,大唐帝国崇高的国际威望也仍然得以保持。其原因之一是唐朝后期还有宪宗、宣宗等几个很像样的皇帝。有郭子仪、李晟、李吉甫、裴度等众多优秀的将相。唐宣宗李忱在位十三年,人称其政"有贞观之风",赞誉他是"英主""明君""小太宗"。现代著名史学家范文澜先生也肯定说:"李忱时代,在晚唐算是盛世"。

宣宗的成功,就个人因素而言,至少有两条非常值得称道:一是注重"修身",始终严于律己,谨言慎行,"恭俭好善""从谏如流",树立了良好的"帝德风范";二是注重"齐家",能够严格管束子女和皇亲国戚,"明察沉断""用法无私",树立了良好的"皇家风范"。

《大学》说:"古之欲明明德于天下者,先治其国;欲治其国者,先齐其家;欲齐其家者,先修其身"。

修身(努力提高自己的道德修养)、齐家(整理家庭以正门风)、治国、平天下这套完整的"修齐治平"之学,在许多封建帝王心里只剩下治国、平天下两条,他们以为自己是天生的"圣明天子",孩子是天生的"龙子龙孙",用不着费心费力去修身齐家。

东周时,楚庄王向隐士詹何请教"治国之道",詹何却大讲"修身之术",庄王追问究竟怎样做才能治理好国家,詹何却回答:"从未听说过有国君努力修身而国家却搞乱了的事。"这是大臣魏征在唐太宗君臣讨论"为政之道"这一政治课题时引用的掌故,载于《贞观政要》第

一篇君道中。李忱自幼仰慕太宗,熟读《贞观政要》,特别注重修身。

李忱是唐宪宗第十三个儿子,与穆宗是异母兄弟,受封为光王。穆宗死,其子敬宗、文宗、武宗先后继位,父子四帝皆为宦官所立,而宪宗、敬宗及几个可能做皇帝的皇子皆为宦官所杀。文宗与朝臣密谋尽杀宦官,未能成功,宦官大杀朝臣,软禁文宗(史称"甘露之变")。此后宦官加紧监视那些德才出众的皇子,严防他们上台,以免遭到灭顶之灾。

李忱之母郑氏深知宫中险恶,教儿子谨言慎行,不露任何锋芒。李忱非常聪明,心领神会,从小便能少言寡语,明察多思,严肃稳重,从不显山露水,以致宫里人都以为他"不慧"(不聪明、痴呆)。能够识得庐山真面目的,大概只有穆宗一人。他在宫人传言李忱有精神病时特去探视,当场拍着李忱的后背说:"这是我们家的精英人物,哪有什么精神病!"又赐给他玉如意、御马、金带。敬宗被宦官杀害后,李忱越发寡言慎行,韬光养晦,大庭广众中索性三缄其口,一言不发。文宗、武宗兄弟经常在酒席上一边亲切地称呼他"光叔",一边恶作剧逗他开口,"武宗气豪,尤不为礼"。

会昌六年初,武宗病危,要立继承人。他有五个儿子,立谁都可以,而宦官们却偏偏选中了李忱,让他以"皇太叔"名义摄政,——只因他"不慧"。可是李忱掌权后一改常态,判若两人,"接待群僚,决断庶务",雷厉风行,井井有条。公卿百官无不惊奇,这才知道他根本不是"不慧",而是大慧特慧;宦官们暗暗叫苦,却也无可奈何,只好顺水推舟。同年三月武宗死,李忱登基,随即大展治国宏图,开创唐朝新的盛世。

韬晦谨言,是唐宣宗修身的一大亮点,虽因有其特殊的历史环境而带有相当的权谋色彩，但是韬光养晦、谨言慎行乃是任何人修身都必须注意的，否则所谓"修身"便无从谈起。

唐太宗说："言语者，君子之枢机，谈何容易！凡在众庶（平常人），一言不善则人记之，成其耻累；况是万乘之主，不可出言有所乖失，其所亏损至大，岂同匹夫。我常以此为戒。"又说："朕每日坐朝，欲出一言，即思此一言于百姓有利益否，所以不敢多言。"宣宗始终凛遵祖训，当了皇帝以后更加注意这方面的修养，故能赢得臣民拥戴，上下一心，协力治国。

如果君主是贤德的君主，他也必然会用贤明的臣子。《书经》上说："有不世之君，必能用不世之臣；用不世之臣，必能立不世之功。"

在党的十八大之后，我们看到国家的反腐倡廉工作，取得了很大的成效，这是什么原因？就是我们党和国家领导人率先垂范，能够从自身做起，反对奢靡之风，厉行节俭。而且提出任用那些真正贤德、廉洁的领导者，所以也一定能够立不世之功。所谓的"不世之君"就是不是世代都能出现的卓越君主，所谓的"不世之功"就是不是每一个时代都可建立的伟大功勋。

原文

三十辐①共一毂②，当其无③，有车之用。埏埴④以为器，当其无，有器之用。凿户牖⑤以为室，当其无，有室之用。故有之以为利，无之以为用⑥。

注释

①辐：车轮中连接轴心和轮圈的木条，古时的车轮由三十根辐条所构成。此数取法于每月三十日的历次。

②毂（gǔ）：是车轮中心的木制圆圈，中有圆孔，即插轴的地方。

③当其无，有车之用：有了车毂中空的地方，才有车的作用。"无"指毂的中间空的地方。

④埏埴（shān zhí）：埏，和；埴，土。即和陶土做成供人饮食使用的器皿。

⑤户牖（yǒu）：门窗。

⑥有之以为利，无之以为用："有"给人便利，"无"也发挥了作用。

纪老师说

车子、器皿、房子，三者都是日常生活用品。除了日常所需之外，

 纪连海谈 道德经

这三样东西还会有什么别的共性呢?我们似乎很难想得出来。

《道德经》的思路,往往出人意外。虽然同样从日常经验的角度来观察车子、器皿、房子,却得出了一个意义很超越的哲学感悟,即有与无的微妙关系。

车子的作用在于载人运货;器皿的作用在于盛装物品;房屋的作用在于供人居住,这是车、皿、室给人的便利。车子是由辐和毂等部件构成的,这些部件是"有",毂中空虚的部分是"无",没有"无"车子就无法行驶,当然也就无法载人运货,其"有"的作用也就发挥不出来了。器皿没有空虚的部分,即无"无",就不能起到装盛东西的作用,其外壁的"有"也无法发挥作用。房屋同样如此,如果没有四壁门窗之中空的地方可以出入、采光、流通空气,人就无法居住,可见是房屋中的空的地方发挥了作用。

老子对"有"与"无"的论述并不是那么玄之又玄,而是非常接地气的"实用主义"。他通过如此浅显的例证说明了一个重要的道理——"有"与"无"缺一不可。这三个例子都在于让我们去发现虚空的用处。虚空不是没有用,而是非常地有用。

在文学艺术领域,"虚空"正是精髓所在,充实了反而无意义了。在诗词创作中,文人们往往通过"空白"和"不完满"的意境给欣赏者以无限广阔的想象空间,留下了许多让人咀嚼寻味的艺术"空白",创造出更高的艺术效果。如柳宗元的《江雪》:"千山鸟飞绝,万径人踪灭。孤舟蓑笠翁,独钓寒江雪。"似一幅大片留白的素描画,不说孤独,却说尽千万孤独。

《天龙八部》中有这样一个片段:一个珍珑棋局,无人能破,而虚竹和尚以自杀之势放下一子,诚然,他杀死了自己的很多子,但同时也

清出了一片空地，使自己可以更自由地驰骋拼杀。现实亦是如此，清出足够的空间，才会有成长的余地。

善于放空自己是一种境界，只有懂得"归零"的人才会明白成和败、输与赢都是人生中应该放弃的浮华；只有时常给自己归零才能时时提醒自己跃升。

在一堂哲学课上，教授拿来一个杯子，将一块和杯子差不多大小的石头放了进去，然后问学生："这还能放进去其他东西吗？"同学们都说不能，因为杯子早就满了。

教授又拿出一把碎石子，然后将碎石子放到了杯子里。教授又开始问，这个小小的杯子还能融入些其他的东西吗？这一下学生开始变得谨慎了，但是大部分同学依然肯定地说不能。教授又微笑着拿出一小堆沙子，放到了杯子里，然后摇匀，直到所有的缝隙都被细细的沙子覆盖。

教授继续微笑着问："这个杯子里还能放东西吗？"学生有些发蒙，不知道该怎么回答了，但是从教室的角落里还是传出了一些声音，非常肯定地说不能了。只见教授又拿来一小杯水，慢慢地倒入了杯子之中，然后又问还能否放进去其他东西。这下所有的学生都不说话了，一起看着教授还能有什么花招。教授笑了，将杯子里的所有的东西都倒入了附近的垃圾桶，使它又变成了一个空杯。然后教授指着空杯说："这不是还能装其他东西吗？"说完，教授笑了，学生们也笑了。

教授用现场的演示给学生们传达了一个信息，那就是当自己的潜力使用殆尽的时候，可以用一种空杯的心态来进行调节。所谓的空杯心态是一种对自我的永不满足，及时对自己所掌握的知识进行调整和处理，清空那些陈腐过时的旧知识。空杯心态还要求人们不能沉迷于过去的成功，要随时调整自己来适应新的变化，要有敢于清空自己的勇气，也要

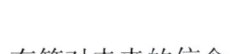

有笑对未来的信念。

一个人要想获得成功，将自己摆在一个不断向前的位置上，就要将心里的"杯子"倒空。别被那些成就、经验、利益、学识等东西束缚了自己，时时刻刻准备一切从头再来，敢于向自我挑战。经常如此，相信我们会慢慢获得进步和发展，在成功的道路上越走越远。

众所周知，贝利是一代球王，在他二十多年的足球生涯中，他创造出了各种匪夷所思的纪录，其中就包括了一个队员在一场比赛中射进8个球的纪录。贝利超凡的个人球技不仅征服了观众，也征服了对手。很多球员甚至以在比赛的过程中防守贝利而感到无比的骄傲。

在他个人的进球纪录满1000个的时候，有记者采访贝利："您认为自己哪一个球踢得最好？"贝利笑了笑，然后意味深长地说："下一个。"

在通往成功的道路上，当实现一个阶段性目标的时候，就应该将过去清空，把心态调整为零，把原来的成功看成是下一次成功的起点，开始不断地准备迎接新的挑战。也只有这样才能攀登新的高峰，获得新的成就。最主要的是在心态上"虚"了，身体上才能"实"，思想上才能允许我们接受更多的知识，行动上才能做到不耻下问，保证自己不断更新，不断追求进步。

原文

五色①令人目盲②；五音③令人耳聋④；五味⑤令人口爽⑥；驰骋⑦田猎⑧，令人心发狂⑨；难得之货，令人行妨⑩。是以圣人为腹不为目⑪，故去彼取此⑫。

注释

①五色：指青、黄、赤、白、黑。此指色彩多样。

②目盲：比喻眼花缭乱。

③五音：指宫、商、角、徵、羽。这里指多种多样的音乐声。

④耳聋：比喻听觉不灵敏，分不清五音。

⑤五味：指酸、苦、甘、辛、咸，这里指多种多样的美味。

⑥口爽：意思是味觉失灵，生了口病。古代以"爽"为口病的专用名词。

⑦驰骋：纵横奔走，比喻纵情放荡。

⑧田猎：打猎获取动物。

⑨心发狂：心生放荡而不可制止。

⑩行妨：伤害操行。妨，妨害、伤害。

⑪为腹不为目：只求温饱安宁，而不为纵情声色之娱。"腹"在这里代表一种简朴宁静的生活方式；"目"代表一种巧伪多欲的生活

纪连海谈 道德经

方式。

⑫去彼取此：摒弃物欲的诱惑，而保持安定知足的生活。"彼"指"为目"的生活；"此"指"为腹"的生活。

纪老师说

佛教认为，我们人类的感官分为六类：眼、耳、鼻、舌、身、意。这六种器官分别感知着色、声、香、味、触、法这六种尘世的事物。正因为感知了这六种东西，我们才有了喜、怒、哀、乐、忧、思六种意识。正因这六种意识的存在，才使我们原本平静的内心充满了欲望。当欲望得到满足时，我们高兴；当欲望得不到满足时，我们的内心就会备受煎熬，十分痛苦，甚至不择手段去夺取，以满足自己的欲望。因此，原本明镜般的内心，就蒙上了厚厚的尘埃，使我们的感觉变得麻木而又迟钝。

本章中的"五色""五音""五味""驰骋田猎""难得之货"就是伤害我们感官，使我们的欲望无限膨胀的元凶。

因此，老子提出"为腹不为目"这一极为简单明了的话，为我们点明了圣人合理的生活方式：只满足基本的生活需求即可，不可去满足眼睛所能欣赏的所有外物的欲求。因为欲望是永无止境的。俗话说得好："罗绮千箱，不过一暖；食前方丈，不过一饱。""广厦千间，夜眠不过六尺；家财万贯，日食不过三餐。"物欲的生活，但求安饱，不求纵情于声色之娱。

历史上以女色乱国者有之，因纵酒荒政者有之，为园林建筑亡国者亦有之。人们常说：利令智昏。其实能使智昏的并不仅仅是利，声色犬马、名位权势等私欲都可能使人头脑发昏，认不清形势，作出错误的判断，导致失败的后果。唐玄宗李隆基，本是雄才大略的君主，因此才有开元盛世。可是后来宠爱杨玉环，重用安禄山，终于酿成"安史之乱"，使唐帝国从辉煌的顶峰跌落下来，从此再也未能恢复元气。这并不是唐玄宗老糊涂了，而是他被美色和辉煌的成就冲昏了头脑。

历史上有许多智慧明朗，但却因一己之私致使国破家亡的国君，这不是因为他们愚蠢，而是那些玩乐、音乐、美色、利益等七情六欲搞昏了他的头脑，以致给对手留下了可乘之机，让对手成就了霸业。

想当年春秋霸主们在中原大地你争我斗，忙得不亦乐乎时，秦穆公导演了一幕杰出的喜剧：美人计、反间计双管齐下，灭掉了大西北强大的山戎。

那时，第二任霸主晋文公刚刚过世，戎王听说秦穆公贤明有为，秦国在他的领导下日渐强大，就派遣由余去秦国考察学习，想取些经回来，由余的祖先是晋国人，逃亡到山戎后就定居在那里，所以由余对内地的风土人情很熟悉。

秦穆公领着他参观了雄伟壮丽的宫殿，储备丰厚的国库，一副扬扬自得的模样。没想到由余却说："如果这是靠阴谋诡诈得到的，那未免太劳神了；如果是由人力完成的，老百姓可就太辛苦了！"

秦穆公对这一议论大为怪异，他想起这几年与晋国的恩恩怨怨，打打杀杀，于是问由余："中原国家用诗、书、礼、乐等法度来治理天下，然而还是经常发生战乱，戎狄并没有这些典章制度，怎么能把国家治理好呢？那不是很困难的事吗？"

由余笑道回答："此乃中国所以乱也。夫自上圣黄帝作为礼乐法度，身以先之，仅以小治。及其后世，日益骄淫。阻法度之威，以责督于下，下疲极则以仁义怨望于上。上下交争怨而相篡弑，至于灭宗，皆以此类也。夫戎夷不然。上含淳德以遇其下，下怀忠信以事其上，一国

纪连海谈 道德经

之政犹一身之治，不知所以治，此真圣人之治也。"

秦穆公听了这位他们一向蔑称之为"犬戎"使者的话，陷入了沉思，闷闷不乐地回到后宫，他召来内史廖说："我听说邻国有圣人，就是敌国的祸患。由余这人很贤明，这真是我的祸患啊。你说该怎么办？"

内史廖回答说："戎王处在闭塞的地方，从未听过中原的音乐，你何不送给他女乐来腐蚀他的精神；替由余说好话来离间他与由余的关系；挽留由余不让他按时回国，使戎王怪罪他，怀疑由余的忠诚？再说，戎王喜欢女乐必将荒于政事，那时候就好想办法解决。"

穆公一拍大腿，说："对，就这么办！"

后来在接见由余时，秦穆公特意让由余坐在他身边的床上。在共进佳肴，推杯换盏之际，问讯山戎的地形地貌与军队状况。然后让内史廖选了十六部女乐赠送给戎王。戎王接受了，非常喜欢这些女乐，一年到头兴趣不减。由余劝谏不听。穆公派人暗中邀请由余，由余便投降了秦国。穆公以贵宾之礼上待他，并就如何征讨山戎向他作了咨询。

三年后，时机一成熟，穆公就采用由余的计谋打败了山戎。这次战争的胜利，使秦国并吞了十二个国家，疆域扩展了一千里，成了西北的一大强国，周天子还特派专使送上金鼓表示祝贺。

从山戎的被消灭的事情中，我们应该看到，一个国家的兴衰虽然取决于众多综合性的因素，但当政者的荒淫无度应该是很关键的一个原因，美女比军队更具杀伤力啊！

现实生活中，面对物欲横流的外在世界，很多人无法抵挡物欲的诱惑，从而不惜代价地来满足自己的声色欲望，眼睁睁地看着自己堕落消沉甚至走上灭亡的道路。显然这些人的价值观和道德观已经严重扭曲变形，所以在文明高度发达的时代，我们更要静心聆听老子的教诲。

原文

宠辱①若惊，贵大患若身②。何谓宠辱若惊？宠为下③，得之若惊，失之若惊，是谓宠辱若惊。何谓贵大患若身？吾所以有大患者，为吾有身，及吾无身，吾有何患④？故贵以身为天下者，若可寄天下；爱以身为天下者，若可托天下⑤。

注释

①宠辱：荣宠和侮辱。

②贵大患若身：贵，珍贵、重视。重视大患就像珍贵自己的身体一样。

③宠为下：受到宠爱是下等的。

④及吾无身，吾有何患：意为如果我没有身体，有什么大患可言呢？

⑤故贵以身为天下者，若可寄天下；爱以身为天下者，若可托天下：此句意为以贵身的态度去为天下，才可以把天下托付给他；以爱身的态度去为天下，才可以把天下托付给他。

纪老师说

本章讲了两个问题，一是论述了对待宠辱的态度，二是强调了"贵

纪连海谈 道德经

身"的思想。"宠辱若惊""贵大患若身"这两句是《道德经》里经典的语录，老子对宠辱、进退均有独到的见解。

对待宠辱的态度，实际上就是人的尊严问题。得宠的以得宠为荣耀，为了不失去自己的荣耀，就会在赐宠者面前唯唯诺诺，诚惶诚恐，甚至曲意逢迎，溜须拍马。宠和辱对人尊严的伤害是一样的，受辱者固然伤了自尊，得宠者又何尝不是在损伤自己的人格尊严呢？

如果一个人不计较任何的宠和辱，不为外界的荣辱乱心分神，那么他在任何人面前都可以傲然而立，保持自己完整独立的人格尊严。"宠辱不惊，闲看庭前花开花落；去留无意，漫随天上云卷云舒。"宠辱不惊、去留无意。方能达观进取，笑看人生。

著名宗教领袖赵朴初临终偈子道："生亦欣然、死亦无憾。花落还开，水流不断。我兮何有，谁与安息。明月清风，不劳牵挂。"这正充分体现了一种宠辱不惊的崇高精神境界。

一般人对于身外的荣辱得失十分看重，甚至许多人重视身外的宠辱远远超过自身的生命。人生在世，难免要与功名利禄、荣辱得失打交道，许多人是以荣宠和功名利禄为人生最高理想，目的就是为享荣华富贵、福佑子孙。总之，人活着就是为了寿、名位、货等身外之物，对于功名利禄，可说是人人都需要。

但是，把它摆在什么位置上才好呢？如果你把它摆在比生命还要宝贵的位置上，那就大错特错了。老子从贵身的角度出发，认为生命远远贵于名利荣宠，要清静寡欲，一切声色货利之事，皆无动于衷，然后可以受天下之重寄。因此，老子认为，没有必要视荣宠为宝贝，也没有必要视耻辱为洪水猛兽，两者没有必然的界限，并非势同水火，关键在于如何看待。如果善于正确对待，耻辱就会变成荣宠的垫脚石；如果不善于对待，荣宠就会变成耻辱的前奏。正确对待荣辱，就能豁达处世，不至于为荣辱所羁绊。

"智者乐，仁者寿，长者随心所欲。一介布衣，言有物，行有格，贫贱不移，宠辱不惊。学问铸成大地的风景，他把心汇入传统，把心留在东方。"——这是2006年季羡林获得感动中国人物时的颁奖词。就像颁奖词中所说，季羡林对自己的定位也始终是"一介布衣"，一个中国知识分子。

1946年，季羡林从德国学成辗转回国后，一踏上祖国的土地，第一件事是跪下捧起一把泥土亲吻，颤抖着声音说："我的祖国，我终于回来了！" 在此之前，英国剑桥大学已经为他安排了诱人的职位，但他不为所动，学成直扑祖国怀抱。

季羡林一直宠辱不惊，淡泊名利，始终以一颗平常而豁达的心对待生活中遇到的任何事。

由于在学术上的杰出成就和重大贡献，季羡林赢得了很多名誉和头衔，但他始终认为自己只是一个普普通通的教授。2002年10月，季羡林在住院期间专门写文章提出请辞"三项桂冠"。他说："请从我头顶上把'国学大师'的桂冠摘下来，请从我头顶上把'学界（术）泰斗'的桂冠摘下来，请从我头顶上把'国宝'的桂冠摘下来。"他认为，唯有如此，他才能静下心来，踏踏实实做学问。

2006年5月14日，北京大学举行"庆祝东方学学科建立六十周年、季羡林教授执教六十周年暨九十五华诞"大会。然而，季羡林这位老寿星却没有出席会议。第二天，有人向他说起了这次会议的盛况，他感到非常惊讶，说："我就是一个普通的教授，搞这么大的场合干什么？小题大做，不值得。" 季羡林一向认为自己是一个普通人，一个平凡人，对

纪连海谈 道德经

困境、逆境、名誉、地位，他始终保持着一颗平常心来看待。

季羡林经历了各种生活的的磨难，依然释然面对，彰显出了一名大师崇高的人格魅力。他的豁达是他面对人生挑战的有力法宝，他的平易近人则是他人格魅力的升华。

当一个人的境界越高，追求越高，他的神性就会放大，但姿态却会放低，他会融入这个世界，成为其中最不起眼的渺小的存在。季羡林，不仅是一个国学家、语言学家抑或文学家，他也是一个中国知识分子，是一个在自己有限生命中无限延展的学者，是一个具有世界性、人类视野的东方学者的代表，他为后世留下的精神财富，值得我们每个人去发掘和继承。

原文

视之不见名曰夷①，听之不闻名曰希②，搏之不得名曰微③。此三者不可致诘④，故混而为一⑤。其上不皦⑥，其下不昧⑦，绳绳⑧不可名，复归于无物⑨。是谓无状之状，无象之象，是谓惚恍⑩。迎之不见其首，随之不见其后。执古之道，以御今之有⑪。能知古始⑫，是谓道纪⑬。

注释

①夷：无色。

②希：无声。

③微：无形。

以上夷、希、微三个名词都是用来形容人的感官无法把握住"道"。这三个名词都是幽而不显的意思。

④致诘(jié)：诘，意为追问、究问、反问。致诘意为思议。

⑤一：本章的一指"道"。

⑥皦(jiǎo)：清白、清晰、光明之意。

⑦昧：阴暗。

⑧绳绳：不清楚、纷纭不绝。

⑨无物：无形状的物，即"道"。

⑩惚恍：若有若无，闪烁不定。
⑪有：指具体事物。
⑫古始：宇宙的原始，或"道"的初始。
⑬道纪："道"的纲纪，即"道"的规律。

纪老师说

本章是描述"道"体的。在第六章和第八章，老子分别以具体的形象——"谷"和"水"，来比喻道，本章以抽象的理解，来描述"道"，它超越任何事物，无形无状，因此是看不见、听不见、摸不着的。对于这种没有形体的抽象之物，我们根本无法进行感官上的体验，所以就无法用语言描述它的属性。

"道"是玄妙精深、恍惚不定的，但它的虚无不是绝对的"无"，它是由万物混成之物，无中含万有，无中出妙有，它是宇宙万物的本源，因此道的纲纪与宇宙同寿，运用极广，看不到"首"，也看不到"后"，自古以来就支配着世间的具体事物，统率着一切"有"。因此，要认识和把握世间的万物，就必须把握"道"。

此章先是对"道"的神秘莫测进行了一番描述，告知人们"道"是无法用普通的感官来感受的，以及"道"的一些微妙特性，然后话锋一转，告诉人们即便如此，"道"还是可以被人感知、被人了解的，从而发挥"道"的伟大作用——御今知古，即"执古之道，以御今之有"。

何谓"执古之道，以御今之有"？简单说，要把握早已存在的"道"来驾驭现实存在的具体事物。换个说法就是借古鉴今，古为今用。

这里，老子告诉我们一个道理，就是将学习到的前人的东西应用到现实生活中去，这样才能起到很好的效果。司马光等人编撰的《资治通鉴》总结出许多经验教训，以供后人借鉴，书名的意思是："鉴于往事，资于治道"，即以历史的得失作为鉴戒来加强统治，其目的就在于让统治者从中领悟为政之法，为君之道。

不忘历史才能开辟未来，善于继承才能善于创新。优秀传统文化是一个国家、一个民族传承和发展的根本，如果丢掉了，就割断了精神命脉。

苏辙《上皇帝书》曰："去民之患，如除腹心之疾，则其以私罪至某，赃罪正入已至若干者，非复过误，适陷于深文者也。"意思是，清除百姓的祸患，如同去除自己的心病一样。苏辙把百姓疾苦提升到"腹心之疾"的高度，意在说明"去民之患"刻不容缓，不可稍懈。

《论语·颜渊》有云：季康子问政于孔子。孔子对曰："政者，正也。子帅以正，孰敢不正？"国家领导多次引用"其身正，不令而行；其身不正，虽令不从"这句话，并多次强调领导干部要身先士卒、率先垂范，把这作为为政之德、为政之道、为政之要。

纪连海谈 道德经

原文

古之善为士者①，微妙玄通，深不可识。夫唯不可识，故强为之容②：豫兮③若冬涉川④；犹⑤兮若畏四邻⑥；俨兮⑦其若客⑧；涣兮其若冰之将释⑨；敦兮其若朴⑩；旷兮其若谷⑪；混兮其若浊⑫。孰能浊以静之徐清？孰能安⑬以久，动之徐生？保此道者不欲盈⑭。夫唯不盈，故能蔽而新成⑮。

注释

①善为士者：指得"道"之人。

②容：形容、描述。

③豫兮：豫原是野兽的名称，性好疑虑。豫兮，引申为迟疑慎重的意思。

④涉川：战战兢兢、如临深渊。

⑤犹：原是野兽的名称，性警觉，此处用来形容警觉、戒备的样子。

⑥若畏四邻：形容不敢妄动。

⑦俨兮：形容端谨、庄严、恭敬的样子。

⑧客：一本作"容"，当为客之误。

⑨涣兮其若冰之将释：形容流动的样子。

⑩敦兮其若朴：形容敦厚老实的样子。

⑪旷兮其若谷：形容心胸开阔、旷达。

⑫混兮其若浊：形容浑厚纯朴的样子。混，通"浑"。

⑬安：静态。

⑭不欲盈：不求自满。盈，满。

⑮蔽而新成：去故更新的意思。一本作蔽不新成。

纪老师说

这一章，老子用诗一般的语言，为我们描摹了一个"善为士者"栩栩如生的精致画像，塑造了一个"善为士者"臻于完美的精神人格造型。

所谓的"士"，并非完全同于现代观念中的读书人，"士"的原本意义，是指专志道业而真正有学问的人。一个读书人，必须在学识、智慧与道德的修养上达到身心和谐自在，内外兼通的程度，符合"微妙玄通，深不可识"的原则，才真正够资格当一个"士"。

他们是理想的行道者，是得道之人。他们掌握了事物发展的普遍规律，懂得用客观规律来处理理想与现实之间存在的问题，懂得用最合理的方法和态度做人行事。

"嗜欲深者天机浅"，世俗之人往往嗜欲太深，而失去天机，显得极其浅薄，让人一眼就会看穿。而得道之人则静谧幽沉，微而不显，含而不露，难以测识。他们有高尚的人格修养，有良好的心理素质，并有沉稳的静定功夫，喜怒不形于色，哀乐不彰于身。他们小心谨慎，心存畏惧，恭敬持重，温和融洽，敦厚自然，虚怀若谷，浑朴纯正，深沉宁静，飘逸洒脱。

 纪连海谈 道德经

"静之徐清""动之徐生"阐述了一种"和平演变""推陈出新"的方法。完全按照事物规律和法则行事,"静"可以使混浊澄清,"动"可以推动新事物的发展。

毛泽东就是运用此道的大智慧者,领导工农红军开辟农村革命根据地,让每个不识字的农民都成为军事运用家。秋收起义,毛泽东率领一群农民上了井冈山,当时的中国农民连字都写不了几个,更不要说熟读兵法了。要领导这样一支手拿镰刀、锄头的农民队伍百战百胜,没有超凡的大智慧是断然做不到的。

毛泽东政治智慧的根本追求就是争取大多数群众,团结大多数群众,进而依靠大多数群众,使中国共产党强大起来。为此,他提出变"谋之上"为"谋之下";做"农民运动的王";"团结一切可以团结的力量";"建立抗日民族统一战线";"发展进步势力,争取中间势力,孤立顽固势力"和"正确处理人民内部矛盾"等种种战略、策略方针。这些政治智谋的实施过程,也就是中国共产党从小到大、由弱变强的发展过程。

他善于用平凡的人、平凡的事来做事,从而掀起波澜壮阔的大局面。战争年代掀起了学习刘胡兰、董存瑞、欧阳海、邱少云、黄继光等英雄事迹的热潮,从而带动亿万人民为中国人民的解放事业浴血奋战。

说到雷锋,全国人民都知道,他的精神整整感召了一代人,分析一下雷锋所做的事:一颗螺丝钉、一分钱、帮助一个老人、不知疲倦地工作等,没有哪一件事是轰轰烈烈的大事,"一个人做一件好事并不难,难就难在几十年如一日地做好事",这就是毛泽东对雷锋的评价;铁人王进喜,咱们的好县长焦裕禄,掏粪模范石传祥等,不胜枚举。他们都是平凡的人,工作在平凡的岗位上,做着平凡的事。

原文

致虚极，守静笃①。万物并作②，吾以观复③。夫物芸芸④，各复归其根⑤。归根曰静，是谓复命⑥。复命曰常⑦，知常曰明⑧。不知常，妄作凶。知常容⑨，容乃公，公乃王，王乃天⑩，天乃道，道乃久，没身不殆。

注释

①致虚极，守静笃：虚和静都是形容人的心境是空明宁静状态，但由于外界的干扰、诱惑，人的私欲开始活动。因此心灵闭塞不安，所以必须注意"致虚"和"守静"，以期恢复心灵的清明。极、笃，意为极度、顶点。

②作：生长、发展、活动。

③复：循环往复。

④芸芸：茂盛、纷杂、繁多。

⑤归其根：根指道，归其根即复归于道。

⑥复命：复归本性，重新孕育新的生命。

⑦常：指万物运动变化的永恒规律，即守常不变的规则。

⑧明：明白、了解。

⑨容：宽容、包容。

⑩天：指自然的天，或为自然界的代称。

纪老师说

此章是世界观与方法论的统一，世界观是"万物芸芸，观复"，方法论是"知常不妄作"和"知常容"。

此章呈现为思想进程的三个阶段：即第一，进入清虚专注的思想状态；第二，洞观万物生成的常理；第三，将这个常理应用于社会。

老子以天地间万物生生不息，周而复始的生命过程为例，提出了"常"的概念，与我们今天常说的"规律"的意思差不多，不过老子所说的"常"更接近于自然规律。

何为"常"？

嫩芽新出，枝繁叶茂而成参天大树，最终还是落叶归根，重归于泥土，然后再破土而生，开始新的轮回。春生、夏长、秋收、冬藏的四季轮回；日出而作，日落而息的昼夜交替；生生死死、死死生生、有生有死、有死有生的生死循环……

大到星系运转，小到一草一木一篓一蚁……说也说不完，数也数不清，不都是周而复始，作而归命根吗？——这就是常理。

认识到了万物有"常"，老子进一步告诉我们，认识了自然规律，人们才能明智，相反就会恣意妄为，胡乱折腾，带来灾祸。同样人们在政治生活中"知常"就可以达到容（有容乃大）、公（大公无私）、王（无私成王）、天（王道乐土）、道（为腹不为目）、久（有所不为），一步一步迈向人生或治国的至高境界。

生活中的"知常"，也即"知常道"。常道是什么？就是常识、常规，也是做人做事的规律、信守的某些规范。

人生的规范很多，比如道德规范，仁义礼智信，忠孝慈俭廉，都是我们应该信守的法则，是"做人常道"。

每一行每一业都有自己的"常道"需要遵守，行业规范、行业法规都是相应的"常道"，哪怕是一种技术的操作，那些操作规范、流程，也是相关"技术常道"，一旦违背这常道，就会造成生产事故。

比如，不酒驾，不超载，不超车，不闯红灯，不无照上路，这是"司机常道"，可不少人还是会冒险酒驾，造成交通事故。

"遵纪守法，廉洁奉公，为人民服务"，这是"做官常道"，那些被双规的贪官，就是违背了"做官常道"。一些人在做事中，经常因为"犯规"而失败。不犯规，就是要"知常""守常"。

经商中的"注重产品质量，诚信经营，要做好服务"这三条，都是必须信守的"商业常道"，不坚守这些常道，一定会出现危机。

知"常"要把握住道的本源，才懂得做人，才懂得做事。知"常"便能"容"，胸襟可以包容万象，盖天盖地。因为有此胸襟，智慧的领域扩大，不可限量，故说"容乃公"，自然做到天下为公，毫无私心。

知常，方能容纳一切，无所不包，无所不包才会做到大公无私，大公无私才能无不周全，周全才能符合自然，符合自然才能符合道，能遵循道，才会长久，终身不会遭受危险。

弄明白了这个常理，洞悉纷繁复杂的万物万象，遵循着周而复始和种根不变两条秩序原则，对于建构社会共同体，究竟有什么样的启示意义呢？

其实，道理并不难懂，个人、企业、国家，只要遵循各自领域的常识，有可持续发展的战略与眼光，就能长久不衰，长治久安。

华为的繁荣昌盛，就是"知常"守常的成功范例！

纪连海谈 道德经

1987年，43岁的任正非集资2.1万元在深圳创立华为公司，经过30年的艰苦奋斗，华为由一个小作坊成长为全球通信技术行业的领导者，业务遍布全球170多个国家和地区，销售收入60%以上来自海外市场，创造了世界企业发展史上的奇迹。

华为成功的秘诀就是始终坚持践行"以客户为中心，以奋斗者为本，长期坚持艰苦奋斗，坚持自我批判"的核心价值观，这对华为而言，既是常识，也是真理。

"以客户为中心"是华为迅速崛起的关键因素。华为把为客户服务作为公司存在的唯一理由，对客户有着宗教般的虔诚，"眼睛盯着客户，屁股对着老板"，用心发现和满足客户需求，为客户提供有竞争力的通信解决方案和贴心服务，赢得了全球客户的信赖和广泛好评。

"你给客户满意的产品，他们付钱养活你。华为走到今天，就是靠着对最终客户需求宗教般的虔诚和敬畏，坚持把对客户的诚信做到极致。"任正非说，"不要管理复杂化了。小公司只有一条，就是诚信，没有其他。就是你对待客户要宗教般的虔诚，就是把豆腐要好好磨，终有一天你会得到大家的认同。中小企业还想有方法、商道、思想，我说没有，你不要想得太复杂了。你盯着客户，就有希望。就是要诚信，品牌的根本核心就是诚信。你只要诚信，终有一天客户会理解你的。你给客户满意的产品，客户付钱养活你。做企业就是要对得起客户，要恪守住不变的诚信"。任正非反复说，华为走到今天，就是靠着对客户需求宗教般的虔诚和敬畏，坚持把对客户的诚信做到极致。

任正非说："供给侧改革的中心，就是提升产品的品质。首先我们要抓住货源要保持高质量，供给侧一定要保持高质量。其次，产品要高质量，有了就会有客户群。供给侧改革中核心是质量。质量的关键是要提高成本。低成本就不可能有高质量，低成本必然带来地沟油、假冒伪劣。高质量为什么不能卖高价格呢？卖不了高价格，政府就要减负，企业才能有余钱投入创新。我在达沃斯讲的我们坚决不走低价格、低成本、低质量的道路，这会摧毁我们二十多年后的战略竞争力"。

商业上没有捷径，华为没有秘密。很多企业向华为学习，只看到了表面的成功。却没有几个企业能够坚守商业常识。你抱着自私自利走捷径的视角看成功，永远也学不了华为；你抱着创造客户最终价值的视角看成功，华为与你高度共振。这里的关键是看待商业和成功的视角转换。意识不转，学也白学。

老子对常识——生命运行的法则和规律，很是看重，他做了个很强势的判断："知常曰明。不知常，妄作凶"。

而对恪守常识的人推崇备至："知常容，容乃公，公乃王，王乃天，天乃道，道乃久，没身不殆。"

纪连海谈 道德经

原文

太上①，不知有之②；其次，亲而誉之；其次，畏之；其次，侮之。信不足焉，有不信焉。悠兮③其贵言④。功成事遂，百姓皆谓："我自然⑤"。

注释

①太上：至上、最好，指最好的统治者。

②不知有之：人民不知有统治者的存在。

③悠兮：悠闲自在的样子。

④贵言：指不轻易发号施令。

⑤自然：自己本来就如此。

纪老师说

中国自古以来，制度上采取的都是皇权专治制度，但在意识形态或治国之道上，却发生过四次重大变革，就是皇道治国、帝道治国、王道治国和霸道治国。皇道就是以道治国，帝道就是以德治国，王道就是以仁义治国，霸道就是以法治国。

"皇帝王霸"四种治国之道，就是以道治国，以德治国，以仁义治国，以法治国四种意识形态或四种治国之道。

老子用"太上，不知有之""其次，亲而誉之""其次，畏之""其次，侮之"，分别描述了四种治国之道的效果。由"太上"之下，连续三个"其次"，所描述的是"每况愈下"。最理想的是人民知道有统治者存在，但不觉得需要他来领导；第二等是统治者行仁政，人民"亲而誉之"；第三等是统治者使用政令刑罚，人民"畏之"；第四等是统治者胡作非为、全无章法，人民"侮之"，然后可能天下大乱。

皇道时，人人讲道德，人人大公无私，人人为我，我为人人，相亲相爱，只有相帮，没有争夺，夜不闭户，路不拾遗，君主从不去治理和管理人民，而达到天下大治，这是最理想的国度，故称"太上"。帝道、王道和霸道的等级，依次降低。所以中国发展到春秋时期已经天下大乱了，这时候就必须重新寻求一个理想的治国之道，于是战国时期我们的先人们开始了史无前例的百家争鸣，大家共同讨论，到底该以哪种治国之道来治理我们的国家。

道家主张用道和德的皇道治国和帝道治国，儒家主张用仁义的王道治国，法家主张用以法治国的霸道治国。最终秦始皇统一中国，采用了法家的霸道治国，以绝对的法治，武力镇压和管理人民，人民不堪其苦，结果不久而亡。汉高祖推翻秦朝，采用道家的皇道治国，重道德，轻刑罚，基本宪法只有三条，即汉高祖约法三章。结果虽然国泰民安，经济高速发展，但过于柔弱，不利于抵抗外族，人民还是苦不堪言。汉武帝时采用儒家的王道治国，既不激进，又不过分柔弱，最适合中国国情，故延续至清，两千年未变。

但在老子的观念上，理想的"圣人"是要"处无为之可，行不言之教"，要一如处"太上"之世，体"玄德"之君，能够"生之畜之"。在《帝王世纪》中，记载了帝尧之世，"天下太和，百姓无事，有五老人击壤于道，观者叹曰：大哉尧之德也！老人曰：日出而作，日入而息。凿井而饮，耕田而食。帝力于我何有哉？这种生动的画面，可以说是对老子的"百姓皆曰我自然"的最好图解。

明朝隆庆皇帝，也算得上一位圣明的君主了。

隆庆皇帝在位时间仅六年，但隆庆一朝却是明代最为安定的一个时期，也是大明王朝人才辈出的一个阶段，如徐阶、张居正、高拱、戚继光、海瑞、王崇古、李成梁等。

隆庆皇帝最为突出的一个特点就是在绝大多数情况下都配合大臣们的要求，而对大臣的所作所为一般不干预，只是在必要的时候才出面发挥皇帝的作用。

隆庆之所以能如此，与明朝的政治背景有直接联系。明太祖朱元璋时期，废除了中书省和宰相的设置，由皇帝直接掌管六部，意味着皇帝的权力达到了一个新的高度。

但是，就实际情况而言，朱元璋一人独揽大权与他自身的性格、精力和经验有着密切关系。但他的继承者们并非个个如他这般。因此，皇帝还是很需要辅臣的，但是，先祖的定制也不便违背。于是，经过改造，明朝逐步形成了内阁制度，以一种新的形式来分担皇帝政务和制约皇帝的独断专行。

事实上，新建立起来的内阁制度比原来的宰相制对皇权有着更大的制约力。内阁最为突出的一点就是具有"票拟"的权力。所谓"票拟"，就是代替皇帝草拟各种文书，其中主要是关于六部、各种批答。这些批答可以是内阁先与皇帝共同讨论，做出决定再草拟成文字，而更多则是内阁先拟好批答文字，连同原奏请文书一起送交皇帝审批。由于"票拟"要比以往各朝辅佐君主处理政务的制度更加细致和周到，特别是此前各朝草拟下行诏令和审核奏章的机构，有中书、门下、翰林院等，比较分散。而明朝则全都归职于内阁，这就使得明朝的皇帝可以单纯依靠内阁的"票拟"来治理天下。也正因此，明朝的很多皇帝被认为是相当懒惰、怠政的。例如明神宗万历皇帝就曾连续二十年不上朝，听起来似乎荒唐，而了解明代历史的人就会知道：在那种体制之下，皇帝的上朝在某种意义上可以说是一种仪式。

当然，尽管有这样的内阁制度，每一位皇帝推行统治的具体情况还是有很大不同，其中表现最为出色的应当首推隆庆皇帝。

隆庆皇帝在位六年期间，完成两件大事，一是"俺答封贡"，另一个是"隆庆开关"。

所谓"俺答封贡"就是明王朝封蒙古俺答汗"顺义王"称号，蒙古其他各部也得到不同封号，而蒙古各部向明朝献贡，双方和好，互通贸易。这样，此后的数十年期间，明朝与蒙古一直保持着友好的边境关系。

而"隆庆开关"，也就是重新开放了因为倭寇骚扰而被中止的海外贸易，对促进明朝的繁荣富庶起到了很大的作用。

这其中也许就蕴含了一名圣明的管理者所该具备的"无为之治"的智慧。

这种无为而治的智慧，在现代企业管理中也有被推广应用。

一位著名企业家在做报告，一位听众问："你在事业上取得了巨大的成功，请问，对你来说，最重要的是什么？"

企业家没有直接回答，他拿起粉笔在黑板上画了一个圈，只是并没有画圆满，留下一个缺口。他反问道："这是什么？""零""圈""未完成的事业""成功"，台下的听众七嘴八舌地答道。

他对这些回答未置可否:"其实,这只是一个未画完整的句号。你们问我为什么会取得辉煌的业绩,道理很简单,我不会把事情做得很圆满,就像句号,一定要留个缺口,让我的下属去填满它。"

留个缺口给他人,并不说明自己的能力不强。这一部分事情,自己不去做,"无位",让下属去做,这是一种管理的智慧,是一种更高层次上带有全局性的圆满。

给猴子一棵树,让它不停地攀登;给老虎一座山,让它自由纵横。也许,这就是企业管理用人的最高境界。

原文

大道①废，有仁义；智慧②出，有大伪；六亲③不和，有孝慈④；国家昏乱，有忠臣。

注释

①大道：指社会政治制度和秩序。

②智慧：聪明、智巧。

③六亲：父子、兄弟、夫妇。

④孝慈：一本作孝子。

纪老师说

本章阐述"大道"对于人、社会及家邦的重要性。天下有道，一切自然；天下无道，全都乱套。

老子把辩证法运用于社会治理，他指出：仁义与大道废、大伪与智慧出、孝慈与六亲不和、忠臣与国家昏乱，形似相反，实则相成，老子揭示了它们之间的对立统一关系，表达了相当丰富的辩证思想。

仁义，智慧，奸诈，孝慈，包括忠臣，其实都是失道之后的弥补方式，但这些弥补方式，并不能够让人们拥有一个和谐、富足的社会。人们唯有回归自然，回归于道，才能够拥有人人都想拥有的和谐、富足，

纪连海谈 道德经

天地万物才能无中生有，生生不息。

从另一方面来说，人们觉悟万物，觉悟社会的行为规范，也可以知道天下是有道，还是失道。如果国家特别推崇、褒奖忠臣，如果国家打造出一个个忠臣，作为人人效仿、学习的楷模，那么就说明这个国家此时正处于混乱之中，只有混乱的国家，才需要忠臣才盼望忠臣拯救天下于危亡之际。

老子是一位悲观的智者，透过我们看起来喜人的外在表象，如"仁义""孝慈""忠臣"，他看到了背后的深层原因。正如环境污染危及人类生存，人们才开始重视环保；食物不安全成了常态，大家热烈追捧生态有机食品；野生动物种类日益减少，生态链遭到破坏，有识之士站出来呼吁保护野生动物；反腐倡廉成绩喜人，全民欢欣鼓舞，有没有想过正是因为腐败猖獗才会有那么多贪吃的"老虎"。某地发现天然氧吧，空气洁净清新，城市的人们趋之若鹜，恰是因为城市的上空，已难见蓝天白云。老子对万事万物，始终持一种审慎的态度，他并不为一已私利而忧，他悲天下而悯世人，大慈才大悲，圣人莫不如是。

古语说："家贫出孝子，国难显忠臣。"背离大道或者偏离大道，是导致家贫和国难的最核心的原因。国学家陈柱说得好："太平盛世，安有忠臣？安乐之家，岂有孝子？然则睹忠臣之可贵，必国之昏乱矣；睹孝子之可贵，必其家有不和矣。然则知仁义之可贵，则天下必不仁义者矣；是犹鱼知水之可贵，则必已有失水之患者矣！"

因为一个国家气数要尽了，所以才有忠臣出现。很简单的道理，如果一个国家的政治一片太平，那么所有的臣民们都一心向着天朝。只有当国家分裂或者是面对外来入侵的时候，才会分别出忠臣和叛徒。我们看一些典型的忠臣，例如：比干、文天祥、于谦等，都是生活在国家

"昏乱"的年代。

于谦是明朝著名的民族英雄，他自小有远大的志向。小时候，他的祖父收藏了一幅文天祥的画像。于谦十分钦佩文天祥，把那幅画像挂在书桌边，并且题上词，表示一定要向文天祥学习。长大以后，他考中进士，做了几任地方官，严格执法，廉洁奉公。

后来他担任河南巡抚，奖励生产，救济灾荒，关心人民疾苦。宦官王振专权的时候，贪污成风，地方官进京办事，总要先送白银贿赂上司，只有于谦从来不送礼品。有人劝他说："您不肯送金银财宝，难道不能带点土特产去？"于谦甩动他的两只袖子，笑着说："只有清风。"他还写了一首诗，表明自己的态度，诗的后两句是："清风两袖朝天去，免得闾阎话短长。"

因为于谦刚正不阿，得罪了王振，王振就指使同党诬告于谦，把于谦打进监牢，还判了死刑。河南、山西的地方官员和百姓听到于谦被诬陷的消息，成千上万的人联名向明英宗请愿，要求释放于谦。王振一伙见众怒难犯，又抓不住于谦什么把柄，只好释放了于谦，恢复了他的官职。

后来，于谦又被调到京城担任兵部侍郎，他劝谏英宗皇帝，不要亲自去征伐蒙古国瓦剌部的太师也先。英宗不肯听，后来英宗在土木堡（今河北省怀来县附近）败了下来，被瓦剌俘虏。京城里引起了极大的恐慌，不知道怎样做才好。为了安定人心，皇太后宣布由郕王朱祁钰监国，并且召集大臣，商量怎么对付瓦剌。大臣们七嘴八舌，不知怎么办才好。

大臣徐有贞说："瓦剌兵强，怎么也抵挡不住。我考察天象，京城将遭到大难，不如逃到南方去，暂时避一下，再作打算。"

纪连海谈 道德经

兵部侍郎于谦神情严肃地向皇太后和郕王说："谁主张逃跑应该砍头。京城是国家的根本，如果朝廷一撤出，大势就完了。大家难道忘掉了南宋的教训吗？"

于谦的主张得到许多大臣的支持，太后决定叫于谦负责指挥军民守城。

在京城面临危急的时刻，于谦毅然担负起守城的重任。他一面加紧调兵遣将，加强京城和附近关口的防御兵力；一面整顿内部，逮捕了一批瓦剌的奸细，人心渐渐安定下来。瓦剌首领也先俘虏明英宗后，并没把他杀死，而把他当人质，不断骚扰边境。看来，京城里没有皇帝不好办。于谦等大臣请太后正式宣布让朱祁钰做皇帝，被俘虏的明英宗改称太上皇。朱祁钰这才即位称帝，就是明代宗景泰皇帝。也先知道明朝决心抵抗瓦剌，就以送明英宗回朝为借口，大举进犯京城。

这一年十月，瓦剌军很快打到京城城下，在西直门外扎下营寨。于谦立刻召集将领商量对策。大将石亨认为明军兵力弱，主张把军队撤进城里，然后把各道城门关闭起来防守，日子一久，也许瓦剌会自动退兵。

于谦说："敌人这样嚣张，如果我们向他们示弱，只会助长他们的气焰，我们一定要主动出兵，给他们一个迎头痛击。"接着，他分派将领带兵出城，在京城九门外摆开阵势。于谦在城外把各路人马布置好后，他亲自率领一支人马驻守在德胜门外，叫城里的守将把城门全部关闭起来，表示有进无退的决心。并且下了一道军令"将领上阵，丢了队伍带头后退的，就斩将领；兵士不听将领指挥，临阵脱逃的，由后队将士督斩。"将士们被于谦的勇敢坚定的精神感动了，士气振奋，斗志昂扬，下决心跟瓦剌军拼死战斗，保卫北京。

这时候，各地的明军接到朝廷的命令，也陆续开到京城支援。城外的明军增加到二十二万人。明军声势浩大，戒备森严，也先发动几次进攻，都遭到明军奋勇阻击。城外的百姓也配合明军，跳上屋顶墙头，用砖瓦投掷敌人。经过五天的激战，瓦剌军死伤惨重，也先怕退路被明军截断，不敢再战，就带着明英宗和残兵败将撤退。于谦等明英宗去远了，就用火炮轰击，又杀伤了一批瓦剌兵。

京城保卫战取得了辉煌的胜利。也先失败后，知道扣住明英宗也没有用处，就把明英宗放回京城。

纪连海谈 道德经

原文

绝圣弃智①，民利百倍；绝仁弃义，民复孝慈；绝巧弃利，盗贼无有。此三者②以为文③不足。故令有所属④：见素抱朴⑤，少思寡欲，绝学无忧⑥。

注释

①绝圣弃智：抛弃聪明智巧。此处"圣"不作"圣人"（即最高的修养境界解），而是自作聪明之意。

②此三者：指圣智、仁义、巧利。

③文：条文、法则。

④属：归属、适从。

⑤见素抱朴：意思是保持原有的自然本色。"素"是没有染色的丝；"朴"是没有被雕琢的木；素、朴是同义词。

⑥绝学无忧：指弃绝仁义圣智之学。

纪老师说

在很多人眼里，"圣"和"智"，"巧"和"利"本是一种才干和聪明，是许多人拼命想追求得到的东西。但老子认为，正因为此，社会上才出现了纷争和混乱。在他来看，人的本性应该是纯真质朴的，淡泊宁静的，而社会文化在丰富人类智慧的同时，也腐蚀了人类的天性，使人类养成了追名逐利、欺世盗名的恶习。

乍一看，老子好像是反对讲圣明、讲智慧，反对仁义道德，其实这是一种特大的误会。这一章的观点，在最后三句话中，说得很明白："见素抱朴，少私寡欲，绝学无忧。"就是让人们少搞那些虚伪的外表形式，注重内在的实际；少一些私心杂念，注重顺其自然；更不要事事模仿跟风，崇拜时尚，要注重自我内心的修养。

老子认为贪欲是引起社会物欲横流、局势动荡不安、人心利欲熏天的根源，因此主张人们恢复朴素的本性，减少私心和欲望，以使生命不致遭到欲望的倾陷而屡屡处于绝境。

在物欲横流、灯红酒绿的大千世界，如果不能保持一种平凡朴实的心态，其思想和精神世界就必然会偏离正轨。庄子说得好："其嗜欲深者，其天机浅也"。寥寥数语，道出了欲望与一个人的精神世界，乃至与其人生观的关系。

为什么要"见素抱朴，少私寡欲"呢？老子认为，缤纷的物欲世界使人目盲，靡靡之音使人思想麻木，鲜美的滋味使人每天想念，纵马打猎行乐使人心性浮躁发狂，稀有难得的货物使人行为不轨。

中国历史上有许多清正廉洁的伟人名人，他们值得我们这些后人永远学习。

著名史学家司马光生活节俭淳朴，"平生衣取蔽寒，食取充腹"，从不购买并穿戴华贵衣服以摆阔显赫地位。为了教育培养儿子崇尚俭约的美德，司马光以家书的体裁写了一篇论俭约的文章。其主要内容如下。

一、不满侈靡陋习。他说："孔子说过，历史上凡是俭约者而犯错

纪连海谈 道德经

误的人很少见，'士志于道，而耻恶衣恶食'（《论语·里仁》）。古人以俭约为美德，今人以俭约而遭到讥笑，实在是要不得。

二、提倡节俭是美德。司马光赞扬了宋真宗、仁宗时张文节、鲁宗道等官员的俭约作风。并认为，张文节"由俭入奢易，由奢入俭难"这句话，是至理名言，乃"大贤之深谋远虑，岂庸人所及哉！"接着，他援用春秋时鲁国大夫御孙说的话："俭，德之共也；侈，恶之大也"。然后，司马光论述了俭约和道德的关系。他说："言有德者皆由俭来也。夫俭则寡欲。君子寡欲则不役于物，可以直道而行；小人寡欲则能谨身节用，远罪丰家。"反之，"侈则多欲。君子寡欲则贪慕富贵，枉道速祸；小人多欲则多求妄用，败家丧身"。

三、切戒奢侈以齐家。司马光为了提醒儿子，警惕奢侈的祸害，详细列举历史上的史事以为戒。他说："西晋时何曾'日食万钱，至孙以骄溢倾家'。石崇'以奢靡夸人，卒以此死东市'。近世寇准生活豪侈冠于一时，'子孙习其家风，今多穷困'。"因此，历史上有"富不过三代"之说。

司马光的儿子司马康，历任校书郎、著作郎兼任侍讲，也以博通古今和为人廉洁而称誉于世。

原文

　　唯之与阿①，相去几何？美之与恶②，相去若何？人之所畏，不可不畏。荒兮，其未央哉！众人熙熙③，如享太牢④，如春登台。我独泊兮其未兆；沌沌兮⑤，如婴儿之未孩⑥；儽儽兮⑦若无所归。众人皆有余，而我独若遗。我愚人⑧之心也哉，沌沌兮！俗人昭昭⑨，我独昏昏⑩。俗人察察⑪，我独闷闷⑫。澹兮⑬其若海，望兮若无止。众人皆有以，而我独顽似鄙⑭。我独异于人，而贵食母⑮。

注释

　　①唯之与阿：唯，恭敬地答应，这是晚辈回答长辈的声音；阿，怠慢地答应，这是长辈回答晚辈的声音。唯的声音低，阿的声音高，这是区别尊贵与卑贱的用语。

　　②美之与恶：美作善，恶作丑解。即美丑、善恶。

　　③熙熙：熙，和乐，用以形容纵情奔欲、兴高采烈的情状。

　　④享太牢：太牢是古代人把准备宴席用的牛、羊、猪事先放在牢里养着。此句为参加丰盛的宴席。

　　⑤沌沌兮：混沌，不清楚。

　　⑥孩：同"咳"，形容婴儿的笑声。

　　⑦儽儽兮：疲倦闲散的样子。

⑧愚人：纯朴、直率的状态。

⑨昭昭：智巧光耀的样子。

⑩昏昏：愚钝暗昧的样子。

⑪察察：严厉苛刻的样子。

⑫闷闷：纯朴诚实的样子。

⑬澹兮：辽远广阔的样子。

⑭顽似鄙：形容愚陋、笨拙。

⑮贵食母：母用以比喻"道"，道是生育天地万物之母。此名意为以守道为贵。

纪老师说

这世界上有两种人，一种人为满足欲望而活着，一种人为坚守大道而活着。为满足欲望而活着的就是世俗人，为坚守大道而活着的就是道德人。但世俗人只不过是尚未觉悟的道德人，道德人却是觉悟了的世俗人。

世俗之人，经常把美丑、善恶等事物看成绝对的冲突和对立，都趋利避害。而在老子看来，所谓的对立和冲突都是一瞬间的相互转化，是一念之间形成的差别而已，并无本质的区别。所以他从不孤立地看待这些对立面，不去刻意追逐别人争相追逐的东西。而是洞察世间万物，看淡名利富贵，保持本性，顺应自然，淡泊无为。

本章中，老子列举了"我"与学子对待学问的不同态度，与众人对待物质的不同看法，与青年对待事情的不同表现，与他人不同的人生观和价值观。通过这些强烈的反差，突出了"我"的与众不同和心存的困惑。但"我"仍不改其道，安守其道，为行道者树立了修身立业的榜样。

文中的"我"指老子本人，但又不仅仅是指他个人，而是指一种有抱负、有期望的人。"众人""俗人"指社会上层。这些人对是非、善恶、美丑的判断，并无严格标准，甚至是混淆的任意而行。他说"我"是"愚人之心"，这当然是正话反说。凡人之学是累于财、执于事、求于功、拘于礼；而圣人之道则是舍其财、顺其事、悟其奥、行其道。世俗之人纵情于声色货利，而"我"却甘守淡泊朴素，以求精神的升华，而不愿随波逐流。

可以说，这一章是老子的内心独白，也是老子思想的精华所在，堪称本书的灵魂。

当然，对功名利禄的追求，普通人在所难免，但过度的追求，失去本性，过度劳碌，丢弃本心，最终会得不偿失，忘记了个人原本出发的目的，失去生命的自由和快乐。而那些追求内在丰富的人，淡泊名利，知足常乐，知止不怠，因此能获得更多的自在和幸福。

庄子可算是追随老子、师从老子、传承老子、超越老子的最具浪漫色彩的人了。他的一生，持真我，追求自由，嬉笑怒骂，蔑视权贵，视金钱如粪土，视名利如毒痈。

他才华横溢，却远离官场。楚王看中了他的才华，想邀请他做官。就派两个人去找到他，说明来意。庄子正在钓鱼，不看来人一眼，说："听说楚国有只神龟，被杀死的时候已三千多岁了。楚王用竹笼把它装起来，盖上绫罗绸缎，供奉在庙堂之上。请问二位，此龟是宁愿死后被高高供奉起来呢，还是宁愿活着在泥水里拖着尾巴爬行呢？"二人回答："当然是愿活着在泥水里拖着尾巴爬行啦。"庄子说："二位请回吧，我也愿意做在泥水中拖着尾巴爬行的龟呀！"

庄子的朋友惠施在梁国做宰相，庄子去梁国找他玩。有人听说后给惠施传话：庄子来了，可能要替代你做宰相了。惠施一听，吓坏了，就发动手下人全国缉拿庄子，唯恐相位被夺。庄子听说后，主动现身，找到惠施说："你听说过南方有只叫作凤凰的鸟吗？它从南海飞到北海，非梧桐不栖，非竹子的果实不吃，非甘甜的山泉水不喝。一只秃鹫正在美美地吃一只腐烂的老鼠，恰好凤凰从其头上飞过。秃鹫急忙护住腐烂的老鼠，害怕美食被抢走。你说可笑不？"惠施听后，一脸难堪，但也放心了。

这就是庄子。他超越了世俗的得失欲和功利心，"独异于人，而贵食母"！就像大鹏鸟一样，拥有挟泰山以超北海的雍容气度。

后世许多人也得到了老子的真传，做到了坚守自己，淡泊名利。学贯中西，百科全书似的文学理论家钱钟书就是其中的一个。

在中国的名人谱里，钱钟书当属一颗耀眼的星。他19岁考入清华大学，28岁被破格聘为外文教授。之后，他窝居书斋，杜门避嚣，淡泊名利，专心治学，仿佛过着出世般的生活。夏衍曾赞叹道："这真是一个特殊的人！"

大师姓钱，但他一生对钱财看得很淡。钱钟书的著作为世人所景仰。20世纪80年代，美国普林斯顿大学邀请钱老讲学，开价16万美金，交通、住宿、餐饮免费提供，可携夫人同往，钱钟书却拒绝了。英国一家老牌出版社，得知钱老有一本写满了批语的英文大辞典，派人远渡重洋，叩开钱府的大门，许以重金，请求卖给他们，钱老却说："不卖！"

1991年，国内18家省级电视台联合拍摄《当代中华文化名人录》，钱老被列入第一批的36人中，他也婉言谢绝了。当得知被拍摄者会有一笔酬金时，钱老莞尔一笑："我都姓了一辈子钱，难道还迷信钱吗？"乃至后来《围城》被拍成电视连续剧后，电视台付给原著者万余元稿酬，钱钟书也执意不收。

对名，钱钟书看得更是淡泊。

钱钟书也许是当代中国少有的几个真正意义上的"隐士"。知其名者多，慕其名而想拜见、求教、采访、索字等的人更多，但钱钟书终日闭门读书写作，谢绝应酬，见过他的人可谓少之又少。他博大精深的学问博得了海内外学术界的景仰，有人统计，《管锥编》《谈艺录》共涉及几千种书。

法国著名作家西蒙·莱斯曾说："如果把诺贝尔文学奖授予中国作家的话，钱钟书是当之无愧的。"还有一位外国记者说："来到中国，我只有两个愿望：一是看看万里长城，二是见见钱钟书。"一次，一位英国女士来到中国，给钱钟书打电话想拜见他，钱钟书在电话里说："假使你吃了一个鸡蛋觉得不错，又何必要认识那下蛋的母鸡呢？"

"非淡泊无以明志"。淡泊是一种修养、一种气度、一种智慧、一种境界，钱钟书保持了一颗淡泊的心，摆脱名利的羁绊，真正做到了返璞归真、潜心回归自然。

纪连海谈 道德经

原文

孔^①德^②之容^③，惟道是从。道之为物，惟恍惟惚^④。惚兮恍兮，其中有象^⑤；恍兮惚兮，其中有物；窈兮冥兮^⑥，其中有精；其精^⑦甚真^⑧，其中有信^⑨。自古及今，其名不去，以阅众甫^⑩。吾何以知众甫之状哉？以此^⑪。

注释

①孔：甚，大。

②德："道"的显现和作用为"德"。

③容：运作、形态。

④惟恍惟惚：仿佛、不清楚。

⑤象：形象、具象。

⑥窈兮冥兮：窈，深远，微不可见。冥，暗昧，深不可测。

⑦精：最微小的原质，极细微的物质性的实体。微小中之最微小。

⑧甚真：是很真实的。

⑨信：信实、信验，真实可信。

⑩众甫：甫通"父"，引申为始。

⑪以此：此指道。

从第一章开始,老子就提出"道"是宇宙的本源,但究竟"道"是精神还是物质,有待于我们进一步考证。

本章中,老子首先讲"德"是"惟道是从"的,然后开始讲"道"的形象和作用,他把"道"作为了解世间万物根源的工具。"孔德之容,惟道是从。""孔德"是大德之意。依佛教习惯,写信给老前辈之尊称为某某"大德"。古代佛学从梵文翻译成中文的同义字本来是有"孔德",但因孔子姓孔,后来才将"孔德"改成"大德"。这个"孔"就是"大"的意思,"容"可以理解为表现、内容。因此这句话的意思就是最大的"德"也要服从于"道"。"德"是什么呢?"德"就是具体的某个东西最本质的内在属性,比如火德是炎上,水德是润下,就是说"火"最根本的属性一个是炎热,另一个是向上;而"水"最根本的属性一个是滋润,另一个是向下。而这个根本属性是服从或者说从属于"道"的。那么"道"又是怎样的呢?

"道之为物,惟恍惟惚。惚兮恍兮,其中有象;恍兮惚兮,其中有物。窈兮冥兮,其中有精;其精甚真,其中有信。"

首先,"道之为物,惟恍惟惚"。后世许多研究老子哲学的人中,有的人说老子是唯物的,不是唯心的。因为在老子的书中有好多处提到"物"字。这一点我们要特别注意,在春秋时代,并没有所谓唯心、唯物的理论。那个时候所说的"物",等于我们现在讲的"这个东西"。这在诸子百家的书中可以引出很多证据。我们现在的常用语"你这个东西"或"是什么东西",假使五百年或一千年后的人,来考证这一句话,也许会觉得19世纪到20世纪的中国人,语言真麻烦。"东西"是什么?东是东边,西是西边,两个方向怎么能合拢成一个名词呢?有老外

 纪连海谈 道德经

学汉语,就有很多被这"东西"一词绕昏了头脑,如坠云里。"东西"二字,合起来就是一个观念。这个观念很难下注解,"物"可以叫东西,"人"也可以叫东西。古人讲"物",也同样是这种意思,可指非物质的存在状况,例如精神、心理或者"力""能"等,也可代表物质之"物"。

其次,道是"惟恍惟惚"的。用"惚、恍"二字来形容大道,你也许会感到诧异。这其中牵涉中国文字问题,更复杂一些。我们现在一听"恍惚"一词,就认为是精神散乱,昏头昏脑,类似现在流行吃"强力胶",注射"速死坑"者的精神迷幻状态。其实,"恍惚"是指心性光明的境界,单就字形,便可看出"恍"是竖心旁加一个"光"字;"惚"是竖心字旁加一个"忽"字,意谓心地光明,飘然自在,活活泼泼,根本不是颠三倒四,昏头昏脑。老子是说"道"这个东西,它是"惟恍惟惚"的。勉强来描述,是说它有这么一个不可思议的光明洒脱境界。

"大道"虽然从不常驻于心,悠忽而过,让你无法用眼睛看清它的具体形状,但却能用心去感受到其中清澈光明,不微不昧的形象;"大道"虽然看起来光明一片,空无一物,但却能用心去感受到隐藏其中的那个来去自如,永不停滞的事物。正所谓惚兮恍兮,其中有象;恍兮惚兮,其中有物。大道如此来去自如却又空明通透,如此包容万物却又不驻一物,又怎么会是一味沉迷于声色货利而昏头昏脑的人所能理解的呢?人们只知道"物"是看得见的,却不知道,也有看不见的"物"。

最后,道是"其中有象""其中有物""其中有精""其中有信"的。正是大道的这种恍惚不定(不定者,不驻也)的状态,才使人观察和体悟大道时,总觉得它就像那广大无边的旋涡和黑洞一样,窈窈深遂

而不可测、冥冥幽远而不可及。然而，正是在这窈冥莫测的旋涡和黑洞中，蕴含着大道的精质啊，这精质其实就是生成宇宙万物的根本和统御宇宙的纲纪。我们透过那万物的从无到有、生命的生老病死、四季的循环往复，人事的盛衰兴亡，便可足以信验，大道的这种精髓和实质是非常真实地存在于宇宙当中，孕育并维持着万事万物周而复始的运行，其信验的程度达到须臾不离、分毫不差。大道看似是个"三无"产品，无声无色无状，但却在"恍、惚、窈、冥"之中，蕴含着"象、物、精、信"四种不同于世间万物的特性，不驻固象而必有其"象"，不附定物而必有其"物"，孕育万物乃必有其"精"，统御万物乃必有其"信"。如果说到讲信用，又有谁能比得过天道的循环往复、物极必反呢？人类的小信，又怎么可以比得上天道的大信呢？

《道德经》里涉及的东西非常多，有讲自然界的，有讲人类社会的，有讲治国的，有讲用兵的，有讲处世的，有讲养生的等。我们可以发现老子讲的这些都非常精辟，而且历时两千多年了，没有过时的感觉。现在的世界表面一片繁荣，实际潜在有巨大的危机。有环境的危机、核武器、转基因等被不当使用的科学危机，经济危机、政治危机、更有道德的危机。这一切危机的本质是人类的生存危机。尤其是今天，人们从来没有生活得如此舒适，但也从来未有像今天如此复杂而深重的危机。随着人与人之间的距离越来越短，一旦大的危机爆发，较之地理大发现以前的危害不知要大多少倍。这一切危机中最重要的危机是道德危机，这是摆在今天世界人民面前的最大危机。处理得好，人类社会继续繁荣昌盛，处理得不好，人类将面临巨大的灾难。有的专家认为，返璞归真，两千多年前的老子的道德情怀，或许能够给今天的人们以巨大的启示和裨益。为什么呢？以他所处的时代和知识水平，他就能对万事万物都了解得这么深刻和表述得如此精辟？就是因为——他能够"执一为天下式"。其实，他真正懂的，无非是"道"罢了。

"孔德之容，惟道是从"，道是宇宙的总纲领，是人类的行为总则。经商有"生财之道"，企业有"经营之道"，健康有"卫生之道"，生活有"养生之道"，做人有"处世之道"，《庄子》甚至说"盗亦有道"。俗话说："各有各的道。"可见这个"大道"与人生关系之密切。

中华道家说，人在道中，而不知道之存在，好像鱼在水中，而不知水之存在一样。所以许多人生活之中，到处都有"道"的存在，可"百姓日用而不知。"

自古以来，得道者昌，失道者亡。凡是历史上一切有作为的人物，也许他不知"道"为何物，或者也许不了解中华道家，但他的所作所为，一定符合于大道。大到一个国家小到一个企业，都必须遵循一定的"道"。正如日本YKK公司吉田说的"设法与他人分享，否则你这一生不会成功，这就是善的循环，它给了我成功"。

日本YKK公司只靠卖一条拉链，却创造出一连串惊为天人的数字：年营业额达25亿美元，年产拉链84亿条，其长度相当于190万公里，足够绕地球47圈，其生产的拉链占日本拉链市场的90%，美国市场的45%，世界市场的35%……

这一切得益于该公司的核心理念"善的循环"。这种善不是强取而是给予。为了实现"善的循环"，老板吉田准许公司雇员购买公司的股票，持股者每年可得18%的股息。21世纪初，公司的职工拥有公司股份占比50%以上。同时，他限定公司职工把工资及津贴的10%和奖金的50%存放在公司里，用以改善和扩大公司规模，公司每月给存款的职工以比银行定期存款利率还要高的利率来支付利息。

吉田的这种做法,就像大的磁铁,对职工产生了很大的吸引力。到1983年年底,职工在公司的存款累计4200多万美元。此后,在每年支付的红利中,吉田占16%,其家族占24%,其余由职工们分享。这就形成了一个良好的资金链条,可以让公司在各种危机中坚强地走下去。

同样,面对消费者,吉田也是给予信赖。吉田用善的拉链、用信任的拉链,把职工、消费者拉在了一起,团结在了一起。

此外,关于道与德的关系问题,老子的意见是:"道"是无形的,它必须作用于物,透过物的媒介,而得以显现它的功能。这里,"道"之所显现于物的功能,老子把它称为"德","道"产生了万事万物,而且内在于万事万物,在一切事物中表现它的属性,也就是表现了它的"德",在人生现实问题上,"道"体现为"德"。严灵峰在《老子研究》中说:"'德'就是'道'的形式,'道'就是'德'的内容,两者是互相依存的。若没有'道',便不会有'德'的功用;没有'德',也不能显现'道'的力量。"

纪连海谈 道德经

原文

曲则全,枉①则直,洼则盈,敝②则新,少则得,多则惑。是以圣人抱一③为天下式④。不自见⑤,故明⑥;不自是,故彰;不自伐⑦,故有功;不自矜,故长。夫唯不争,故天下莫能与之争。古之所谓曲则全者,岂虚言哉!诚全而归之。

注释

①枉:屈、弯曲。

②敝:凋敝。

③抱一:抱,守。一,即道。此意为守道。

④式:法式,范式。

⑤见(xiàn):同现。

⑥明:彰明。

⑦伐:夸。

纪老师说

这一章是老子谈人生论的问题,提出了一系列待人处事的原则。从生活经验的角度进一步深化第二章所阐释的辩证法思想。我们知道,老子崇尚道,道是圆容的,道的法则是损有余而补不足,也就是说道永远是扶助弱小的，所以他要求人们要按道的法则行事，就能"成全而归之"。

"曲则全，枉则直"，意思是弯曲才可保全，委屈才可伸展。为什么"曲则全"呢？

我们先来看看人生是不是矛盾的。我们渴望成长，然后又哀叹失去的童年；我们用健康换取金钱，不久后又想用金钱恢复健康……这就是人的矛盾。人的矛盾远不止如此，我们爱卫生，但我们制造了最多的垃圾；我们希望和平，但战争一直在爆发；我们爱我们的亲人，但我们却经常伤害他们。生活是矛盾的，人是矛盾的，老子说道也是矛盾的：曲则全。

自然界的自然之道并非笔直运行，而是迂回运行，社会人事亦为如此，江河道路亦如此。大自然很有意思，所有符合自然的东西都是曲的。大山、河流、树木、花草，包括人的外表，都是有弧度的，弯曲的，很少有特别方方正正的。因为只有圆才能够周全，只有圆才能够满。也只有圆才能够动转，也只有圆才能够无碍。车轮若是方的，就走不了了，一定得是圆的。像桌子有棱有角，走到头没有路了，得拐弯了。拐弯这个角就能够伤人，它不但伤人它也自伤。什么部位最先坏？任何一个东西有角的地方先坏。所以只有圆才能够无碍，不妨碍别人也不伤害自己。中国古时候的铜钱象征外圆内方。这样才能够少摩擦，少障碍，而能够圆满周全。

普通人所看到的往往只是事物的表象，看不到事物的实质。老子从自己丰富的生活经验中总结出为人处世的大智慧，给人们以深深的启迪。生活在现实社会的人们，不可能做任何事情都一帆风顺，极有可能遇到各种困难，在这种情况下，老子告诉我们，可以先采取退让的办法，等待，静观以待变，然后再采取行动，从而达到自己的目标。有时目标很明确，方向很明确，但需要绕道而行。

"曲则全"这一原则，也不是老子所独创的，《易经》中早就有了。尤其在孔子《系辞传》中述说《易》理，对这个原则说得更彻底，孔子在《系辞传》上也说"曲成万物而不遗"。因为我们老祖宗早就晓得这个宇宙都是曲线的，是圆周的，圆周是非直线所构成的。在这物理世界，没有一样事物是直线的，都是圆的，圆即是直的。所谓直，是我们把圆切断拉开，硬叫它直，所以说宇宙万物，都是曲线的，故曰"曲成万物"。譬如我们人的生命——身体，道家形容它是一个小天地，人体与天地宇宙的变化法则是一样的，气象的变化，和太阳月亮互相变化的关联完全一样。

老子把我们老祖宗传统文化的原则抓住，指出做人处世与自利利人之道——"曲则全"。为人处事，善于运用巧妙的曲线只此一转，便事事大吉了。换言之，做人要讲艺术，便要讲究曲线的美。他认为任何东西都是有对立两面性的，而这矛盾对立的两面是可以相互转化，为我所用的，也就是说在我们处世的过程中暂时的退让、委屈或不争，反而会让我们获得意想不到的收获。

以曲则全的智慧达到目的的故事，最有名的恐怕是东方朔救汉武帝的奶妈。汉武帝的奶妈曾经在外面犯了罪，武帝要依法处理。奶妈只好找东方朔想办法。他听了奶妈的话后，说道："此非唇舌所争！"意思是说：奶妈，注意啊！这件事情，只凭嘴巴来讲是没有用的。因此，他教导奶妈说："而必望济者，将去时，但当屡顾帝，慎勿言此，或可万一冀耳！"东方朔说："当今皇帝霸气任性，这件事不是用嘴巴能解决的，别人向他求情，只会适得其反。你如果想活命，等皇帝下命令要法办你的时候，你千万不要说话，你只需每走两步就回头看看皇帝，什么也不要说。我到时会想办法救你。"

东方朔对奶妈这样吩咐好了，等到汉武帝叫奶妈来问："你在外面做了这么多坏事，太可恶了！"叫左右拉下去法办。奶妈听了，就照着东方朔的吩咐，什么也不说，只是走一两步，就回头看看皇帝，鼻涕眼泪直流。东方朔站在旁边说："你这个老太婆神经嘛！皇上现在已经长大了，难道还会想起你喂奶时的恩情吗？为什么还要回头看？"东方朔这么一讲，汉武帝听了很难过，心想自己自小在她的手中长大，现在要把她绑去砍头，或者坐牢，心里也着实难过，又听到东方朔这样一骂，便说算了，免了你这一次的罪吧！以后可不要再犯错了。"帝凄然，即救免罪"。暂且交付看管起来，也就好了。

假如东方朔跑去跟汉武帝说："皇帝！她好或不好，总是你的奶妈，免了她的罪吧！"那皇帝就更会火大了。也许说："关你什么事，你为什么为她说情？可能她的犯罪和你有什么关联吧！"同时把你的头也一起砍下来，那就吃不消了。他这样一来，触发了皇帝的恻隐之心，也不需要再替她求情，皇帝自己还是后悔了，也不能怪东方朔，因为东方朔并没有请皇帝放她，是皇帝自己宽恕了她，恩惠还是出在皇帝身上，这就是"曲则全"。这一类的事看起来是一件小事，但是由小及大，东方朔恰恰运用了曲则全的智慧救了奶妈的命。

为人处世也要善于"曲"。周有光先生说："遇到困难，你要找一个缝缝，从这个缝缝里面可以走出去。想不通的时候，你拐个弯就通了。"生活中，难免遭遇困境，唯有懂得拐弯，知道变通，方能化危机为转机，才有"柳暗花明又一村"的惊喜。

老子讲的"曲则全"，就是告诉人们要善于运用生活中的"曲"，从而达到事业的"全"。换言之，做人、做事不要计较一时得失，要懂得取舍、放弃、低头，有时适当地"弯曲"不仅是一种自我保全的良策，也是抵达目的的捷径。

1600年2月17日，在罗马的鲜花广场上，学者布鲁诺因坚持捍卫哥白尼的日心学说，被罗马教会视为异端活活烧死。另一位哥白尼学说的支持者伽利略，被迫发表了两次放弃哥白尼学说的声明，他私下却偷偷地继续从事其学说的研究。伽利略以退为进，既可继续宣扬真理，又保全了自己生命，岂非两全之策？

为人处世，懂得弯曲并敢于弯曲，是一种本领，更是一种智慧。

"曲则全"的处世态度的形成，与老子的朴素辩证法思想是密不可分的。他认为任何东西都是有对立面的，而这矛盾对立的面是可以相互转化，为我所用的，也就是说在我们处世的过程中暂时的退让、委屈或不争，反而会让我们获得意想不到的收获。

中国历史上，曾发生过许多王子复国之类的故事，如郑国的寤生，越国的勾践等，他们所采用的大都是一个忍字诀。因为这些复国的故事很成功，所以韬光养晦式的隐忍，常常被作为执行谋略的基本功。

春秋时期吴越之争，吴国灭了越国，越王勾践卑躬屈膝于吴国夫差，取得了保全，然后又通过十年的教训，十年的生息，整整二十年的时间使自己的国力得以恢复，最后趁吴国在战略上连连失误之机，一举击破灭吴，这便是"曲则全，枉则直"。人生多舛，祸福无常；但塞翁失马，焉知非福？"能柔曲因应则能自我成全"。

我们不要断章取义，认为是一种避世的心态。老子说"曲则全"，只是总结事物的规律，表达事物的道理，委屈往往会得到保全。看待一个事物，要用发展的眼光看，不是只看到当时的处境，委屈的结果是得以保全，是"物极必反"的规律，这还是道家看待事物的阴阳辩证思想的体现。并不是在宣扬我们必须委曲求全，而是告诉人们凡事遵循客观道理去做。委屈可以求全，但不必刻意求全。不要刻意去做什么，也不要刻意不做什么，凡事以平常心对待，这就是老子的"无为"思想，"无为"不是不做，而是无为无不为，凡事顺其自然。

在我们当代社会来说，"曲则全"的人生品格并不多见。物欲的丰盈、声色的诱惑、奢华的奉养，让我们越来越浮躁而不能"抱朴守静"。

原文

希言①自然。故飘风②不终朝,骤雨③不终日。孰为此者?天地。天地尚不能久,而况于人乎?故从事于道者④,同于道;德者,同于德;失者,同于失⑤。同于道者,道亦得之;同于德者,德亦得之;同于失者,失亦得之。信不足焉,有不信焉。

注释

①希言:字面意思是少说话。此处指统治者少施加政令、不扰民的意思。
②飘风:大风、强风。
③骤雨:大雨、暴雨。
④从事于道者:按道办事的人。此处指统治者按道施政。
⑤失:指失道或失德。

纪老师说

在这一章里,老子说得"道"的圣人(统治者)要行"不言之教"。他说,只要相信"道",照着做,就自然会得到"道"。反之,就不可能得到"道"。

我国古代,讲到这个"自然"的时候,更多的是用"天"来代替。

比如"天威""天意""天谴""天命"等。因为万物都在天地之间，而地从根本上说也是从属于天的。然而，这些个"天威""天意""天谴""天命"，其实是非常难以理解的，所以才"天威难测""冥冥中自有天意""但尽人事，各凭天命""谋事在人，成事在天"等。这就是"希言自然"的道理。

在我国古代的很多文字记载中，天地被形容成一个平时喜怒不形于色的帝王，总是冷冷地、默默地观察着世间百态：如果人君有道，就五谷丰登、风调雨顺；一旦君王无道，就会降灾人间。"飘风骤雨"就是疾风暴雨，一般就会被认为是上天震怒，天地不和的表现，当然其他还有如水灾、旱灾、地震、瘟疫等自然灾害也代表上天震怒，但最直接和明显的就是"飘风骤雨"。震怒就是一种"言"，而且是最激烈的"言"。

"不终朝，不终日"说明时间很短，就是说"天地"这个君主失去自控而愤怒的时间非常短。但即使是非常短的时间，也对世间造成了极大的破坏。人类修复创伤的时间往往要数百上千倍于那个"不终朝，不终日"的时间。

"飘风骤雨"是破坏式的，不像"和风细雨"是建设式的，而"道"是"利而不害"的，"德"是讲"好生之德"的，所以"飘风骤雨"是不符合"道"和"德"的，既然它不符合"道"和"德"，当然就不能让它持久。与天地相比，人类的力量太微乎其微了。因此，这种不符合"道"和"德"的逞强施暴的事情，人类就更加做不长了，这是一个多么简单的推论啊。孔子曾经说"予欲无言"。这可把口才和文采都很好的子贡着急坏了，"子如不言，则小子何述焉"？而孔子的感慨，竟然和《道德经》差不多，"天何言哉？四时行焉，百物生焉。天

纪连海谈 道德经

何言哉？"

"希言自然"再深一层的意思就是真正的"道"是不需要多"言"的。水需要人为的命令才去流向低处吗？草木需要人为的命令才去向光成长吗？真正需要用"言"这种形式来维持的事情其实都或多或少地存在着"非道"的成分，所以需要人为的提倡、鼓励、惩戒、纠偏。

真正的圣人，治国理政会善于顺应大道的要求，按照自然的规律，尊重百姓的本性和意愿，尽可能抛弃那些违背大道、约束百姓自然本性的政令说教。因为他们深知，那些政令说教既然违背大道，就难以长久维持下去。作为国家的治理者，如果非要反其"道"而行之，老百姓往往会利用"委曲求全"的大道规律，最终推翻压在他们头上的统治者。

我们知道远古的圣人治理国家都是"行不言之教"，因为他们深知"多言数穷，不如守中"，只要掌握了事物运行的"中轴"，顺应天"道"民心，根本不需要繁多的政令和无穷的说教，否则，只会干扰老百姓正常的生产生活秩序，使百姓更加困惑而无所适从，甚至会引起百姓怨声载道、奋起抗争。

作为国家的治理者，对于老百姓还是要尽量少开尊口、简化政令，把那些繁杂的政令说教统统抛弃，这样做才是最符合自然的要求。为什么老子反复强调"希言"才是符合自然大道？因为"希言"就像是"润物细无声"的和风细雨，它能够滋润万物而不会伤害万物，它符合万物天性的需要却不会强加于万物，使万物自然而然地接受，却不会引起抗拒。

放眼古往今来，哪一个施行暴戾苛政的统治者不是短命而亡呢？中国第一个封建中央集权的王朝秦王朝仅仅存在了一二十年的时间，原因何在？就是由于秦朝施行暴政、苛政，人民群众无法按正常方式生活

下去了，被迫揭竿而起。另一个短命而亡的王朝隋朝何尝不是因施行暴政而激起人民的反抗，最后被唐王朝所取代呢？在历史的长河中，当然也有一些统治者学习领会了老子的思想，认识到"希言自然"，清静无为，实行仁政，为百姓生活安定，社会发展作出了贡献。汉朝有一个很有名的皇帝，汉文帝刘恒，他以秦亡为鉴，深知百姓生活之乐苦对政权安定的意义。其性又节俭，故在位时奉行黄老"无为而治"的政策。曾因惜十家之财而罢建露台；因怜吏卒输送之劳而令列侯归于封国，不须留于长安奉朝请；借缇萦救父之事而下诏废肉刑。文帝十分重视农业，他认为农业是国家的根本，因此即位后多次下诏重视农桑，并按户口比例设置三老、孝悌、力田若干员，经常给予他们赏赐，以鼓励农民发展生产。同时还注意减轻人民负担，降低田租和赋税，减轻徭役。在对待匈奴的问题上，文帝或战或和，完全从百姓的利益出发。虽然匈奴多次背约入侵劫掠，而文帝却只命令边塞戒备防守，不发兵深入匈奴境内，不愿给百姓带来烦扰和劳苦。公元前159年，天下干旱，发生蝗灾。文帝施恩于民，诏令诸侯不要向朝廷进贡，解除民众开发山林湖泊的禁令，减少宫中各种服饰、车驾和狗马，裁减朝廷官吏的人数，打开粮仓救济贫苦百姓，允许民间买卖爵位。通过这一系列政策，汉朝的社会经济得到了长足发展，文教大兴，国力日益强盛。汉文帝的治国思想还影响了他的儿子也就是后来的景帝刘启，汉景帝继续推行文帝发展农业生产的政策。即位后，节俭爱民，与民休养生息，田赋三十税一，人民负担减轻。他还大力兴办水利事业，以促进农业生产。景帝在位期间，由于他采取比较开明宽松的政策，社会经济呈现繁荣景象，百姓安居乐业，政治上相对稳定，统治得到加强，社会十分殷实富足。历史上把这一段时期和汉文帝时期并称为"文景之治"。

纪连海谈 道德经

对于统治者来说，与"希言"同等重要的还有"信"，信不足焉，有不信焉。做君王的不以诚信待万民，自然就会失去百姓的信任和拥戴。因为不论为君为王，还是为臣为人，"信"是"道德"的重要内涵之一，也是"得道"的自然结果之一，凡有"信"者必因其行事符合大"道"，凡依"道"行事则必有"信"果。

晋文公帮助周襄王安定了王室，周襄王为了奖励晋文公，决定赐给晋文公四座城池，就是黄河北岸的阳樊、温、原和俎于。然而，在周襄王赐予的四个城邑中，原邑的老百姓由于受首领原伯贯的欺骗，不愿意归顺晋国，晋文公就起兵前去用武力征服。

晋文公同大将赵衰一起来到原邑城下，只见原邑城池森严壁垒。原邑的守军和老百姓因为听说晋国在收归阳樊时把阳樊的老百姓全部都杀了，又恨又怕，共同发誓死守原邑。赵衰见此情景，就对晋文公说："原邑的老百姓之所以不愿意归顺我们晋国，是因为我们与他们之间没有往来，他们不知道您是有道的国君，国君如果能够取信于原邑的老百姓，那么，原邑就会不攻自破，自然就会归顺我们了。"

晋文公就采纳了赵衰的建议，与原邑的人约定，晋军攻城只用三天，攻不下城池就会自动解围，不影响老百姓的生活和生产。同时，晋文公还向自己的士兵宣布：只围城三天，只需准备三天的口粮。

到了第三天，原邑的老百姓跑出来向晋军报告，说："城中已经得知晋军并未屠杀阳樊的老百姓，并且知道晋文公如此照顾老百姓，准备明天晚上偷偷打开城门，欢迎晋军进城。"

晋军将领得知这一消息后，就要求晋文公等一等再撤兵，等明天拿下城池。晋文公坚决不同意，说："我已经发出了只围城三天的命令，现在如果不按时撤兵，就是失信于军，失信于民。即使我们得到城池，而失去了老百姓的信任,那也得不偿失了。"

第二天天一亮,晋文公就下达了撤退的命令。晋军立即解除了对原邑的包围。

原邑的老百姓见此情景,都说:"晋侯宁失城不失信,真是一位有道之君。"老百姓便纷纷在城墙上插上降旗,有的还跑出城来追随晋军,原邑的首领原伯贯想阻止也阻止不了,晋军退了不到三十里,原邑就派人来投降了。

晋文公就让军队原地不动,自己单车进入原城接受归顺。老百姓见此,更是欢欣鼓舞。原伯贯来见晋文公时,晋文公也仍以王公卿士的礼节相待,又委任他为大夫,一并管理阳樊。然后,晋文公他们就班师回晋。卫国的人也听到这个消息,便说:"有君主像文公这样讲信义的,怎可不跟随他呢?"于是也向文公投降了。

孔子听说并记载了这件事,给予了高度评价,说:"攻原得卫者,信也。"这次收复原地的行动,使晋文公在民众中的形象更加高大起来。

 纪连海谈 道德经

原文

企①者不立，跨②者不行，自见者不明，自是者不彰，自伐者无功，自矜者不长。其在道也，曰余食赘行③，物或恶之，故有道者不处。

注释

①企：一本作"支"，意为举起脚跟，脚尖着地。
②跨：跃、越过，阔步而行。
③赘行：多余的形体，因饱食而使身上长出多余的肉。

纪老师说

老子是个讲实效干实事的人，不玩虚的，他看重的是结果。本章中的"立""行""明""彰""有功""长久"，这些结果的达成，不是短效，而是靠持续积累。仪式做得再漂亮，把自己包装得再好，如果不是为了成事，那这些花哨的东西就没有任何价值了，就是令人厌恶的"余食赘形"了。

除了芭蕾舞演员，谁会踮起脚尖站立？除非要丈量土地，谁会跨着大步赶路？不需要请教田径教练，我们其实已经知道，怎样站着才舒服，怎样行走才舒展。这些道理，我们单凭本能就可以蹈乎其中，合乎

真谛。然而，只要稍微离开本能，刚进入观念的世界里，就会在很多的时候，有意无意之间，我们禁不住要拔高自己，夸大自己，踮起脚尖来彰显自己的见解，跨开大步来炫耀自己的成就，结果总是自我夸大的态度很突出，见解和成就反而被遮蔽了。这是《道德经》洞察社会的经验之谈，很平实，但其中却也包含着值得深思的哲理。

小时候因为砸水缸救小朋友而广受人们称道的神童司马光，同时也是编纂我国第一部编年体通史《资治通鉴》的文豪司马光，他并不靠聪明立足，而是持续用功，在主编《通鉴》前后十九年中，时刻努力钻研，工作态度十分严谨，对许多章节进行反复订正修改，终于成就巨作。司马光被他最亲近的朋友称赞为"脚踏实地"之人。

另一个我们熟悉的孩子，他的名字叫方仲永，在五岁没上学的时候就能指物赋诗，到二十岁时"泯然众人"，主要原因是其父急功近利将孩子的天分过度套现而忽略后天的努力，"伤仲永"的故事让我们对神童的遭遇唏嘘不已。

如果说"企者"是好高，那么"跨者"就是骛远，步子跨太大，走不了远路。也有人说"企"和"跨"其实就是"欲速"，"欲速"事实上反而会"则不达"，这样理解其实也未尝不可。

好高骛远者在我们日常生活当中随处可见。以哗众取宠的手段，人为地拔高自己，或许短时间内可以出人头地，甚至看起来鹤立鸡群，可是早晚会因为根基不牢失去支撑而站立不住，甚至颓然倒地。以急功近利的方法，三步并做两步走，或许短时间内可以轻易地超越别人，甚至遥遥领先，可是早晚会因为不能持续稳步前进而乱了步伐，甚至栽了跟头。好高者终为人下，骛远者反落人后。这些轻浮急躁的举动都是反自然规律的，短暂而不能持久，最终还会给自己带来祸患。远的不说，你

纪连海谈 道德经

就看那"国无实力、德不配位,却处处争先恐后、一心想做霸主扬名天下"的宋襄公,到头来身受俘、国受辱,徒为天下所笑,不就是一个很好的例子吗?

"自见""自是""自伐""自矜"在经中是第二次出现,前面二十二章出现过,前后辉映,如出一辙,说的完全是一个道理。可能老子觉得这些都是一个人修身立命必须刻意避免的陋习,所以它们还会在后面的章节中第三次被提到,可见老子对其厌之深、避之切。重要的事情说三遍,看来这办法是老子发明的。老子在这里再三说明,一个人有了"自见""自是""自伐""自矜"的心病,一定要能反省,知道自加改正才好。但从道理法则上讲,这些心理的行为,却是"余食赘行"。"余食"是多余的吃的。等于一个人饭已吃饱了,再吞一口都吞不下去,但还要再吃一个大面包,这一下非得胃病不可,甚至还要去看医生,或者是要开刀呢!赘,就是瘤子,等于甲状腺肿大,脖子就会长粗了。我们正常的身体,在任何部位,长出一个瘤子,那当然是多余的。像我们合掌的时候,五指就够用了,有的人长出六个指头,这就是"赘指"。多一个指头就麻烦,手套还要另做。"物或恶之",任何一样东西,都有自然的定形,变体都是不正常的,即使是植物,过分地长出来一个多余的附件,不但自己增加负担,而且令人讨厌。何况一个平常的人呢!假使你这个人已经很高明,高明就高明又何必一定要别人加说一句你太高明。你是不是高明,别人慢慢自会看清楚的。假如自己天天喊我很高明,除了做广告以外,那还有什么用呢?所以有道之士,自处绝不如此,绝对没有这种心理行为,才算合于道行。

这"四自"之病,实在是红尘俗世中人类的通病啊。东汉末年,有一位才思敏捷、学识渊博的文学家叫杨修,是太尉杨彪的儿子。后来

成为了汉相曹操的谋士。他是怎么死的？杨修依仗自己的才能，屡次冒犯曹操，被曹操以扰乱军心的罪名给杀了。这个人真是太聪明了，俗话说"聪明反被聪明误"。用我来解释，那不就是杨修过于"自见""自是"了吗？

四"自"的毛病，如果仅限于个人性格，倒也罢了，毕竟人各一面，整齐划一的事，是不必强求也强求不来的。然而，若是承担着社会公共责任、掌握着社会公共资源的人，却依然克服不了这些毛病，就可能造成严重的后果。这方面的事情，可能偏偏不凑巧，越是承担着公共责任，位高权重的人，就越容易犯四"自"的毛病，侥幸有某个能克服的，就注定会成为传诵千古的美谈，如传统戏剧里的"将相和"，就是个著名的例证。

凡是要立大功、建大业的人，只要一犯四"自"的毛病，绝对没有不彻底失败的。

现代史上众所周知的国民革命成功后，孙中山先生"推位让国"，由袁世凯来当中华民国第一任大总统。结果，他却走火入魔，硬要做皇帝，改元"洪宪"。这一举动遭到各方反对，引发了护国运动，袁世凯不得不在做了83天皇帝之后宣布取消帝制。称帝可以说他人生最大的败笔，留下了一笔千秋罪过的笑料。

我们读历史，看到历史上以往的经验，便可了解古人所推崇的古圣先贤的名言学理是多么地重要，多么地可贵。譬如苻坚的暴起暴亡，抵触老子所说的四不戒条，无一不犯，哪有不败之理。苻坚虽有豪语，所谓"投鞭足以断流"。其实，正是他投鞭以断众谏之流，因此而铸成大错、特错。袁世凯、拿破仑无不是犯了四"自"之病啊。所以老子说"故有道者不处"，正是为此再三郑重其言也。

　　老子将眼光放在一个较长的时间维度去看事物，他看到的是事物运行的全过程，所以事物表现出来的短暂亮光并不能吸引老子的目光，过度的粉饰与浮夸因为阻碍成长的步伐而让老子更加警醒，反复告诫世人别这么干，别这么干，别这么干！如能致虚守静、抱一归无，放下贪欲功利之心，抛弃"多滥狂妄"之言，进入"无我"的境界，一切"唯道是从"，"希言"自处，随顺自然，那么"四自"的病症便可不治而愈，其生命也就能够"与道同在"。

原文

有物①混成，先天地生。寂兮寥兮②，独立不改③，周行而不殆④，可以为天地母⑤。吾不知其名，字之曰道⑥，强为之名曰大⑦。大曰逝⑧，逝曰远，远曰反⑨。故道大，天大，地大，人亦大⑩。域中⑪有四大，而人居其一焉。人法地，地法天，天法道，道法自然⑫。

注释

①物：指"道"。混成：混然而成，指浑朴的状态。

②寂兮寥兮：没有声音，没有形体。

③独立不改：形容"道"的独立性和永恒性，它不靠任何外力而具有绝对性。

④周行：循环运行。不殆：不息之意。

⑤天地母：一本作"天下母"。母，指"道"，天地万物由"道"而产生，故称"母"。

⑥字之曰道：勉强命名它叫"道"。

⑦大：形容"道"是无边无际的、力量无穷的。

⑧逝：指"道"的运行周流不息，永不停止的状态。

⑨反：另一本作"返"。意为返回到原点，返回到原状。

⑩人亦大：一本作"王亦大"，意为人乃万物之灵，与天地并立而

为三才，即天大、地大、人亦大。

⑪域中：即空间之中，宇宙之间。

⑫道法自然："道"纯任自然，本来如此。

纪老师说

这一章是道家哲学思想光芒四射的章节，还是在谈论"道"的问题。他从多个方面对"道"作了明确的界定，因而研究者一向十分关注。

本章以为，在未有天地之前，就已经有了"道"的存在——"有物混成"，这个"物"字，并不同于现代人所了解的"物质"观念的物字，这一点非常关键，古代"物"字的含义，等于现在一般口语中的"有一个东西"，这个"东西"，可指非物质的存在状况，例如精神、心理或者"力""能"等，也可代表物质之"物"。此处"有物混成"的物，是"道"的同义字，这个道的内涵，包括了物质与非物质，是"心物一元"混合而成的。那么，这是个什么东西呢？答：道。

"寂兮寥兮独立不改，周行而不殆，可以为天下母。"宇宙万物莫不有宗，任何一物的诞生，总有使其诞生的"母体"，任何一事的发生，总有使其发生的"原因"。然而唯有这个东西，却能够称得上是"混然自成"之物。她混沌未开，清浊不分，阴阳合和，虚实相融，心物一元，自成一体，她是万物之宗，却没有能够生她造她的母亲。

因为她早在天地形成之前，就已经存在了，比那无边的天际更为寂静空虚，以至于没有什么具体的声色形体。她虽然不是宇宙间任何事物所"产"，但看起来的确像是个"三无产品"，无声无色无形。同时，她又极度地旷远辽阔，无量无边，无所不在。

她超然于万物之上，不依靠任何外力而独立长存，也不会因为任何外力而有丝毫的改变，更不会以人的意志为转移。宇宙间万事万物，作为个体，哪个不是相对的存在？哪个又能逃得了始生终死的命运？唯有这个超然于天地万物之上的"道"，却是独一无二的绝对的存在，能够持续地循环运行而永不衰竭，永不消失，经过变动运转又回复到原始的状态。而这种状态，却是宇宙万物得以产生的最根本的源头。这个混然自成的东西，蕴育了天地，进而滋养着天下万物，真的可以称之为天下万物的母亲啊。这就是所谓，"有物混成，先天地生。寂兮！寥兮！独立而不改，周行而不殆，可以为天下母"。

为什么老子又说"吾不知其名，字之曰道，强为之名曰大"呢？

还是先来看看我们的先人是如何造的这个"衟（道）"字吧，其字从"行"从"人"，"人"在"行"中，本义是用来表示供人们行走的道路，既然天下万物，包含天地在内，都是由她所生、照她所行，她就如同供天地人在内的所有宇宙万物行走的道路一般，因此老子用这个"道"字来表示她了。人们日常行走，离不开地面的"道"路，宇宙万物的运行，难道就能离得开"道"吗？这就是老子"字之曰道"的初衷啊。

当然，用"道"这个字，来表示这个万物之母、宇宙之纲纪，也是只可意会，不可言传的。如果我们非要为这个"道"取一个最通俗、最直观的名字的话，也只有一个"大"字最为合适了。为什么呢？ 我们实在是找不到比"道"还要大的东西了。"道"寂静而廖远，她无量无边，实在是太大了，比任何一种我们能想象到的宇宙间的事物都要"大"，所以，老子在谈论"道"的时候，经常会用"大道"两个字来表示"道"之"大"，严格来说，恐怕也只有这个独立于宇宙之上的东西能配得上"大"这个名字了。

"道"之"大"可以说难以言喻，六合内外她都在永恒地延伸，无限地扩张，持续地发展，永无涯际，可以称得上是第一"善逝"之物，因此我说"大曰逝"，也可以把"大"称作"逝"。既然这个难以言喻之"大"的道，可以无限地扩张延伸，可"逝"于无量无边之处，没有什么"远"的地方是他不能达到的，因此，我们说"逝曰远"也不妨称之为"远"。

天、地、人、道、自然，这五个概念，我们需要重构，重建，单凭商业社会的生活阅历与概念结构，可能理解不了这个复杂的关系。

我们知道《道德经》的源泉是《易经》，那么我们要试着扯一下《易经》，至少要搞清楚《易》里面的天和地是啥。

孔子当年韦编三绝地读《易》，读完之后，给乾卦和坤卦这两卦写了个象传，无论我们是否读过《易经》都一定会熟悉孔子所写象传中的一句经典：天行健，君子以自强不息；地势坤，君子以厚德载物。

人法地。人们依赖土地、向往土地，理应也效法、取经于厚实的大地。效法什么呢？借用一下孔老师的原话：地势坤，君子以厚德载物。人要跟大地学习真是有难度。大家看大地承载万物，替我们承担了一切，我们生命的成长，全依赖大地来维持，吃的是大地长的，穿的是大地生的，所有一切日用所需，无一不取之于大地。人活着时，不管三七二十一，将所有不要的东西，大便、小便、口水等乱七八糟丢给大地，而大地竟无怨言，不但生生不息滋长了万物，而且还承载了一切万物的罪过。我们人生在世，岂不应当效法大地这种大公无私、无所不包的伟大精神吗？

地法天。天有风云雷电，天有甘露，天有日月星辰，天有灿烂的光和热，日复一日、年复一年永不停歇地保持着刚强劲健的运行姿势，地能不法天？地顺和厚实，抚育万物，有着天然的母性，于是我们常常把大地比喻为母亲，于是与之相对应的《易》的坤卦就是一个纯阴的卦象；天，刚健有力，周行不殆，变化多端，于是《易》与之相对应的乾卦就是一个纯阳卦象，所以天也就成了父亲的代名词。于是，天下家庭，父亲都是天，于是，我们常常把天比喻为天公（没有天母这一说）。地效法于天，地追随于天，地向着太阳向着天。

天法道。在浩瀚的宇宙中，人类是卑微的，在人类眼中再也没有任何一种规律比天体运行的规律还要自然，还要坚定不移；更不曾有任何一种规律对人类的影响比天律（天体运行规律）还要大。日出而作，日落而息，365天，天天都是十二个时辰，无须列举了。

于是老子认定，天是法道的，天是有道的。于是历朝历代都会祭天，今天明清两朝祭天的那个地方依然还在，即便是文物，也依然保持着那份令人敬畏的庄严和肃穆。

在"道法自然"的环境之下，道教在教导人面对生活之时要采取一种"顺"的态度，即通常所说的"顺其自然"。这里面应该包括两层含义，一是知自然之道，审时度势，不强作、不妄为；二是顺应事物的自然发展方向，顺势而为之、自然而有为。王阳明曾经说过一句话："情顺万物而无情，终日有为而心常无为"，对"顺其自然"的道理做了一个很好的呼应，即摈弃私欲、顺天应时、以无为的心态去打理人生。

我们所熟知的"大禹治水"就是一个很好的例子。当时面对肆虐的水害，大禹的父亲鲧沿用先人"壅防百川，堕高堙庳"的方法，想通过单纯的"堵"来抵抗，但堤坝总不敌力量巨大的洪水。大禹则因地制宜，因势利导，采取"高高下下，疏川导滞"的方法，从低处取土石增

 纪连海谈 道德经

高山坡,使高处更高,低处更低,以疏浚水道,千方百计引导洪水,使之归泽入海。大禹"顺"的智慧,终于换来百姓生活的安宁。

这也就是前面所说的"道家让人想得通"的道理,想得通的前提就是顺,顺应天时,顺应世事。人生中难免会有这样那样的不如意,所以无论顺境还是逆境,都要调理心态,坦然面对,顺而通变,顺而通达。像水一样通而无碍,总能找到自己所处的位置或发挥作用的形式,这样既顺应了时事也是顺了自己的心。

李泌,唐朝中后期著名道家学者、政治家、谋臣。李泌所处的时代,是一个多事的战乱时代,安史之乱,天天打打杀杀,他所处的朝廷,宫廷内战,尔虞我诈,是一个矛盾极为尖锐的朝廷。如何在这个异常复杂的环境中保全自己,是当时每一个人,特别是当权者都要面对的问题。曾排挤过李泌的杨国忠、李辅国、元载都曾权倾一时,后来又都在政治斗争中被杀,而李泌却是玄宗、肃宗、代宗、德宗四朝元老,曾经四次被排挤、五次出京,但都安然无恙,不能不说是一个奇迹。

《新唐书·李泌传》记载:"肃宗即位灵武,物色求访,会泌亦自至。已谒见,陈天下所以成败事,帝悦,欲授以官,固辞,愿以客从。入议国事,出陪舆辇,众指曰:'著黄者圣人,著白者山人。'"表面上是白衣人表示自己谦虚,为国效力不求富贵等,无非是为了向皇帝身边的当权者表明自己没有政治野心,以避免卷进争权夺利的斗争之中。

"道法自然"是老子哲学中一个十分重要的命题,所谓"人法地,地法天,天法道,道法自然"。虽然对这段话的解释历来分歧较大,迄无定论,但它所要表达的主题思想还是非常明确的,即人类应该效法天地万物,通过对天地万物的观察和体悟发现蕴含其中的"自然"之道,并将其作为指导人类行为的根本原则。

原文

　　重为轻根，静为躁①君②。是以君子③终日行不离辎重④。虽有荣观⑤，燕处⑥超然，奈何万乘之主⑦，而以身轻天下⑧？轻则失根⑨，躁则失君。

注释

①躁：动。

②君：主宰。

③君子：一本作"圣人"。指理想之主。

④辎重：军中载运器械、粮食的车辆。

⑤荣观：贵族游玩的地方。指华丽的生活。

⑥燕处：安居之地；安然处之。

⑦万乘之主：乘指车子的数量。"万乘"指拥有兵车万辆的大国。

⑧以身轻天下：治天下而轻视自己的生命。

⑨轻则失根：轻浮纵欲，则失治身之根。

纪老师说

　　本章列举轻与重、静与躁这两对矛盾体并进行了深入分析。老子认为，其中的重是轻的根基，而静是躁的主导。因此提出应当关注其根

 纪连海谈 道德经

本,不尚轻浮,不可躁动,只有这样来治理天下,才能使天下大治。

我们生命立足的大地,负载一切而运行不息,包容万物而来者不拒,滋养众生而毫无所取。所以生而为人,也应静静地效法大地,要有负重载物的精神。大地之德也不仅在于负载万物之重,更在于它的寂静不语。大地一言不发而四时有序,一声不响而万物兴替,一动不动而众生全安。这就是人类要效法的大地"笃静"之德啊。

西汉初年刘安说宁静致远,这个我们都非常熟悉,意思是只有心境平稳沉着、专心致志,才能厚积薄发、有所作为。股神巴菲特回忆他20多岁时在为格雷厄姆工作时,他问他的老板格雷厄姆:当一家股票的价值被市场低估时,一位投资者如何才能确定这只股票最终将会升值呢?

格雷厄姆只是耸耸肩,回答说:"市场最终总是会这么做的……从短期来看,市场是一台投票机;但从长期来看,它是一台称重机。"

事实上,价格与价值是股市投资中最主要的一个矛盾,巴菲特认为长期而言价值为重价格为轻,价格最终会回归价值,因此要坚定地寻找股价严重低估价值的廉价超值股,耐心长期持有,必有满意回报。我们不好判断巴菲特是否读过"重为轻根,静为躁君",但可以相信他具有这方面的智慧。

尤其是要学圣人之道的人,更应该有为世人与众生挑负起一切痛苦重担的心愿,不可一日或离了这种负重致远的责任心。这便是"圣人终日行而不离辎重"的本意。老子这是在告诫身负国家社会人民所期望者的君主——领导人和官吏们,更当有如此这般的存心,才是合道的明君或良臣。因此,在下文,便有"虽有荣观,燕处超然"的名言。

人,位居域中四大之一,肩负协理天下万物、参赞天地化育的重任,如果没有负"重"致远且"静"默无语的地道精神,又如何能称其

为"大",又如何称得上万物之灵、众生之长呢?

当然,正如此前我们探讨的长短相形、高下相倾一样,重也是相对于轻而言,静也是相对于动而言。得道之人,三心皆无,放下分别心正是其中一要,人之所为,只要遵循自然、唯道是从即可。因此,轻重相较、动静相宜,不管为人处世还是治国理政,具体事务当要具体分析,轻重缓急、或动或静,都要审时度势,相机而行。

老子为什么要反复强调人要效法大地的"重""静"二德?我们通过观察"万物并作,复归其根,归根曰静"的宇宙纲纪,便能够知晓,虽说轻重相较、动静相宜,但轻者无根则浮而不定,动者无根则躁而不静。"厚重"是"轻浮"的根基,"笃静"是"躁动"的主宰。此所谓,"重为轻根,静为躁君"。万物生长发育,兴衰有时,最终还是要各归其根,复归于静,那都是因为厚重而笃静的根基没有轻易动摇。举止轻浮的,就会失去稳重的根基,受人鄙视而难以为尊;做事躁动的,就会失去平静心态的控制,做事的目标就难以达到。官渡之战和赤壁之战作为中国古代著名战例被载入史册,都是曹操指挥的,可结果恰恰相反,为什么?官渡之战曹操冷静地分析了双方态势"以静制动,消其锐气;出奇兵方能取胜",因此制订了乌巢烧粮的奇兵计划。赤壁决战,曹操在有利形势下,轻敌自负,指挥失误,终致战败。曹操可谓是名垂青史的英雄了,就在他身上验证了老子的精彩论述:"轻则失根,躁则失君。"给后人留下了活生生的学习案例。

地上之水化而为气,轻扬于九天之上,终归还是要凝聚成云化而为雨,回归于那厚重沉静的大地;你再看那小草大树,容易折断的都是轻浮动荡的枝叶茎干,暴风骤雨过后,那根基稳固的才能屹立不倒、茁壮成长;空中的旗帜迎风飘扬,是因为执旗者一动不动的根基很稳重;飞

 纪连海谈 道德经

奔的骏马张弛有度，是因为骑手能够冷静地驾驭骏马。

所以有道的君子，日常行事始终保持"厚重笃静"的心态，如同行军离不开辎重粮草一般，因为辎重粮草维系着一军生存之重，辎重不丢，便能远行。真正有道之士，闲处荣华的宫殿，不会受功名富贵的迷惑而举止轻浮行事骄躁。他依然可以保持一颗厚重笃静的心态，超然物外，泰然自处。此所谓，君子终日行不离辎重，虽有荣观，燕处超然。

能不为功名利禄这些身外之物所累，始终保持一颗厚重笃静之心，泰然自处，这就是君子效法大地自重之厚德。一身之躯，负任一身之重；一家之长，负任一家之重；一国之君，负任一国之重；天下圣人，负任天下之重。老子所处的时代，所见所闻的各国君主们，能够懂得自重之道的又有几人？即便是那些拥有万乘之尊的大国君主，也是个个追名逐利，骄奢淫逸。对待万民从不会冷静处理，稍不如意便杀戮不绝；对待邻邦从不会保持自重，只为蝇头小利便攻伐不断。那些高高在上的君主，早已忘了"飘风不终朝，骤雨不终日"，如此地轻浮骄躁，最终结果只能是失去天下民心，直至丧身失命。

老子在当时所见闻中的各国诸侯君主们，当然都不能明白传统文化中君道的这种原则。因此，他才有深深感叹说："奈何万乘之主，而以身轻天下。轻则失本，躁则失君。"所谓"身轻天下"的语意，是说他们不能自知修身涵养的重要，犯了不知自重的错误，不择手段，只图眼前攫取功利，不顾丧身失命的后果。因此，不但轻易失去了天下，同时也戕杀了自己，这就是触犯"轻则失本，躁则失君"的大病。

对于青少年来说，从小就要戒轻浮、戒狂躁，把自己培养成稳重、冷静的人。

很多企业界的人士，在谈到聘用年轻人的时候，都有一个同感。

现在的年轻人心态不稳定，好不容易培养出一个人才，当决定委以重任的时候，他却提出要走了，弄得你"满腔的热血却换来一盆冰水"简直哭笑不得。这是典型的轻浮、狂躁的表现。为什么会出现这种现象呢？工作和生活的双重压力以及社会各种机会的诱惑，促使他们的心态不能平静。

现在很多人不能理解为什么香港会出现很多女高官？因为六、七十年代，很多能力很强的男青年开始不安心每月拿固定工资了，纷纷投身商海。几十年过去了，那些兢兢业业工作的女性，开始逐渐脱颖而出了，这就是为什么香港会出现那么多女高官的原因。稳重、冷静保持一颗平常心，是她们成功的根本原因。

纪连海谈 道德经

原文

善行无辙迹①；善言②无瑕谪③；善数④不用筹策⑤；善闭无关楗⑥而不可开；善结无绳约⑦而不可解。是以圣人常善救人，故无弃人；常善救物，故无弃物。是谓袭明⑧。故善人者，不善人之师；不善人者，善人之资⑨。不贵其师，不爱其资，虽智大迷。是谓要妙⑩。

注释

①辙迹：轨迹，行车时车轮留下的痕迹。

②善言：指善于采用不言之教。

③瑕谪：过失、缺点、疵病。

④数：计算。

⑤筹策：古时人们用作计算的器具。

⑥关楗：栓梢。古代家户里的门有关，即栓；有楗，即梢，是木制的。

⑦绳约：绳索。约，指用绳捆物。

⑧袭明：内藏智慧聪明。袭，覆盖之意。

⑨资：取资、借鉴的意思

⑩要妙：精要玄妙，深远奥秘。

本章所讲的内容,以眼前人们所熟知的事物作譬喻,引申出发人深省的道理,用之于人际关系,用之于社会治理。老子希望构建一个人人向善的社会环境,因此本篇重在要求人们尤其是圣人要恪守"无为而治"的原则,说明有道者顺其自然以待人接物,更表达了有道者无弃人无弃物的心怀。

黄朴民在《道德经讲解》中讲解本章时曾提出了这样的看法:本章集中阐述美德的主要内涵"善"之特征及其价值,从"道"的高层次揭示"善"的本质属性。老子认为真正的"善"不是人为的,而是自然本色,不留任何刀刻斧凿的痕迹,它完全可以应用于社会政治生活领域,这就是自然无为以治天下。我以为这是不错的,"善"是《道德经》书中使用频率特别高的词语,达五十多次。

文中从"善行""善言""善数""善闭""善结"五类事写起,说明社会的治理应当是非曲直顺应自然的天性。我们就用"善言"为例来谈一谈这个问题吧!

天地大道,本来就不是可以用言语来解说的,只要一出口,就难以有失偏颇。会说话的人可以凭借一张嘴升官发财,不会说话的人却因为言语不得体而遭到灭顶之灾,在社交场合中要少说多听。侃侃而谈不能说明自己有学问,反而会让人觉得言过其实。

明代开国皇帝朱元璋,出生在贫苦人家,少年时为了生活,给有钱人家做工,曾经为了填饱肚子而出家为僧。但朱元璋却胸怀大志,最终成为一代君王。

在朱元璋登上帝位后的一天,他儿时的一位朋友来求见他。朱元璋很想见昔日的朋友,可又怕他讲一些不好的话。思虑良久,派人传见了

纪连海谈 道德经

这位旧友。

那人一进大殿,就行了大礼并且高呼万岁,然后说:"陛下,当年草民随驾扫荡庐州府,打破罐州城。汤元帅在逃,拿住豆将军,红孩子当兵,多亏菜将军!"

朱元璋听他说得很得体,在百官面前给自己挣足了面子,心里很高兴,回想起当年一起度过的穷苦的日子,心中感慨万千,就命人重重封赏了这位旧友。

另一个当年和朱元璋一起放牛的伙伴听说了这个消息,他高兴极了,于是也来求见朱元璋。他担心朱元璋已经忘了自己,到了大殿上,他指手画脚地说:"陛下!你还记得吗?小时候,我们一起给人家放牛,有一次在芦苇荡里,我们把偷来的豆子放在瓦罐里煮着吃,豆子还没有煮熟呢,大家就纷纷抢着吃,把罐子都打破了,豆子散落了一地,汤也都洒出来了,你当时为了能够吃到豆子,就将地上的豆子直接抓起来吃,结果把草根卡在了喉咙里,还是在我的帮助下,你才将红草根咽了下去。"

听完这段话,朱元璋特别生气地说:"你是什么人!疯疯癫癫的,满口胡言!来人!将他拖出去斩了!"随即侍卫就将这个人拖出去斩了。大家看到了,这就是不善言的结果。

"善言"的最高境界就是不说话。你认为不说话时没有话说吗?"无声之声,其响如雷",教育界的人,有时候对一个学生不说一句话,就是最大的处罚和鞭策,学生会在这无声的批评中检查反省自己。

再比如,小孩子生性顽皮,做错了事情,有的父母严辞叱责,声色俱厉,而孩子却心生抗拒,不思悔改,而有的大人仅是默默地看孩子几眼,一言不发,却不怒自威,孩子反而畏威怀德,铭心刻骨。

面对不及格的成绩单一般家长可能会大动肝火,著名思想家梁漱溟是怎样教子的呢?

有一年期末,梁漱溟的长子梁培宽的考试没考好,他忐忑不安地回到家,战战兢兢地将考试成绩单递给父亲。梁漱溟接过来一看,发现居然有一门功课不及格,不禁轻轻地皱了一下眉头。

梁培宽一看,以为父亲就要大发雷霆了,便半低着头斜眼看着父亲,准备迎接暴风骤雨的到来。没想到,梁漱溟只是将成绩单轻轻地放在桌上,看了梁培宽一眼,一句话也没说。

待父亲离开后,梁培宽拿起桌上的成绩单看了几眼,愧疚地埋下头。

假期转眼将过,在离开学还有几天时,梁培宽就已返校去复习那门不及格的功课——地理。之后,他的功课再也没出现过不及格,并且,地理成为他学得最好的一门功课。

晚年,梁培宽对儿子梁钦宁讲述了这段往事。他说:"你祖父看到成绩单后'一字未发',并不表示他对我考得不好不在意,而是他想让我知道,学习是自己的事儿,要学会对自己负责。"

老子认为,真正懂得大道的圣人,也正是效法无言的天地大道来教化百姓,以身垂范,默然示之,一句多余的话都没有,而百姓却能心领神会,欣然相从。真正的"善言"却是"无言"之言、"无声"之言。无声无言,往往比"多言""强言""妄言"所带来的效果还要好上百倍,正是不言胜有言、无声胜有声啊。

这便是老子所追求的效果。圣人善于教育人,使用人,使人人各有所用,社会也因之达到和谐安宁。

纪连海谈 道德经

原文

知其雄①，守其雌②，为天下谿③。为天下谿，常德不离，复归于婴儿④。知其白，守其黑，为天下式⑤。为天下式，常德不忒⑥，复归于无极⑦。知其荣⑧，守其辱⑨，为天下谷⑩。为天下谷，常德乃足，复归于朴。朴⑪散则为器⑫，圣人用之，则为官长⑬，故大制不割⑭。

注释

①雄：比喻刚劲、躁进、强大。

②雌：比喻柔静、软弱、谦下。

③谿（xī）：同"蹊"，意为蹊径。

④婴儿：象征纯真、稚气。

⑤式：楷模、范式。

⑥忒：过失、差错。

⑦无极：意为最终的真理。

⑧荣：荣誉、宠幸。

⑨辱：侮辱、羞辱。

⑩谷：深谷、峡谷，喻胸怀广阔。

⑪朴：朴素。指纯朴的原始状态。

⑫器：器物。指万事万物。

⑬官长：百官的首长，领导者、管理者。

⑭大制不割：制，制作器物，引申为政治；割，割裂。此句意为：完整的政治是不割裂的。

纪老师说

如何将"道"用于为人处世呢？老子用"三知三守"来说明这个过程，提出了"朴"的概念，和治国上的"大制不割"的理论。

圣人常善救人、常善救物，那是因为圣人明道、有整体观，深知事物的两面性和两个方面相互作用、相互转化的规律。

天地大道化生万物，都是一体两面，人们所闻所见，万事万物概莫能外。大小多少、长短高下、善恶美丑、利害福祸，皆是如此。

可惜一般人只能够看到事物的一体"两面"，却看不到"两面"共存互化方成"一体"的恒常之道，因此只能看到分别却不能超越分别。在功利心的驱使下，智巧心的蛊惑下，分别之心日重，便总会一味地选择事物之一面，而拒绝另一面。世人只看到高下有别，好高而恶下；只看到新旧有别，喜新而厌旧；只看到利害有别，趋利而避害；只看到福祸有别，望福而远祸；却不知高下相倾、新旧相继、利害相交、福祸相依的道理，一味地求高求新，一味地求利求福，愿望是好的，而得到的结果却恰恰相反。圣人则不然。

"知其雄，守其雌"是"知其雄、雌，守其雌"的简化。意思是不管是哪种动物，了解、明白雄性和雌性的特征、秉性，处事的立场、行事的风格要秉持雌性的态度。雄性刚强，高大威猛，喜张扬、炫耀，具有一定的侵略性、攻击性和占有欲，雌性柔弱、顺从、不争强好胜，特别是能够精心哺育下一代。知道刚强的优势与作用，但为人处世要柔

纪连海谈 道德经

弱,做人要低调,不恃强凌弱,处处表现出一种温柔亲善。这不是因为自己不强,或不能强,而是要保持谦卑待人的态度,就像溪流一样,越是处于低下,自己就越能聚集水流,也就越能日益强大。为人处世像溪流一样保持低调,就能保持大德不离自身,就能回归于婴儿一样的纯洁。婴儿不仅纯洁,而且是处于最无知的状态,不会固执己见,所以他学起东西来最快,要学的东西也最多。"复归于婴儿"是指要回归到婴儿那种身心和谐,与自然和谐的状态,并不是说要回归到婴儿的无知状态。我们知道,这个"婴儿",在老子这里代表的是原初的,没有分别的和合乎自然的那个大道本身。这里说"知其雄",首先是要知,如果连雌雄都不知,安能守其雌?比方说,我们都知道跑步比走路快,但在日常生活中,我们不能常跑而是要走,如果常跑,我们体力就消耗快,就不能长久,还有可能因为跑得过头,而使身体累垮,这就是"知其雄,守其雌"的最好例子。

守弱,才能保持长久的强。我们身边就有很多强人,有的是老板,有的是经理,有的是官员,可很少有人懂得这个道理,事必躬亲,生怕别人做得不如自己,生怕别人做不好,久而久之,身体被累垮了,一旦病倒了,你有再强的能力也没有什么用了,还会成为社会和家庭里的负担。那些累病或累死在工作岗位上的人,其事业心和责任感值得称颂,但这里面也确实存在问题。中国有句俗话叫"杀鸡焉用宰牛刀"。用现在的话讲就是,不要用大炮打蚊子。杀鸡焉用宰牛刀,这是古代战争中常用的用兵方法,目的是保全部队的整体实力。

"知其白,守其黑,为天下式。""白",代表着光明、光亮、显赫、荣耀等,这一类都是"白"。"黑"呢,代表着阴暗、辱没、污染、渺小等。"白"是显在外面的,是光亮的、显赫的、荣耀的,人人

希望有这些；这个"黑"是阴暗的看不见的意思，是导致"白"的那个源头。

老子告诉我们，对于黑白，你要了解、认识、知道"白"的那个面，但是你又要坚守、把守在"黑"的那一面。也就是说，对于那些看得见的、表现在外面的现象，你要了解、认识。譬如你知道显赫、荣耀，你了解它们的意义，你需要它们，但是，你无法直接做出那个显赫、荣耀来。如果是你直接做出来的，它就不会长久，它会消失得很快。你要做的，是要有"守黑"的气度、精神、耐力，也就是你可以忍受侮辱，忍受渺小，忍受失败。没有这样的气度、精神、耐力，你很难会有让"黑"转化为"白"的机会。

这样"知白而守黑"，你才能"为天下式"，成为天下的表率。这样，你的"德行"才会"不忒"，纯正起来。"忒"是差错的意思。如果能"知白""守黑"，就可以"复归于无极"。无极生太极，太极生两仪，两仪生四象，"无极"是比"太极"还要早的状态，是无阴也无阳的一个状态，是混沌一体的状态，是宇宙最原始的状态，是"道"的基本态。"无极"的状态没有一切有形的迹象，但一切有形的东西都可以从中产生出来。它是寿命无限、变化无限、功用无限，一切都不可限量的状态。

"知其荣、守其辱"是"知其荣与辱，守其辱"的简化，意思是知晓高高在上、受万人尊崇的好处，懂得荣华富贵所带来的荣耀，明白地位卑微、处在社会底层所带来的羞辱，行为处事却自愿谦卑处下、甘受屈辱；行为处事效仿天下的山谷，胸怀博大，容纳万物，甘愿用自己的低下衬托出大山的雄伟高大，山谷生养万物、令万物生机盎然，却默默处下从不夸耀。行为处事做到了山谷的样子，永恒的大德才会充足，才

 纪连海谈 道德经

能重新回归到万物的初始状态。

这正如小草,"没有花香,没有树高,我是一棵无人知道的小草",小草还绿化环境,光合作用,放出氧气;小石头还会铺路,建设康庄大道。好多无名英雄,他们的永恒的品德,在感动着你和我。

有这样一位老英雄隐姓埋名40年,他是全军闻名的特级战斗英雄张国福。张国福参加过"三下江南""四保临江""辽沈战役""平津战役""渡江作战""进军四川""湘西剿匪"和"抗美援朝"等众多战役,因作战勇敢,屡建奇功。

但是,这样的一位英雄人物,复员回到地方,对赫赫战功只字不提,甚至连他的家人也无从知晓。他甚至将原名"张国富"中的"富"改为"福",在地方一家火药厂默默埋头工作40载,直到女儿一次路过西安,顺道到父亲所在的47军军部打探父亲的过去,才发现她父亲非同一般的经历。

"为天下谷,常德乃足,复归于朴","足"就是足够的意思。常德丰足,常德丰沛,可以复归于朴。这个"朴""婴儿""无极"都是一个意思,它都是在比喻"道"。"朴"呢,它当然是指木头,原木,这个木头没有被剖开来,没有被去掉树皮,这个叫"朴"。"朴"这种状态是"道"的原始状态,是大名无名的状态,是大有无有的状态,是大音希声的状态,是大象无形的状态,是大器晚成的状态。它是包罗万象,融会贯通的,是万法归一的,是至高无上的。"复归于朴",就是你回归到整体状态,没有分别的状态。

以上这三段都一样,叫"知""守""为"。只要能"知""守",就能"为"。这个"为",是无为而为。你不要自己去做天下谿、天下式、天下朴,你不需要用力的,用力只要用在前面

"知"与"守"上面。"知",可以分别,就是了解嘛。"知",本身就是分别。"守"呢,就是守一,本来是对立面,有两个,我守一个。看起来是守一个,其实是一个整体。所以你了解了整体,你就能"守"。了解了黑白,了解了雌雄,了解了荣辱,你就能"守"。如果你不了解,只知道辱,你就不能"守"。只知道荣,也不能"守"。所以如果对立面的两边你都了解,这样的一个关系你都知道,知道这个整体了,你就可以"守",就可以归根了。后面的"复归",就是归根。所以这个叫既"知"又"守"。你看,所谓的"知",就是天下人,是俗人、一般人都认同的部分。你能"知",则可以和世俗相处。能"守"呢,就可以超然尘外。所以这个既"知"又"守",既可以超然尘外,又可以与世俗相处。所以这个"守雌",实际上是没有分别雌雄,是个整体。

百姓如果从内心感受到,服从圣人的治理也就是服从天地大道,自然也就乐于服从圣人这种看似"无为"的治理方式了。统治者又何必整日歇斯底里地强迫百姓相信自己是代表上天来治理他们呢。这就是为何自古以来得道圣人往往也会成为众官之长,成为社会最高统治者的根本原因了。所以说,治理国家最高明的体制,就是不要去分割破坏人类社会发展的根本规律和自然状态。

纪连海谈 道德经

原文

　　将欲取①天下而为②之，吾见其不得已③。天下神器④，不可为也，不可执⑤也。为者败之，执者失之。是以圣人无为⑥，故无败；无执，故无失。夫⑦物⑧或行或随⑨；或嘘⑩或吹⑪；或强或羸⑫；或载或隳⑬。是以圣人去甚，去奢，去泰⑭。

注释

①取：为、治理。

②为：指有为，靠强力去做。

③不得已：达不到、得不到。

④天下神器：天下，指天下人。神器，神圣的物。

⑤执：掌握、执掌。

⑥无为：顺应自然而不强制。

⑦夫：一本作"故"。

⑧物：指人，也指一切事物。

⑨随：跟随、顺从。

⑩嘘：轻声和缓地吐气。

⑪吹：急吐气。

⑫羸：羸弱、虚弱。

⑬或载或隳：载，安稳。隳，危险。

⑭泰：极、太。

纪老师说

本章主要阐述了为什么有为之治必然失败，治理天下应该奉行无为之治的原则以及无为之治对领导人自身素质的要求。

"将欲取天下而为之，吾见其不得已"就清楚地表明了老子的思想观点，想把天下治理好，却使用强硬的手段，这是根本不可能成功的。换个说法就是，若想通过"为"的方法来治理天下，是不会有所收获的。有的专家认为也可以这样理解：通过"为"的方式去取得天下，我所见过的这种现象都是发生在迫不得已的情况下。

大家看"天下神器"这四个字，在文义上不是很连贯，要再加一个"者"和"也"字，成为"天下者，神器也"。帛书《老子》就作"夫天下，神器也"。意思是说，天下这个东西，是天下人的神器。这样照文字解释，还是不够清楚，如果说，天下这个东西，是一个神妙不可思议的东西，就更切合了。

这里的"天下"，不但是指物质的"王土"，也指"天命""气数"。说它是"神器"，因为它的来去运作，是不以人的意志为转移的，而是以"道"的规则为转移的，因此人——哪怕是最高统治者也不能去"为"和"执"的。"为"就是有为，就是按照人的主观意愿而不是"道"——客观规律去实施；"执"就是把持和控制，就是试图一个人或者一小撮人长久地把持和控制"天下"。因为这两种行为都是违背"道"的，所以就不能这样做，做了，就要"败"，就要"失"。"败"和"失"是违反"道"这个宇宙根本法的所有人或事的必然下

场，这是绝对的因果关系。

"为者败之"像后世春秋战国时代的情形，尤其像秦始皇等的做法，更具有充分的代表性。他们是以私欲为出发点，为个人的英雄思想而号令天下，最后还是要失败的。"执者失之"，越是私心自用，抓得越紧，抓得越牢，则失去得越快，这是拿历史哲学的眼光来看的。

在老子看来，"天下"是个神圣的东西，不可将其当作一般的物件，让人拿在手中任意把持摆弄，随意修理整治。天下是天下人的天下，甚至是万物的天下，关系到天下苍生万物的利益。作为一个整体，有它自身内在的运行规律。最好的办法不是去治理它、把持它，而是让它顺着自己的本性去发展。妄图治理它的人，很容易弄坏它；妄图把持它的人，也很容易失去它。当年的姜尚姜太公就曾经对文王说过："天下非一人之天下，乃天下之天下也。同天下之利者则得天下，擅天下之利者则失天下。"如果上古记载属实，那么真圣人非是文王，实是姜尚啊。

姜尚这是在告诉文王，天下社会，是天地用来衣养苍生万物的神圣器具，这个器具如何运行，如何发挥其衣养万物的功用，都有其内在的本性和纲纪。如果你不能认识并顺应社会的本性，而是一味按照自己个人的愿望和意志，去强做妄为，那么这个社会、这个国家，早晚会败坏在你的手中；如果你擅天下之利归己一身、执天下之柄归己一手，你也早晚会失去治理天下的权力。

商朝的灭亡和周朝的兴起从正反两个方面证明了这一论断的正确。

商朝末期，由于奴隶主贵族阶级对奴隶和平民进行残酷的剥削和压迫，阶级矛盾日益尖锐。特别是纣王帝辛，更是暴虐淫侈，他自恃才智，大兴土木，营造离宫别馆。调动了许多奴隶，修建方圆三里、高达千余尺的鹿台，里面装满了从全国各地搜刮来的金银财宝；同时又修建了一个大仓库，把从各地搜刮来的粮食全部装在里面。纣王对都城雄伟的宫殿还不满意，又在南到朝歌北到邯郸的范围，修建了许多高耸入云的离宫别墅，投放很多珍禽异兽。还以酒为池，悬肉为林，过着极其奢侈腐朽的生活。商纣的倒行逆施，激起了广大奴隶和平民的刻骨仇恨。为了镇压奴隶和平民的反抗，商纣制订了许多酷刑苛法。著名的炮烙之刑就是其中之一。该刑是先用铜做成大圆柱子，上面涂油，用火烧热，然后让犯人在又热又烫的铜柱上爬行。再如醢刑，就是把人剁成肉酱。还有一种脯刑，将犯人割成一条一条晒成肉干。纣王的残暴，激起了全国人民更加强烈的反抗。纣王的叔父比干见他淫虐无度，国势危殆，冒死劝谏，劝他修善行仁，被纣王剖腹验心。许多大臣看见商已无可挽救，纷纷逃亡。纣王众叛亲离，成了独夫民贼，整个社会出现了如蜩如螗，如沸如羹，小大近丧的混乱局面。

　　与日薄西山、摇摇欲坠的商王朝形成鲜明对照的是商的西方属国周，周的国势正如日当中，蒸蒸日上。特别是文王姬昌即位后，常思修德以倾商政，暗中积蓄力量，积极准备推翻商朝。在政治经济上修德行善，裕民富国，广罗人才，发展生产，造成了耕者九一，仕者世禄、关市饥而不征，泽梁无禁，罪人不孥的清明政治局面。他采取的笃仁、敬老、慈少、礼贤下士的政策，赢得了民众的广泛拥护，从而使周的势力迅速壮大。文王逝世后，他的儿子武王继承乃父遗志，遵循既定的方针。在做好一切准备后，向商发动了进攻。在牧野击败商军，商朝土崩瓦解，纣王见大势已去，在鹿台举火自焚，落了个死无葬身之地的可耻下场。商朝六百年的统治宣告结束，在商的废墟上，一个新兴的王朝周朝诞生了。

"圣人"，在"道"的世界里，既是道德修养上最纯粹精深的人，足以成为万众的表率，也是为天下作则的最高统治者，是"内圣而外王"的人，因为他保守着"道德"所以他"圣明"，因为"圣明"才能顺其自然、恰如其分地去推行"王道"，建立真正的"王道乐土"。所以"圣人无为"而且"无执"，不会去做那些违背"道"的事，因此圣人就"无败"也"无失"。

　　那么对待"天下"为什么既不能"为"也不能"执"呢？因为"夫物或行或随；或嘘或吹；或强或羸；或载或隳。"

　　以上种种，是说各种事物其外在形式虽多种多样，甚至相反，但都是其各自自然内在的表现形式，人们无须也无法去干涉它。正如王弼所言："凡此诸或，言物事逆顺反覆，不施为执割也。圣人达自然之至，畅万物之情，故因而不为，顺而不施；除其所以迷，去其所以惑。故心不乱，而物性自得之也。"可见有一些先贤的注释还是相当地能够反映《老子》的原意的。

原文

以道佐人主者，不以兵强天下。其事好还①。师之所处，荆棘生焉。大军之后，必有凶年②。善者果③而已，不敢④以取强⑤。果而勿矜，果而勿伐，果而勿骄。果而不得已，果而勿强。物壮⑥则老，是谓不道⑦，不道早已⑧。

注释

①其事好还：用兵这件事一定能得到还报。还：还报、报应。

②凶年：荒年、灾年。

③善有果：果，成功之意。指达到获胜的目的。

④不敢：帛书本为"毋以取强"。

⑤取强：逞强、好胜。

⑥物壮：强壮、强硬。

⑦不道：不合乎"道"。

⑧早已：早死、很快完结。

纪老师说

军事是一个国家的外部保障，有道的统治者应该以什么样的态度来对待军事和战争呢？这就是本章的主题。

纪连海谈 道德经

"兵"之本义,双手持斧以搏杀也!所以自上古以来,对于战争、武力、军队诸事,皆以"兵"称之。三皇五帝以来,历朝历代,兴衰更迭,其背后,一次又一次的武力战争总是如影随形。

但是,依照循环往复的自然大道为原则去辅助君主的人,是不会怂恿国君依靠武力战争来逞强于天下的。因为天下之事,无往不复,一个作用力必然会带来相应的反作用力,每件事的发生必然都会带来相反的事情。大道循环不止,因果报应不爽,事实告诉我们,凡是依靠武力称雄称霸的国家,最终都会被他国的强大武力所击倒。这就是"以道佐人主者,不以兵强天下,其事好还。"

老子再三告诫后人:"以道佐人主者,不以兵强天下。"但是,老子并不是反对战争,在国防上,军事戒备绝对需要,但不可以兵强天下,不可以用武力来侵略别人。不过第二次世界大战中,发动大战的德国和日本,原对老子哲学很有研究,但却忘记了"不以兵强天下"这一句话,违反了这个军事哲学原则,所以最终失败了。

老子并不是反对军事,他说到"强"字的意义,那只是加强自己国家的国防建设,如果想要侵略别人,便会失败。老子的军事思想、政治哲学的原理在什么地方呢?"其事好还"。引用《易经》的话"无往不复",这是因果报应,每件事必定是回转过来报应的,你怎么样打人,就会怎么样被人打;你怎么样去杀人,就会怎么样被人杀。"其事好还"就是这个意思。

此外,战事一起,生民遭殃。凡是军队所经所驻之地,百姓便不能正常生产生活。兵荒马乱之中,百姓纷纷远走他乡,流离失所。更有那虎狼之师,抢夺民田,强霸民宅,抓壮充丁,掳掠民财,"耶娘妻子走相送,尘埃不见咸阳桥。牵衣顿足拦道哭,哭声直上干云霄",青壮年劳力被充军，田地无人耕种，势必撂荒。久而久之，十舍九空，人烟稀少，荆棘丛生，一片荒凉。正是，师之所处，荆棘生焉。

人常言，杀敌一千，自损八百，一将功成万骨枯。战争越是激烈，死伤越是惨烈。大战之后，人力、物力、财力被空前消耗，国库空虚、民生凋敝，处处是"白骨露于野，千里无鸡鸣"，甚至出现瘟疫。幸存百姓，往往衣不蔽体，食难果腹，饥寒交迫，朝不保夕，以致饿殍满地，民不聊生；国家长久以来整军备武，也往往河道不修，水利不备，以致旱干水涝，天灾不断。因此凡是发生大的战争之后，往往兵连祸接，出现市井萧条、满目疮痍的凶荒之年。这正是大军之后，必有凶年。这些凶灾饥荒之年，有时候看似天灾，实际上都是战争带来的人祸。如20世纪九十年代美国发动的对伊拉克的战争，就形象生动地诠释了"大军之后，必有凶年"，如今的伊拉克仍然是满目疮痍，伊拉克人生活在水深火热之中。

老子所处的时代，王室衰微，纲常尽废，整个社会已陷入无序的战乱，到处都是恃强凌弱的丛林法则，国小兵弱难以生存。今天放下武器，明天可能就会灭亡。老子这是在告诫诸侯国君们放弃"先军"思想、遵循以道治国，可又有谁能够听得进去呢？

老子认为，一个高明的政治家，高明的军事领导人是心怀仁慈的，希望领导天下国家止于至善。以善的力量，战胜一切邪恶，绝不是以自己强盛壮大的武力，去侵略人家，威胁人家。

一个当大统帅的人，当帝王、领袖的人，应以仁慈的心、善良的政策来救世界，来爱天下。他们虽一心济世救人，并没有认为自己了不起，绝没有骄矜的心理，也不自我表扬。任何一个成功的人，如果带了成功的骄傲，已经是失心病狂了，这种领导人终归会失败的。

纪连海谈 道德经

善者果而已，不敢以取强。老子这里提出了"果"观念，既形象又生动，大家都奔"果"而去，都想摘取果实。如摘了果，还毁树枝、砍树干，甚至连根拔起，就过了。善于用兵者，战是为了止战，战是为了不战。老子这种观点难能可贵。战争只是手段不是目的，达到了效果就休兵、止战，而不穷兵黩武、不强取豪夺。

"果而不得已，果而勿强"，万一发生战争，必须要用兵的时候，是不得已而为之，并不是逞强好胜。所以，最高军事哲学的思想，是不得已而为自己防备。对于同一场战争，那些兴兵作乱、挑起纷争的，都是违背大道的侵伐之战，而那些受兵应战、保卫家国的，则不但不是违背大道，反而是因应本性、随顺大道的御寇之战。共工作乱，蚩尤兴兵，都是欲以兵强天下而终被灭；黄帝尧舜率兵征伐，都是因应天道、除残去暴，而最终平定天下。

因此，真正懂得用兵之道的圣明君主，皆视战争为迫不得已之事，仅以武力保卫本国和平安定的社会生存秩序不被破坏为目的，只要能达到这样的结果，就会适可而止，从来不会自恃国大兵强而随意地侵伐他国。此所谓"善者果而已，不敢以取强"。做人的道理也是一样，中国有句古话，"害人之心不可有，防人之心不可无"，就是这个原则。

老子的意思是，战争是两败俱伤的事，没有胜利者，即便达到预期的效果，也没有什么值得自大、自夸、自傲，要明白战争是情非得已之事，是下下策，千万不可恃强凌弱，强取豪夺，那样只会加剧战争的创伤，加深双方的仇恨。战争的目的是为了和平，是为了包括敌人在内的所有人的根本幸福而战。所以在不得不进行战争以后，要时刻注意是否已经达到了战争的目的，如果已经达到了这个目的，那么就应该停止战争，不要再徒然地增加不必要的杀孽了。战争是丑恶的，是非常极端的

手段，是所有正常沟通和所有正常交流的方式全部失败以后不得不采取的手段，战争的最终目的还是要让所有人回到理性谈判的桌面上来。所以有了结果就应该停下来。

诸葛亮七擒孟获的故事，大家都非常熟悉。平定南蛮的最终目的是为了和平，而不是赶尽杀绝。所以诸葛亮采用"攻心为上，攻城为下，心战为上，兵战为下"战略，并作为命令全军颁布，强调作战不能单靠武力镇压，更要从思想上俘获人心。七擒七纵，最终感动了孟获，换来了南方的和平安定。

我们再来聊一聊一代伟人曼德拉，纳尔逊·曼德拉是当今世界上最具魅力与号召力的政治领袖。曼德拉不仅致力于化解南非国内的种族分歧，在国际舞台上，他还是一位不知疲倦的"和平进程的推动者"。人们对他的敬仰、爱戴和关注，超越种族、国界、地位、年龄和信仰。为什么？他主张种族和解、建立平等自由的新南非。曼德拉为了这一理想的实现，领导南非人民进行了合法的武装斗争，并为此被白人当局监禁27年，成为世界最著名的"政治犯"。南非国内人民的反抗和国际社会对南非当局的制裁，迫使白人政府释放曼德拉、取消党禁，开始政治谈判。多年来，曼德拉一直为消除贫困和战争而奔走呼吁，他的贡献得到国际社会的公认。曼德拉1993年获得诺贝尔和平奖，1995年获得非洲和平奖。曼德拉主张世界和平，反对战争,干预和化解了多国冲突。他是公开批评美国发动伊拉克战争的世界政治领袖之一。2007年3月2日，曼德拉的画像被悬挂在联合国大厦附近，人们说"这是对世界和平与正义的鞭策和鼓舞"。

我们应该记住曼德拉的告诫——"在21世纪初，我们的世界仍然有过多的不和谐、仇恨、分裂、冲突和暴力。在我们的个人和社会生活中关心他人,建设一个我们热切盼望的更美好的世界,仍然有很长的路要走。"

真正符合自然大道的事物,永远都处在不停循环往复之中,持和守中,从不走向极端,正如我们此前所说的"无极"状态。任何事情一旦到了尽头就必然会向相反的方向发展,强壮到极点也就必然会走向衰老,这是因为凡是追求极限、达到极端的事物,都不符合"无极"的自然大道。所以,追求强壮的速度越快,就越是不符合自然大道,就越是衰老得快;追求极限的欲望越重,灭亡得就越早。正所谓,物壮则老,是谓不道,不道早已。

战争是人类最残酷最愚昧的行为。《道德经》不是兵书,老子论兵是从哲学的角度,而不是军事学的角度,着重讲战乱给人们带来的严重后果,这是从反对战争这一角度出发的。老子是想告诉我们,和平安定源于恬淡知足,战乱纷争起于贪欲占有,如要以"大道"来辅佐人主,首要之事便在于能使其掌握"三去"之法门,摒弃心中欲望之惑,从而能够明白物壮则老、兵事好还,彻底打消以武力逞强于天下的念头。

原文

夫兵者①，不祥之器，物或恶之②，故有道者不处。君子居则贵左③，用兵则贵右。兵者不祥之器，非君子之器，不得已而用之，恬淡④为上。胜而不美，而美之者，是乐杀人。夫乐杀人者，则不可得志于天下矣。吉事尚左，凶事尚右。偏将军居左，上将军居右，言以丧礼处之。杀人之众，以悲哀⑤泣之⑥，战胜，以丧礼处之。

注释

①夫兵者：一本作"夫佳兵者"。兵者，指兵器。夫，作为发语词。

②物或恶之：物，指人。意为被人所厌恶、憎恶的东西。

③贵左：古人以左为阳以右为阴。阳生而阴杀。尚左、尚右、居左、居右都是古人的礼仪。

④恬淡：安静、沉着。

⑤悲哀：一本作"哀悲"。

⑥泣之：到达、到场。

纪老师说

这是老子为数不多的直接论述军事的内容。上一章的兵是指军队，

纪连海谈 道德经

而本章的兵却是兵器的意思。本文的意思也非常明确地指出兵器是不祥之物，因为它会带来战争和死亡。老子生活的时代之所以称之为"战国"时代，顾名思义，那时候的战争是频繁的，国与国之间基本上没有安宁的日子，战争次数越来越多，规模也越来越大，数万人、数十万人的战争司空见惯。因为战争各国百姓流离失所、背井离乡，战争不仅剥夺了他们的亲人，也剥夺了他们平静生活的权力。正是在这种环境下，老子提出了"夫兵者非君子之器也"的观点，明确提出了他的反对战争的观点，说明了他对战争的厌恶，也表达了战争是违背道德的。最让人感到震撼的是文中将战争作为"凶事"，"战胜，以丧礼处之"。这样的战争观让人肃然起敬。

尽管《道德经》并不是兵书，但是这几章所透露出来的用兵思想还是很有教育意义的，影响了之后很多的军事家、政治家。

据说，春秋时期的管仲就不主张用武力解决问题。管仲作为齐国的宰相，把齐国治理得井井有条，齐国逐渐强大了起来，各地诸侯基本上承认了齐国老大的地位，只剩下楚国不听号令，为什么呢？因为楚国当时也是一个强国，力量和齐国旗鼓相当。齐国要想成为真正的老大，必须征服楚国，让楚国称臣。征服楚国就成了齐国最重要的政治任务。

当时，齐国有好几位大将纷纷向齐桓公请战，要求领兵挂帅攻打楚国，但却遭到了宰相管仲的反对。众将领不服，他解释说："齐楚两个国家，现在国力旗鼓相当。相差不大，如果现在去攻打楚国，胜败难以预料，即使我们胜利了，也将耗尽这些年来辛辛苦苦积攒下来的粮草，更何况，战争打起了，齐楚两国几万生灵将成为尸骨。"

众将领听了后哑口无言，其中有一个将领说："你现在不让我们领兵攻打楚国，那到什么时候去攻打呢？"

管仲笑而不语，反而下了一道命令，他让铸造铜钱的工匠们日夜抢铸铜钱。众人就更摸不着头脑了。

过了些日子，管仲又做了一件让人不可思议的事。他派了百余名商人到楚国去购鹿。当时，鹿是较为普通的动物，楚国盛产鹿，人们把鹿作为肉食动物，很便宜，才两枚铜币就可以买到一头鹿。楚国人问齐国的商人为什么要买这么多的鹿，管仲派到楚国买鹿的商人在楚国到处扬言："齐桓公非常喜欢鹿，不惜重金购买。"

齐国商人开始贩卖鹿，起初3枚铜币一头，过了十几天后，加价到5枚铜币一头。

楚国的楚成王和大臣们闻知此事后，都非常高兴，他们认为繁荣昌盛的齐国就要遭殃了，为什么呢？因为十几年前的卫国国王就是因为喜欢鹤而亡国了，齐桓公喜欢鹿一定会蹈其覆辙。他们在宫殿里大吃大喝，隔岸观火，等待齐国元气大伤后，起兵攻打齐国，让齐桓公俯首称臣。你看看，他们天天做着坐收渔翁之利的美梦呢。

一个月后，商人又从中哄抬物价，鹿价一路涨到了40枚铜币一头。这40枚铜币在当时可以买到什么呢？据传说能够买到1000斤的粮食。一头鹿能换这么多的粮食，高昂的利润使楚国上下变得疯狂起来，楚人竞相到山中捕鹿、卖鹿，农民不再种田，纷纷制作捕鹿的工具，改行做了猎人；连士兵也不再练兵了，背起弓箭偷偷上了山……

一年之后，楚国国内发财了，铜币堆积如山，但田地荒芜，粮食绝收。这时管仲又向各诸侯国发号施令，禁止与楚国交易，不能把粮食卖给楚国。这下不得了了，楚国人穷得只剩下钱了，拿着大把大把的铜币却买不到粮食，全国闹起了饥荒，人们四处逃难，楚国的军队人黄马瘦，完全丧失了作战能力。管仲见时机已到，立即集合八路诸侯人马，

开往楚国边境。大兵压境，楚成王内外交困，根本不是齐国的对手，忙派大臣向齐国求和，保证从此听从齐国的号令。

管仲其实早就洞察了买空卖空鹿的这件事会引起的连锁反应，他广为散布"齐桓公好鹿"的流言。不惜抛出铜币哄抬鹿价，使楚国人再也无心从事农业生产，从客观上切断了楚军的粮食供给，然后果断地集合八路诸侯进兵楚国，逼迫楚王俯首称臣。于是，管仲不动一刀一枪，不死一兵一卒，兵不血刃地治服了本来强大的楚国，为东周列国赢得了一个安定的时期。

因为多数人都是热爱和平的，所以很多名人也都和老子一样，是反对战争的。爱因斯坦就是其中的一位。爱因斯坦一生经历了两次世界大战，他反对帝国主义战争，希望人类得到永久的和平。他一生中发表了很多反对法西斯战争、声援各国人民正义斗争的文章(包括声援中国人民的抗日战争)。这位著名的科学家，不仅对人类科学事业做出划时代的贡献，他的反法西斯的优秀品格也一直为人传颂。

当然，我们也不能片面地去理解老子对待战争的观点，虽然他厌恶战争，但他还是有"不得已而用之"的战争观念，就是说，我讨厌战争，也不会主动挑起战争，但是我却不怕别人的挑衅，迫不得已时不会坐以待毙，也不会只动口不动手，在生死存亡的时候，要勇敢地拿起武器保卫自己的尊严和生命。同时，也不会炫耀自己的胜利，也就是不要以用兵为荣，不穷兵黩武。

原文

道常无名①,朴虽小②,天下莫能臣③。侯王若能守之,万物将自宾④。天地相合,以降甘露,民莫之令而自均⑤。始制有名⑥,名亦既有,夫亦将知止,知止可以不殆⑦。譬道之在天下,犹川谷之于江海⑧。

注释

①无名、朴:这是指"道"的特征。

②小:用以形容"道"是隐而不可见的。

③莫能臣:臣,使之服从。这里是说没有人能臣服它。

④自宾:宾,服从。自将宾服于"道"。

⑤自均:自然均匀。

⑥始制有名:万物兴作,于是产生了各种名称。名,即名分,即官职的等级名称。

⑦不殆:没有危险。

⑧犹川谷之于江海:之于,流入;正文应为"道之在天下,譬犹江海之与川谷"。

纪连海谈 道德经

纪老师说

在《道德经》里面，出现了多个道家理论的专有名词，各有具体的含义，比如"无名"，在第一章中所说的"无名，天下之始"，本章的"道常无名"，以及在第三十七章中将要说到的"镇之以无名之朴"；比如"朴"，本章的"朴虽小，天下莫能臣"。无论道具有"无名""朴""小"等特征，都改变不了它本质的强大，因为究其本质，道所指的是物质世界的实体及其变化的原因和规律。任继愈先生认为："老子的哲学，无论在世界观方面或在辩证法方面，都具有这种素朴的、直观的特点，老子的书中也直观地说明了自然现象的普遍联系。把老子的道看作纯精神的客观实在，与老子的原意不合。"

在古代的哲学思想中，很看重"小"的辩证意义。比如，现在我们耳熟能详的一些话，如"千里之堤毁于蚁穴""勿以善小而不为，勿以恶小而为之""星星之火可以燎原"等。小事物真的具有这么大的力量吗？

我们来看看风，它是无形、无色的，在诗人的眼中这无形无色的风却具有很大的作用，比如"春风又绿江南岸""动枝生乱影，吹花送远香"。我们的科技虽然发达了，但在自然界中，我们只能预测风的大小，依然不能改变它们，特别是在飓风面前，我们只能逃避，却无法战胜它。这无形的风，就像这无名的"道"的代表之一，世间没有人能让它臣服，只有人们顺从于它。

我国长期以来一直是农业大国，所形成的"农历""二十四节气"等，都是对自然的敬畏和顺从。懂得什么时候做什么事情的道理，在正确的时间做正确的事，才有助于动物、植物的生长和成熟，收获丰硕的果实。而我们的中医理论更是遵从了生命的自然规律，比如，《本草纲木》将自然界中的植物特性与人的病理相结合，使得平凡的百草成为治病的良方，这是多么伟大的思想啊！其中有的不正是"……若能守之，万物将自宾"的道理吗？从这个意义上讲，并非只有侯王会受益，每个遵守天道的人都会受益。这其实就是遵守规则的意义。

说起规则意义的问题，我们会马上想起一句非常有名的话，"舟所以比人君，水所以比黎庶。水能载舟，亦能覆舟"。这句话本是魏征进谏的话，唐太宗李世民深以为然，也就经常挂在嘴边，成了他的名言。

唐太宗李世民是一位开明的皇帝，在他统治的时期，社会安定，生产发展，因其年号为"贞观"，史称"贞观之治"。但在李世民刚登基的时候，国家是什么样子的呢？各地的叛乱还未平息，老百姓流离失所，国家满目疮痍。针对当时实际情况，李世民提出了"安人理国"的治国方针，这个方针的内容是什么呢？内容主要包括两个方面：一方面是从最基础的农业入手，实行轻徭薄赋、疏缓刑罚的政策，提高百姓的劳作积极性，让百姓勤于耕种，借此恢复生产，彻底根除战争所带来的满目疮痍。第二方面是接纳大臣劝诫，不再征用大批民工兴建大型工程。李世民推行的安人政策，使国家逐渐稳定、富裕起来，为以后的大唐盛世奠定了坚实的物质基础。

李世民为什么提出"安人理国"的治国方针呢？用他自己的话说就是：为君之道就是要让百姓生活下来，如果你损害百姓的利益来奉养百官皇帝的话，就像割大腿上的肉填饱肚子，腹饱而身毙，你的国家也完了。"安人"之道最核心的内容就是不误农时，不妨碍老百姓的农业生产。道理很简单，历史上讲这种大道理的帝王非常多，但真正做到的有几个呢？

"安人理国"的方针使唐朝变得什么样了呢？我们看看唐都长安的

景象吧。那时的唐都长安号称百万人口,大街上人来人往,非常繁华,外国的留学生、商人非常多。国外留学生来到大唐之后可以学习、生活,甚至可以在朝廷做官。就在贞观时期,中郎将以上官员穿着唐朝官服、长着高鼻阔口、留着胡人模样的人可多了。他们都是自动地心向大唐,这不正是"犹川谷之于江海"的体现吗?

原文

知人者智，自知者明。胜人者有力，自胜者强①。知足者富。强行②者有志。不失其所者久。死而不亡③者寿。

注释

①强：刚强、果决。

②强行：坚持不懈、持之以恒。

③死而不亡：身虽死而"道"犹存。

纪老师说

本章仅仅八句，却句句是人格修养的至理名言，常为后世所引用。八句话内涵极其丰富，广泛涉及知识、学习、力量、财富、志向和长寿等方面的问题。当然，老子的思想离不开对"道"的传播，所以，本章中虽未提及"道"，却句句不离于道。

有学者指出，虽然本章开头写到的"知人者智，自知者明；胜人者有力，自胜者强"都是肯定的语气，但老子的侧重点则在强调自我修养，即"自知""自胜""知足""强行"。这四个词语中，我们对"自胜"接触的少些，那么，什么是"自胜"呢？所谓"自胜"就是我们今天常说的战胜自己，超越自己，说实话，这一点还真是不容易做到

的。老子为什么要强调这些词语呢？因为中国古代士人十分注重自身的品格修养，将自己在社会生活中感悟出来的充满智慧的人生哲理加以总结，成为所谓"格言"，用以律己、治家、诲人，它们是中华文化中一笔可贵的精神财富。

例如，"自知之明"就是从"自知者明"引申而来的，从某种意义上说"人贵有自知之明"就是从老子的口中说出来的。而和"知足者富"相类似的"知足常乐"，不也是"知足者富"的思想中衍生的吗。我们回过头来先看这两句，老子的名言朴素，这章的话更加趋向于白话，这看似浅显的道理，又有几个人做到呢？

就说"人贵有自知之明"吧，在纷纷扰扰的世间，有几个人能真正地了解自己，尤其是还要做到"死而不亡"呢？

话说楚汉之争刘邦胜利后，大摆宴席，宴请群臣，酒酣之际，刘邦向众人问道："各位爱卿，我如何能得天下，项羽又如何失去天下？"

有大臣恭维说："陛下获天时、占地利。有上天保佑，有神灵辅佐，陛下乃真命天子的本色。"

刘邦听了只是笑了笑。

又有大臣继续恭维道："陛下更有人和，奖罚分明，有功必奖，有过必罚，故而众志成城，齐心协力，夺取天下。而项羽嫉妒有才能的人，谁有本事就怀疑谁，最怕别人超过了自己，因此，他才会失败。"

刘邦微微点头。于是众人又你一言我一语，继续恭维刘邦雄才大略，智谋过人，用兵得当……

刘邦听了众臣的话，笑着说："各位爱卿，你们的话也对也不对，对者，只知其一；不对，则不知其二。"

席间一片寂静，众臣都侧耳倾听刘邦的高论："朕乃一介草民，起事时区区一驿亭亭长而已,斩白蛇、举义旗、屡遭挫折,多次濒于灭亡而侥幸复生,但终究图大业,霸取天下,正是由于我尚有自知之明,知道自己的帽子八寸几而已。我非常清楚,论出谋划策,运筹帷幄,决胜于千里之外,我比不上张良;论治国安民,筹措粮草,我比不上萧何;论指挥军队、统兵作战、攻必克、战必胜,我比不上韩信。我为什么能统一天下呢?并不是我刘邦有什么超人的本领、更没有什么神灵保佑。只不过我能看到自己的不足,且能借人之长、补己之短,处处礼待像张良、萧何、韩信这样的能人,信任他们,充分发挥他们的才能,天下是他们帮我打下来的。而项羽却相反,他认为自己了不起,看不到别人的才能,其实他手下也有许多有才能的人,由于他容不得人,有的就投奔到我这里来了,有的隐退、消声匿迹了,连范增这样有本事的人他都不使用,仅靠一人之力,能得到天下吗?"

众臣听了刘邦的话,都心服口服。

刘邦能认识到自己的不足并敢于大胆承认自己的不足,敢于大胆地启用人才,礼贤下士,虚心学习,就是"处无为之事,行不言之教"的圣人行为,这就是刘邦与项羽的差异所在。

人的这一生的确是不容易的,既要想着战胜自己,又要试着战胜别人,战胜的思维模式其实是比较的心智模式。要战胜别人,就是和别人比,要比别人强。要战胜自己,就是要和昨天的自己比,今天比昨天强。如果总是横向比较,人会容易迷失自我。自己的纵向比较,更能有助于认识自己、提升自己和战胜自己。而知足更像是自己和自己的和解,也就是说,既然不能战胜,那么就看看自己拥有的吧。如果眼睛总是盯着自己失去的、自己得不到的,那么无形中就把自己内心营造出"穷"的心境来;相反,如果多看看自己拥有的,自己内心就是"富

有"的心境。这应该是知足者富的思维模式吧。

要自知,要自胜,要自足,这是一个长期的过程,一时的自知、自胜和自足是容易的,一生的自知、自胜和自足是很难的,如果长时间保持这样的心境,也是自己不断修心、调整自我的结果。就像我们常说的"把平凡的事坚持下去就是不平凡"。

著名学者张松如认为:"个人的精神修养,可以使人具有智、明、力、强、富、志、久、寿这些品格和素质,这些都具有积极的意义。"老子极力宣传"死而不亡",这是他一贯的思想主张,体现"无为"的思想主旨。"死而不亡"并不是在宣传"有鬼论",不是在宣扬"灵魂不灭",而是说,人的身体虽然消失了,但人的精神是不朽的,是永垂千古的,这当然可以算作长寿了。这一点我还是比较赞同的。

原文

大道氾①兮,其可左右。万物恃之以生而不辞②,功成而不有③。衣养④万物而不为主⑤,可名于小⑥;万物归焉而不为主,可名为大⑦。以其终不自为大,故能成其大。

注释

①氾:同泛,广泛或泛滥。

②不辞:辞,称说。不辞,意为不说三道四,不推辞、不辞让。

③不有:不自以为有功。

④衣养:一本作"衣被",意为覆盖。

⑤不为主:不自以为主宰。

⑥小:渺小。

⑦大:伟大。

纪老师说

要准确理解《道德经》中有关"道"的问题,关键是要理解"道"的属性。在众多的观点中,最典型的就是唯物论和唯心论两个对立观点的博弈。把"道"的属性看作"唯心论"的学者,认为《道德经》中的"道"是"一个超时空的无差别的绝对静止的精神本体"。对此,著名

纪连海谈 道德经

学者张松如却不这么认为。张松如在《老子校读》中说过:"我们不这样看。'大道泛兮,其可左右',怎么能是'绝对静止的精神本体'呢?而且,就它覆育万物,而不自以为是主宰这方面看,'则恒无欲也,可名小于';就万物归附它,而不知道谁是主宰这方面看:'则恒无名也,可名于大'。无欲、无名、可小、可大,这个'道'又怎么能是'超时空的无差别'呢?"许多学者认为,"道"作为抽象概念,它既不表现物质现实事物的本身,也不能离开形式推论或理论假设的思想,它只是由思维形式表述的一些东西,并不直接适用于对待客观现实的事物和现象。我是赞同张老的观点的。就像时间一样,我们虽然耳朵听不到,眼睛看不到,也无法触摸它,但是它却是实实在在存在的。老子所说的道也是这样,不是个人主观臆想的存在。

并且,本章也阐述了道的存在形式,"大道泛兮",它是真实存在的。在老子眼里,天地之间的大道像河水一般广泛流行、恩泽四方,世间万物没有任何东西是如此存在的。这种存在,像是大自然的恩泽,云雨雷电带给了大自然无限生机,养育了地球上的无数生命,但是它却不是百兽之王,也不是草原霸主,而是"以其终不自为大,故能成其大"。就像我们常说的一句话:"当自以为伟大的时候,正是你渺小的时候。当自以为渺小的时候,却是伟大的时候。"

在中国历史上,有一些"终不自为大,故能成其大"的人,就像周文王姬昌。

周国西伯姬昌由于倡行仁政,发展经济,国势日强,天下民众倾心于周。此时的姜尚,获悉姬昌为了治国兴邦,正在广求天下贤能之士,便来到渭水之滨的西周领地,栖身于磻溪,终日以垂钓为事,以静观世态的变化,待机出山。

一般人钓鱼，都是用弯钩，上面挂着诱饵，诱骗鱼儿上钩。但姜子牙是怎样钓鱼的呢？据说钓钩是直的，上面不挂诱饵，还离水面三尺高。您说这样能钓鱼吗？

一天，有个打柴的来到溪边，见姜子牙这样钓鱼，就对他说："老先生，像你这样钓鱼，100年也钓不到一条鱼的！"

姜子牙笑了笑说："对你说实话吧，我不是为了钓到鱼，而是钓王与侯！"

姜子牙奇特的钓鱼方法，传到了姬昌那里。姬昌知道后，认为这是一个高人，就想把他请来，一共请了三次。第一次派了一名士兵去请。但姜子牙对这个士兵毫不理睬，一边钓鱼，一边自言自语道："钓啊，钓啊，鱼儿不上钩，虾儿来胡闹！"士兵回去后禀报了姬昌。第二次姬昌改派一名官员去请姜子牙。可是姜子牙依然不理睬，边钓边说："钓啊，钓啊，大鱼不上钩，小鱼别胡闹！"第二次没请到，姬昌这才意识到，这个钓者必是位贤才，要亲自去请他才对。于是他吃了三天素，洗了澡换了衣服，带着厚礼，前往磻溪去聘请姜子牙。二人一见面，谈得十分投机。谈的什么呢？姬昌见他学识渊博，通晓历史和时势，便向他请教治国兴邦的良策，姜子牙当即提出了"三常"之说："一曰君以举贤为常，二曰官以任贤为常，三曰士以敬贤为常。"意思是，要治国兴邦，必须以贤为本，重视发掘、使用人才。姬昌听后甚喜，说道："我先君预言'当有圣人至周，周才得以兴盛。'您就是那位圣人吧？我盼望先生久矣！"

姜子牙见他诚心诚意来聘请自己，便答应为他效力。于是，姬昌亲自把姜子牙扶上车辇，一起回宫，拜为太师。从此，英雄有了用武之地。姜尚辅佐文王，兴邦立国，还帮助文王的儿子武王姬发灭掉了商朝，被武王封于齐地，实现了自己建功立业的愿望。

像后来的刘备"三顾茅庐"，都是放低自己的身段，才能求得贤才，成就自己的大业。

原文

执大象①，天下往。往而不害，安平太②。乐与饵③，过客止。道之出口，淡乎其无味，视之不足见，听之不足闻，用之不足既④。

注释

①大象：大道之象。

②安平太：安，乃，则，于是。太，同"泰"，平和、安宁的意思。

③乐与饵：音乐和美食。

④既：尽的意思。

纪老师说

这一章内容告诉我们掌握了大道之象法则之后的奇妙效果。关键是理解"象"这个字。我们知道易经有《象传》，分《大象传》和《小象传》，其中《大象传》解释《周易》六十四卦的卦名和卦意本身，《周易》六十四卦都是画卦，通俗地讲就是图像。老子在《道德经》中的象，和《周易》所说的象有类似，都是因为我国的"象"文化。我们可以从著名学者周玄易的论述中了解象的根源和发展。

他认为，要论述中国唯象学，最关键的就在于这个"象"字。

 纪连海谈 道德经

"象"范畴是经过《易传》系统论述而完整确立起来的,然而意象思维的产生和形成经历了很长的历史时期。在中国新石器时期陶器上的花纹以及遍布中国南北东西的大量岩画,其实已经綮然透露出了意象思维的信息。中国岩画着意在线条,它的风格与欧洲岩画有很大的不同,它们应当是后来国画的滥觞。国画和所有中国艺术,都以"象"为其审美的层面。

因为中国人把重点放在时间上,放在自然整体的过程、行为和功能上,所以他们不可能将"某种具有固定形体"的东西视为世界本质,不可能将本原追溯到有形的"实体"上去。先秦诸子,如老子提出"道",《易传》提出"易",还有一些哲学家以"气",作为世界的本原。这些范畴的共同特点就是"无",它们是实体,但没有形体形质,属于"形而上"的。就是说,中国古代哲人一般不会把世界本原归结为某种或某几种有形的物质元素。老子说:"夫物芸芸,各复归其根"。这根就是指万物的本原。它不是像"实体"那样构成万物,而是具有生息万物的功能,天地万物由它生出,所以称本原为"根"。

老子在这儿所说的"执大象","大象"实际真正意义指的是我们所说的"道"。"道法自然",是法自然之象,通自然之理。掌握了大自然的法则自然无往不利了。先举例说一下违背自然之道的现象,就四个字,这是一个非常有名的故事,就是"拔苗助长",违背法则,再好的心愿都不行。懂得这个法则,那么我们处世的时候就要抓"大象"。可惜的是,很多人往往做些丢西瓜捡芝麻的事。比如,有些老年人,买菜的时候1块钱都斤斤计较,和菜贩讨价还价。可是,遇到电信诈骗,几万、几十万,甚至几百万都心甘情愿地给骗子汇过去。也有些人勒紧裤腰带地节省,一分一分地攒钱,等积累到上百万,就拿去放高利贷,结

果血本无归。这都是只看到蝇头小利,而忽略了大方向。只有从大处着眼,才能无往不利,永远平安。

《周易》说大象无形。老子说"执大象",如何把握大象呢?

"大象"有不同的表现形式,如不同地区的社会文化气息不同,如澳大利亚的社会文化气息、传统内涵就和非洲的不一样。那么,人们喜欢闯世界,就是因为不同地区的"大象"不同,正是因为"大象"不同,吸引了天下人前往。可是,近年来旅游建设的一个误区,就是各地的建筑、游乐设施趋于雷同,这样发展下去,地区之间没有了差别,到哪儿都是那个"大象",那么还有谁会到处旅行呢?

当然,老子所说的"象"绝对不是简单的"地区"之象,它包含了太多的内涵。借用学者米鸿宾的观点,就是这"象"是一个人和民族的思想、观念(含民风);事物的表象,环境之象,气象(精神面貌和气味)。我觉得,这也是中国"象"文化的体现。

中国文化一贯分为道和器两个层次。正如《系辞》所说:"形而上者谓之道,形而下者谓之器。"这就是说,按照上下的标准分,道是上,器是下。其中,"形之可见,有器可凭者为相,形之可见,无器可凭者,为象"。掌握"大象",就是掌握道,就是掌握根本。

掌握了这个"大象",就掌握了事物的规律,掌握了规律,自然而然就能达致"善为易者不占"的境界。

"运筹帷幄之中,决胜千里之外"的诸葛亮,是一位"执大象"的人。

诸葛亮54岁时给他8岁的儿子诸葛瞻写下了《诫子书》,"夫君子之行:静以修身,俭以养德。非淡泊无以明志,非宁静无以致远。夫学须静也,才须学也。非学无以广才,非静无以成学。慆慢则不能研精,

 纪连海谈 道德经

险躁则不能理性。年与时驰,意与日去,遂成枯落,多不接世。悲守穷庐,将复何及!"这既是诸葛亮自己一生的总结,更是对他儿子的殷切要求。在这里诸葛亮以强烈而委婉的语气,表现了一个父亲对儿子的教诲与期望,可谓用心良苦。用现在的话说就是不把眼前的利益看得轻淡就不会有明确的志向,不能平静安详聚精会神地学习,就不能实现远大的理想。

"非淡泊无以明志,非宁静无以致远。"时隔1800多年,虽然历史的人和事早已远去。然而每当读着这句话,仍然感到清新、清澈,洗涤心灵。试想一下孔明当年在草庐之中,必定经常默念这一句话,领会着人生的真谛。那时的他,虽躬耕南阳,却心系天下。在孤灯寒窗下读史,在竹林泉水边对弈,观风云变幻,察星转斗移,虽然不问名利,不求闻达,但天下大事尽在掌握之中。感先帝"三顾茅庐"之恩,这一去,矢志不渝,鞠躬尽瘁,死而后已。作为蜀国丞相,身后未留下一分私财,留下的是千古流芳的精神,以及那一句话时时告诫后人的话:淡泊以明志,宁静以致远

"淡泊明志,宁静致远"不是消极的思想,而是积极的精神。把"淡泊、宁静"当成消极理解是字面上的解释。对于现代社会,变化频繁,丰富多彩。能在各种变化和诱惑中保持平静的心态,经受物质和美色影响,坚定不移去努力,甘于寂寞,保持清静、以阳光的心态不停追求,这就是"淡泊以明志,宁静以致远",这就是"执大象"的胸怀!

"乐与饵,过客止"的意义,有两种不同的观点。一种是说这是在告诫官员不要沉湎于声色犬马之中,要在其位谋其政。在春秋末期,各国统治阶级纵情声色,不关心百姓的疾苦,这深深触动了老子,所以,他用这一章对统治阶级发出警告。还有一个观点是说,一般招待客人时

都要演奏音乐，提供美食，表现出对客人的尊重。从字面的意思来看，"乐与饵，过客止"，就是有音乐和美食会让客人止步，没有音乐和美食就不足以吸引客人。"道"是什么呢？"道"不是音乐和美食，却胜似音乐美食。凡夫俗子只会对音乐和美食动心，却不知道大"道"的妙用。

你看，凡夫俗子会说："音乐和美食是实实在在的东西，或看得见、或听得见、或尝得到。但是'道'是什么？无味、不足见，不足闻。"这是因为凡夫俗子没有理解道的妙用，一个"用之不足既"，说出了"大道之象"无穷无尽、不受限制的特点。

纪连海谈 道德经

原文

将欲歙①之，必固②张之；将欲弱之，必固强之；将欲废之，必固兴之；将欲取③之，必固与④之。是谓微明⑤。柔弱胜刚强。鱼不可脱⑥于渊，国之利器不可以示人⑦。

注释

①歙：敛，合。

②固：暂且。

③取：一本作"夺"。

④与：给，同"予"字。

⑤微明：微妙的先兆。

⑥脱：离开、脱离。

⑦国之利器不可以示人：利器，指国家的刑法等政教制度。示人，给人看，向人炫耀。

纪老师说

本章是老子"以反求正"思想的集中表现。老子以"歙"与"张"；"弱"与"强"；"废"与"兴"；"取"与"与"这四组对立统一体为例子，阐述了事物的两重性和矛盾转化的辩证关系。这种思想，引申到政治上，就是一种阴谋制人的权术思想，这在后来《孙子兵法》中的"欲擒故纵"有所体现，可见，这种思想不仅成为政治家的法宝，也是军事家的利器。毕竟，《道德经》所包含的是天下的大谋略、大战略。绝对不是某些人所说的刻薄与阴险。

从文字上看来，本章的前八句，好像句句在讲阴谋，在讲诡计，所以有些老学究就反对青年人读《道德经》，他们认为可以读儒家的四书五经，学习人伦、礼制。但是《道德经》以道德的名字，却是教人家学坏。一读就学坏了，将来到社会上就成了十恶不赦的坏人了。这其实是冤枉了老子，也是对《道德经》不理解的原因。上一章刚刚说了，老子讲的是"执大象"，也就是天下的大道理，怎么能只从字面的意思就否定这种思想呢？如果学《道德经》却学坏了，这一定是不对的。《道德经》讲的是什么？是大自然的道理，是大自然的法则，人要是能领悟并尊重这一法则，那么就能看懂世间的因果，遵从因果律，也就是"道德"的体现了。

那么，我们要从积极的方面看本章所体现出的思想。上面说到了，这包含了欲擒故纵的军事思想，也包含了物极必反的自然规律。

举例来说吧，鲜花什么时候最美？留心的人就会发现，花快要谢的时候最美。还有，夕阳的光芒最迷人，于是诗人感叹：夕阳无限好，只是近黄昏。这就是"将欲歙之，必故张之"的道理。

这样的例子很多，历史上很多国家，在最光荣的时代，也是衰亡的开始。像不可一世的罗马帝国，在它最鼎盛的时代，也是它开始灭亡的时代。就现代来说，你投资股票，今年行情非常好，很容易就翻番了。这时候就要小心，因为"将欲弱之，必固强之"。也像现代的年轻人，依仗年轻身体好，就透支体力、财力，等到年纪大了，身体不好了，拿

纪连海谈 道德经

钱也买不了健康了。

有时候我们也困惑，也会抱怨：为什么有些人做坏事，却照样发大财？为什么有些好人，辛辛苦苦一辈子，却又穷又苦？这让我想到了中国的一句古话"天将厚其福而报之"，这不和老子所说的道理是一样的吗？老天爷给你更大的发财机会，是麻痹你，让你得意，让你快点灭亡。

古今中外，很多历史人物的成功都出乎我们的想象，比如项羽，他在二十几岁时，用了几年的时间就"天下侯王一手封"，他骄傲地自称西楚霸王，可是结果呢？还不是败给了刘邦？

这是大家都熟悉的例子，我讲一个大家不太熟悉的故事。

两晋末年，幽州都督王浚势力强大，势力一大，野心也就大了，大到什么程度呢？企图谋反篡位。晋朝名将石勒听到这个消息后，心想，谋反篡位，还轮不到你吧，我非消灭了你不可。但当时的王浚想谋反，就一定有谋反的理由，什么理由呢？握有重兵。石勒觉得和他硬拼并不一定有把握取胜。怎么办呢？他决定采用缓兵之计，先麻痹王浚，让他认为自己是拥护他的，然后找机会把他除掉。那石勒是怎么做的呢？他首先派门客王子春带了大量珍珠宝物，敬献给了王浚。并且还写了一封信，向王浚表示拥戴他为天子。信中说，现在社稷衰败，中原处于无主的状态，只有你兵强马壮、威震天下，有资格称帝的只有你了。门客王子春又在一旁添油加醋地吹捧了他一通，说得王浚心里喜滋滋的，信以为真，确认石勒是和自己在同一条战线上的。这样先把王浚稳住了，让王浚知道石勒是和王浚一伙的。过了不久，王浚的一个部下名叫游统，伺机谋叛王浚。游统就投靠了石勒，找他做靠山。石勒为了大局，为了整个计划的顺利实施，就违心杀了游统，并将游统首级献给王浚。就这一招儿，使王浚对石勒深信不疑了。

公元314年，幽州遭受水灾，粮食绝收，老百姓缺衣少粮，民不聊生，在死亡线上挣扎着。而幽州都督王浚不顾百姓的生死，苛捐杂税，有增无减，这样会出现什么结果呢？当然是民生怨道，军心浮动，农民起义随时有可能发生。石勒终于等来机会了，他赶紧调集兵将，亲自率领部队去攻打幽州。这年4月，石勒的部队到了幽州城下，王浚的部下来报告说，石勒领兵来攻打幽州城了，王浚一开始根本不相信，还以为石勒是来拥戴他称帝的，根本没有准备应战的意思。石勒没有费劲就攻进城里，当石勒的部队来到他的府上，他被石勒的将士擒住五花大绑时，才如梦初醒。但为时已晚了，王浚中了石勒缓兵之计，结果是身首异处，做皇帝的美梦也成了泡影。

通过这个故事，我们知道，老子不是教人去使用计谋手段，而是讲因果律，教我们不要忘记了这个"大象"。当你最得意的时候，就要注意到失意的来临，就是这个道理。

人要给自己定好位，找好自己的位置。其实，《道德经》中已经有了这样的思想。"鱼不可以脱于渊"，就是说鱼儿不要离开水，毕竟鱼只是水生生物，如果离开了水肯定要遭殃，所以"龙游浅水遭虾戏，虎落平阳被犬欺"，人要懂得自处之道，是鱼就不要离开水，和"国之利器不可以示人"一样，这是告诉人们为人处事的道理——"小心驶得万年船。"

纪连海谈 道德经

原文

道常无为而无不为①。侯王若能守之②，万物将自化③。化而欲④作，吾将镇之以无名之朴。无名之朴⑤，夫将不欲⑥。不欲以静，天下将自定⑦。

注释

①无为而无不为："无为"是指顺其自然，不妄为。"无不为"是说没有一件事是它所不能为的。

②守之：即守道。之，指道。

③自化：自我化育、自生自长。

④欲：指贪欲。

⑤无名之朴："无名"指"道"。"朴"形容"道"的真朴。

⑥不欲：一本作"无欲"。

⑦自定：一本作"自正"。

纪老师说

《道德经》阐述、解释最多的，就是这"无为"二字。本章开宗明义，指出"道常无为而无不为"。前面也说过，老子的道，是指自然界中万物繁衍、发展、淘汰、新生的规律。那么又怎么理解"无为而无不为"呢？老子哲学的本质是"导"，即引导、循导和顺导。无为的本质是顺于"道"，即顺从万物固有之"道"而导化之，达到万物自化的目的。既然万物都各自遵循其"道"而自我成长，那么就实现了为所不为——万物自身的所为，就是"道"之所为，两者是等同的，所以才说"道常无为而无不为"。换种方式，"无为"就是不妄为、不强为。

有些人，只从字面意思上理解"无为"，说老子的"无为"就是无所事事、万事不管。特别是一些领导，学老子的"无为"思想，就是做甩手掌柜，这其实是不正确的。做领导，就是要遵从自然、人和事物的发展规律，而不能强为、乱为。

我们可以从大禹治水中找到启示。传说尧在位的时候，中原地带洪水泛滥，淹没了庄稼，淹没了人们的房屋，老百姓没地方住了，很多人只得离开家乡到外地去，水患给人们带来了无边的灾难。在这种情况下，尧决心要消灭水患，于是就开始寻找能治理洪水的人。

群臣和各部落的首领都推举鲧。尧一直觉得鲧这个人本事不大，治不了洪水，但眼下又没有更合适的人选，于是就暂时将治理洪水的任务交给鲧。

鲧接到任务后，采用堵的办法，想把水堵住。就这样堵了九年，大水不但没有消退，反而经常决口，给人们带来了更大的灾难。后来尧老了，把大权让给了舜。舜做了首领后，他所碰到的首要问题也是治水，看到鲧治水治了好多年，不但没治理好，反而更差了。就免去了鲧的职务，把他流放到羽山，后来鲧就死在那里。

舜也来征求大臣们的意见，看谁能治退这水，大臣们都推荐禹，他们说："禹虽然是鲧的儿子，但是比他的父亲德行能力都强，这个人为人谦虚，待人有礼，做事认认真真，生活也非常简朴。"舜并不因为他是鲧的儿子而轻视他,很快把治水的大任交给了他。

大禹确实是一个贤良的人,他并不因舜处罚了他的父亲就怀恨在心,而是很高兴地接受了这一任务。考虑到这一特殊而又艰巨的任务,舜又派伯益和后稷两位贤臣和他一道,协助他的工作。

当时,大禹刚刚结婚才四天,他的妻子涂山氏是一位贤惠的女人,同意丈夫前去,大禹洒泪和自己的恩爱妻子告别后,就踏上了治水的征程。

禹带领着伯益、后稷和一批助手,跋山涉水,风餐露宿,走遍了当时中原大地的山山水水。许多无人居住的的地方都留下了他们的足迹。大禹感到自己的父亲没有完成治水的大业,留下了深深的遗憾,而在他的手上这任务一定要完成。他沿途看到无数的人都在洪水中挣扎,他一次次在那些无处安身、到处流浪的人面前流下了眼泪,这也增加了他治理好洪水的决心和信心。

大禹吸取了父亲采用堵截方法治水没有成功的教训,发明了一种疏导治水的新方法,其要点就是疏通水道,使得水能够顺利地东流入海。大禹每发现一个地方需要治理,就到各个部落去发动群众来施工。每当水利工程开始的时候,他都和人们在一起劳动,吃在工地,睡在工地,挖山掘石,没白没黑地干。

大禹治水一共花了十三年的时间,在他的手下,咆哮的河水失去了往日的凶恶,平缓地向东流去,昔日被水淹没的山长出了绿树,农田变成了米粮仓,人们又能筑室而居,过上幸福富足的生活。

古语曰:"得民心者得天下","失民心而立功名者,未之曾有也。"一个国家、一个地区、一个单位,都是如此。以民为本,时刻关注民生,关心人们的疾苦,顺民心,为民排忧解难,积极联系群众,全心全意为人民服务,才能得民心。而以官为本,逆民心,不谋事,专谋人,玩忽职守,贻害人民,终要被人民唾弃。

因为"水能载舟,亦可覆舟","得道多助,失道寡助","失民心者,众之所弃"。这是历史的必然。

德 经

原文

上德不德①，是以有德；下德不失德②，是以无德③。上德无为而无以为④；下德无为而有以为⑤。上仁为之而无以为；上义为之而有以为。上礼为之而莫之应，则攘臂而扔之⑥。故失道而后德，失德而后仁，失仁而后义，失义而后礼。夫礼者，忠信之薄⑦，而乱之首⑧。前识者⑨，道之华⑩，而愚之始。是以大丈夫处其厚，不居其薄⑪；处其实⑪，不居其华。故去彼取此。

注释

①上德不德：不德，不表现为形式上的"德"。此句意为，具备上德的人，因任自然，不表现为形式上的德。

②下德不失德：下德的人恪守形式上的"德"，不失德即形式上不离开德。

③无德：无法体现真正的德。

④上德无为而无以为：以，心、故意。无以为，即无心作为。此句意为上德之人顺应自然而无心作为。

⑤下德无为而有以为：此句与上句相对应，即下德之人顺任自然而有意作为。

⑥攘臂而扔之：攘臂，伸出手臂；扔，意为强力牵引。

⑦薄：不足、衰薄。

⑧首：开始、开端。

⑨前识者：先知先觉者，有先见之明者。

⑩华：虚华。

⑪薄：指礼之衰薄。

⑫处其实：立身敦厚、朴实。

纪老师说

自第三十八章开始，是《老子》下篇，又名"下经"，整个连起来，上经讲"道"，下经讲"德"。本章是下篇的第一篇，是《德经》的纲领性文字，因此极为重要。《德经》是老子依据自身对于人性和人心的深刻了解所总结的如何处理人际关系和社会事务的行为原则，具有非常高深和实用的智慧。上篇第二十一章说道："孔德之容，惟道是从。"指明了德对于道的依存关系，也就是人们常说的，道为体，德为用。如果说"道经"部分是道家智慧基本原理的话，"德经"就是这些基本原理的应用方法了，具有很强的社会实践意义。从具体内容上来看，上篇和下篇在内容上会有重复，但是，因为从不同的角度来看，所以意义是不一样的。这一点，希望大家要明白。

上篇我们对道有了详细的讲解，下篇的核心是德，那么，我们就先从德字的起源说起，一起全面了解一下德的含义，对我们正确把握下篇提供帮助。

甲骨文中的"德"字，从直从行，容庚说"与今之'循'字形近，闻一多认为，德是指"示行而视之之意。"《庄子》中"以德为循"还保留着最古老的意思。后来，德字字形字义发生了巨大变化，后来加入

了"心"字笔画,是甲骨文中行没有的,于是德的含义也从周代开始,引申为正直、善良的心性之意了。

德字在古书中有两种含义。第一种是汉末刘熙所作《释名》中所说"德、得事宜也。"而在《说文解字》中又说"德,外得于人,内得于己也。"也就是说,能抓住事物的根本,从而能"外得于人,内得于己",就是"德"了。

就像武林高手修炼绝世武功一样,要有好的心法,才能将所有招式融会贯通,在战场上灵活运用。德经部分就是老子"道"的具体运用方式,当然不能乱传非人,因为一旦传给了心性不良的人,就会害人害己。

战国时期的韩非受老子《道德经》的影响,曾写过《解老篇》等和《道德经》有关的书籍。但是我们知道,他非常重视《德经》的内容,也就是《道德经》的应用部分,但是却忽略了本章"人类行为的准则"和道的指引,也就忽略了"心法"的修行,最终结果都不太好。尽管他把《道德经》的实用价值挖掘得非常好,也因此受到秦国的重用,让秦国迅速强大的同时,自己也获得了很高的政治地位。只是秦国的统治者不会知道,用他的方法成功的同时,却也给自己的国家种下了祸根。而韩非子本人也没有得到好报,以悲惨的方式告别了人世。

的确,《德经》不好讲,讲不好会闹笑话。毕竟,只有对人性和人心有深刻的认识,对人类和历史有重大的体悟,才能够真正懂得老子德一章的含义。换句话说,能够真正读懂德经的人,就是济世救国,经天纬地之才了,而能用《德经》来施政的人,更是高人了。

那么,上篇论道,下篇论德,所说"上德不德,是以有德","上德"是指什么呢?《道德经》所讲的"孔德""常德""玄德"都是指这里所讲的"上德"。从政治角度去分析和理解"上德"的含义，我觉得"上德"和儒家所讲的"德政"是不一样的。老子的"上德"是"无以为""无为"，是在自然规律的指引下，人们没有功利的意图，不单凭主观意愿办事，这样做的结果当然是无为而无不为，即把"道"的精神充分体现在人间，所以又是"有德"。或者说，老子的"上德"范围更加广泛，而儒家的"德政"只是为统治者提供统治工具，本身就有功利的意图，自然是和老子的"上德"不一样。儒家的"德政"是"下德"，因为"有以为"的"无为"，是统治者抱着功利目的，凭借自己的主观意志行事。

"上德不德，是以有德"，是说具有"孔德、常德、玄德"等上等品德的人，并不认为善是特别的事情，他做善事、好事就像做一件普通事情一样，不但自己不认为是在做善事，也不会让别人看出他在做善事，别人都看不出他是一个"善人"。

上古的道德精神是"阴功积德"。一提到阴，现代人就联系到阴险的一面，这儿的阴有"隐藏"的意味，不是不阳光，而是做了善事却不让人觉察。做了好事别人并不知道，这就是阴德。这也从另外的一面解释了"上德不德，是以有德。"

老子认为，"下德"不是上好的品德。"不失德"就是为了德而去作，有了目的性和功利性，所以是"下德"，下德就是无德了。从佛学来讲，"上德"是"不着相"，不能用高不高明来评价了。"不失德"是"着相"，算不得高明。这是说"下德不失德，是以无德"。

"上德"和"下德"的区别在哪呢？老子说，上德的行为是自然的，不会给人看出来，了无痕迹。而下德的行为会让人看出痕迹，比如孜孜以求，人人都知道他是好人，又知道他经常做好事。这样说来，不要说"道"的境界，上德的境界就不好把握。这倒是给了讲上德的人借口，即使有上德的人和事，却都无从举例，因为一说出来，就不是上德了。因为老子所说的五个层次，不仅是个人的行为层次，也是一个社会的运作模式，这样说来，如果在一个"德"的社会模式中，社会中的每个人都要有"人人都是我"的境界，因此大家会集体认同，人为地设置规则，将富人的部分资源用来帮助穷苦人，也就是我国所提倡的"先富帮助后富"。关键是，富人并不"自居为有功"，因为他们有共同的目标，就是让每个国民都平等享受社会公共资源，国家会尊重每一个个体的自主意识，提供给他们良好的生活保障。在这种国家，富人与穷人之间的差距很小，人人都可以过快乐幸福且自由的生活。

原文

昔之得一①者，天得一以清；地得一以宁；神得一以灵②；谷得一以盈，万物得一以生；侯王得一以为天一正③。其致之④，谓⑤天无以清⑥，将恐裂；地无以宁，将恐废⑦；神无以灵，将恐歇⑧；谷无以盈，将恐竭⑨；万物无以生，将恐灭；侯王无以正⑩，将恐蹶⑪。故贵以贱为本，高以下为基。是以侯王自称⑫孤、寡、不谷⑬。此非以贱为本邪？非乎？故至誉无誉⑭。是故不欲琭琭⑮如玉，珞珞如石。

注释

①得一：即得道。

②神得一以灵：神或指人。灵：灵性或灵妙。

③正：一本作"贞"。意为首领。

④其致之：推而言之。

⑤谓：假如说。帛书作"胃"。

⑥天无以清：天离开道，就得不到清明。

⑦废：荒废。

⑧歇：消失、绝灭、停止。

⑨竭：干涸、枯竭。

⑩正：一本作"高贵"，一本作"贞"。

⑪蹶：跌倒、失败、挫折。

⑫自称：一本作"自谓"。

⑬孤、寡、不谷：古代帝王自称为"孤""寡人""不谷"。不谷即不善的意思。

⑭至誉无誉：最高的荣誉是无须称誉赞美的。

⑮珞珞：形容玉美的样子。

纪老师说

我们知道，《道德经》中每章是没有标题的，好像很散乱，不科学。特别是很多章节，第一句话孤零零地站在前面，和后面的衔接很生硬，但是仔细推敲，你就会发现，其实这第一句话是全章的统领性的文字，其实这样的文字完全可以做每个章节的题目的，就像本章的第一句"昔之得一者"，就是要表达"得一"重要性，并且，全文也是围绕"得一"展开的。

通过前文的阅读，我们知道老子经常用"一"来代称"道"，如二十二章的"圣人抱一为天下式"。在本章中，老子连续八次使用"一"字，可见对"一"的重视。杨兴顺在《中国古代哲学家老子及其学说》中说道："一切在流动着，一切在变化着，但老子认为，变化的基础是统一而不是矛盾的斗争。'天得一以清'……老子揭露了客观世界的矛盾，企图削弱矛盾，遏阻矛盾的尖锐化，为这一目的，他把统一看成万物的基础而把它绝对化。"

老子列举了许多相互矛盾的对立体，并认为对立物相互依存、相互转化，最终归于统一。所以，他一再使用"一"，也表明他认为矛盾和对立总要归于统一。

"天无以清，将恐裂"，太空原本是清净的，现在人类用自己的科技，无论是电磁波这些看不见的，还是宇宙飞船等这些看得见的，都让太空变得不清净。有时候我们太低估太空的力量了，我们打向太空的拳头，很多会被反弹回来，受伤的也只是人类自己。

"地得一以宁"，也是这个道理，但是我们的城市却几乎天天在建设，不是今天挖坑，就是明天挖洞，让人很不安宁。"地无以宁，将恐废"，我们人类赖以生存的地球，原本也是平静的，现在也遭到人类的破坏，比如开采石油、矿产等，使"地无以宁"。大地不能安宁，于是地震频发，洪水肆虐。

"神得一以灵"，神是什么？人天生本来就有神，这儿的神不是神话传说中的众多大仙，神就在我们身体内，就是我们说的"精气神"。如何灵光？这不是告诉我们了吗？要得一。就是要专心致志，一心一意，就能通灵了。如果一个人不好好地学习做人的道理，还要学什么神明，那就是不想做人的表现了。《大学》也讲了如何得一，那就是安静。"知止而后有定，定而后能静，静而后能安，安而后能虑，虑而后能得"，就是这个道理。

反之，"神无以灵将恐歇"，我们的头脑不灵光的时候，就会常说最近晕头转向、糊糊涂涂的，头脑都快要炸了。这就是"神无以灵"的表现。上面说了，只有让自己安静，才能产生智慧，所以要学会休息。不会休息就不会工作就是这个道理。

"侯王得一以为天下一正，其致之"，在做人做事方面，必须达到了这个程度，"其致"，就是做到了、就成功了。历史上很多勤政爱民的官员，就是实现了"得一以为天下一正"。

汉朝时候，出了一位的清官，名叫苏章。他公私分明、为官清正，

纪连海谈 道德经

为老百姓伸张正义,替老百姓做了不少好事,深受百姓的爱戴。

苏章一生办了不计其数的案子,在这许许多多的案子中,有一件案子颇为棘手,令苏章头疼不已,左右为难,但最后的结果让人心服口服,处理方法让人津津乐道。是什么案子呢?就是苏章查办老同学、好朋友、清河太守的贪污受贿案。

有一年,苏章做了冀州刺史,在办理一件案子时,发现有几个账本的账目记得含混不清,他不由得起了疑心,就派人去调查落实。调查的人经过仔细核查,很快有了结果,上报说是清河太守有贪污受贿的嫌疑,且数额特别巨大,因此账目含混不清,其中很大的部分进了自己的腰包。苏章听了之后非常气愤,决心将这个胆大包天的清河太守马上查办。可是当他看到清河太守的名字时,不由得惊呆了。为什么呢?原来这个清河太守是他以前的老同学,也是他那时最要好的朋友,铁哥们。上学时两人总是一张桌子吃饭、一张床睡觉,情同手足啊。他真没有想到这个老同学竟会堕落到这种地步。苏章感到非常痛心,同时,想到自己正在办理这件案子,对老同学、好朋友怎么下得了手呢?苏章左右为难,没有想出好的办法。

回头再说那位清河太守,他知道自己已经东窗事发,万分惊恐、不知所措。可是当他听说冀州刺史是自己当年的老同学、铁哥们苏章时,心里踏实了一些,希望苏章能念及老同学的旧情,给他留些情面。但是对于苏章清正廉洁的名声,他也有所耳闻。这样他的心里没有底,不知道苏章究竟会怎样对待自己。正在他惶惶不可终日的时候,得到了苏章派人请他去喝酒叙旧的消息。

得到这个消息后,清河太守高兴得无法形容啊。赶紧带上厚礼去见这个救星呀。苏章一见老同学,忙迎上去拉着他的手,热情地让他到

酒席上坐下。两个人饮酒说话，痛痛快快地叙着旧情，苏章只字不提案子之事，当时的气氛非常融洽。这时候，清河太守以为苏章对他网开一面，他得意忘形地说道："老同学，我这个人就是命好，别人顶多有一个老天爷罩着，而我却得到了两个老天爷的庇护，实在是幸运啊！来，老同学，喝酒喝酒，我敬你！"

听了这话，苏章把酒杯推开，站起身子整整衣冠，一脸正气地说："今晚我请你喝酒，和你叙旧，是我们的私人情谊，不是公事，与案子无关。明天升堂审案，我会公事公办，公是公，私是私，我绝不能徇私枉法！"

第二天，苏章升堂审案，果然一点也没有徇私情，按照国法将贪赃枉法的清河太守捉拿归案，打入大牢，到秋后就问斩了。

贪多是人类贪婪的表现，贪贵也是如此。玉石很昂贵，但是有什么用处呢？既不能用来盖房子，又不能解一时饥渴。但是人们还是会追求这些物质的东西。引申开来，如果一个人骄傲了，做个高贵的人，也就如美玉一样，不如一块普通的石头有用，也不如一个普通的人对社会贡献大。所以，人生一定要明白这其中的道理，千万不要把自己变成高高在上的废物。

原文

反者①道之动；弱者②道之用。天下万物生于有③，有生于无④。

注释

①反者：循环往复。一说意为相反，对立面。

②弱者：柔弱、渺小。

③有：这里指道的有形质，与第一章中"有名万物之母"的有"相同。但不是有无相生的"有"字。

④无：与第一章中的"无名天地之始"的"无"相同。但不同于"有无相生"的"无"。此处的"无"指超现实世界的形上之道。

纪老师说

本章的内容非常短，就两句话，但是却非常重要。这是老子思想的重要体现，包含了三个重要思想。

第一个重要思想是反，是指事物的发展都会归结于反面。有人认为反是指矛盾双方向着自己的对立面转化，还有人认为是事物运动变化的规律是循环往复。老子的认识是有局限性的，他承认运动，承认运动循环往复、周而复始。他却没有强调必须在一定条件下，才得实现转化，否则是不能转化的。

第二个重要思想是用弱，就像第三十六章的"柔弱胜刚强"的思想，这两点一个是道的运动方向一个是道的妙用。"弱者道之用"，是说"道"在发挥作用的时候，是润物细无声般地柔弱，但并不是消极的，毕竟生物的生长过程是缓慢的、不动生色的，就像种子的嫩芽顶起土块，生命内在的力量是强大的。

最后一个思想就是"有"和"无"，老子认为：虚无为万物之体，虚无与存有同时存在。很长时间以来，人们对老子"有"和"无"的思辩解释不到位。我们可以从黑格尔的《逻辑学》中看到"有、无"统一的论点。著名学者何新认为：黑格尔的"有与无有同一性的命题"，也是老子哲学本论的第一论体。他这样理解黑格尔的学说："有即是无这一命题，从表象或理智性的观点看，似乎是太离奇矛盾了。甚至也许会以为这说法，简直是开玩笑。要承认这话为真理，实难做到。因为有与无就其直接性看，乃是根本对立的。……用不着费好大的机智，就可以取笑'有就是无'这一命题。"

例如反对这命题的人可以说，如果'有'与'无'无别，那么，我的房子，我的财产，我所呼吸的空气，我所居的城市、太阳、法律、精神、上帝，不管他们存在（有）或非存在（无）都是一样的了。

黑格尔指出："足以表示有无统一的最接近的例子是变易。人人都有关于一种变易的表象，甚至都可承认变易是一个表象。而若加以分析，则变易这个表象，包含'有'的规定，同时也包含与有相反的'无'的规定；而且这两种规定在'变易'这一表象里又是不可分离的。所以，变易就是'有'与'无'的统一。"

后人，"无中生有"成了贬义词，也当成了权术和阴谋。

战国末期，七雄并立。在这七雄中，秦国的兵力是最强大的，楚

纪连海谈 道德经

国地盘最大,齐国地势最好。其余四国呢,在各方面没有什么优势,实力相对弱些,如果起了战争,都不是他们三个国家的对手。当时,齐国和楚国的关系很好,结为盟国,秦国想进攻这两个国家的任何一个,都没有取胜的把握。但秦国野心很大,想吞并其他的国家,就得想办法先吃掉这两个有优势的国家,然后其他的国家就很容易吃掉了。办法总会有的,秦国的相国张仪是个著名的谋略家,他向秦王建议,离间齐楚,再分别击之。秦王觉得有道理,采纳了他的建议,让张仪具体操作这件事。

张仪接受了任务,首先出使楚国。他带着厚礼拜见了楚怀王,并对怀王说秦国愿意和楚国结为盟国,为了表示诚意,秦国愿意把商于之地六百里的地方送给楚国,但有一个条件,就是楚国不能再和齐国结盟了。楚怀王一听这话,心想这回赚大了,一得了地盘,二削弱了齐国,三又可与强大的秦国结盟,心里那个美就别提了。有的大臣告诉他,这是秦国的离间计,目的是离间楚国和齐国的关系,削弱楚国。楚怀王只觉得有利可图,其他人的意见根本听不进去,于是不顾大臣的反对,痛痛快快地答应了。

过了几天,楚怀王就派大臣逢侯丑与张仪一起到秦国去签订条约、结为盟国。二人快到咸阳的时候,他们在一个小酒馆喝酒,喝着喝着张仪假装喝醉了,上车的时候从车上掉下来摔伤了,只能暂时回家养伤。逢侯丑自己不能去见秦王啊,只得找了个馆驿住下,等张仪伤好了再一起去见秦王。过了几天,逢侯丑见不到张仪,等得不耐烦了,就上书秦王,要求签订条约。秦王回信说:"既然有约定,寡人当然遵守。但是楚国和齐国的盟国关系还没断绝,寡人怎能随便签约呢?"

逢侯丑把秦王的回信派人向楚怀王作了汇报,怀王哪里知道这是秦

国设下的圈套，为了尽快和齐国断绝关系，立即派人到齐国，到了齐国后，你猜怎么着？大骂齐王。齐王一生气，我怎么和你这样不讲理的混蛋结为盟国呢，立即取消盟约。秦国呢，抓住这一有利时机赶紧与齐国结为了盟国。

这些事完成后，张仪的"病"也好了，"恰巧"碰到了逢侯丑，惊奇地问："咦，你怎么还没有回国？"逢侯丑说："我一直等着同你一起去见秦王，商谈送商于之地一事。"张仪却说："这点小事，不要秦王亲自决定。我当时已说将我国的奉邑六里，送给楚王，这事我说了就算数。"逢侯丑说："你说的是商于六百里！怎么成了奉邑六里？"张仪故作惊讶："哪里的话！秦国土地都是征战所得，来得容易吗？岂能随意送人？你们听错了吧！"

逢侯丑没有办法，只得向楚怀王汇报。楚怀王一听自己被耍了，大怒不已，立即发兵攻秦。可是现在秦国齐国已经结为盟国，一起抵抗楚国，在两国的夹击之下，楚军大败，秦军尽取汉中之地六百里。最后，楚怀王只得割地求和。

怀王中了张仪无中生有之计，不但没有得到好处，相反却丧失大片国土。

历史上的这些故事，其实是将老子思想用偏了，不值得提倡。在现代物理学中，关于古典哲学中抽象讨论的"有无"变迁问题，已经在关于相变与临界现象的研究中发展成为一个极其重要的学科。耐人寻味的是，普利高津将非平衡相变中出现的有序和结构发展为"耗散结构"理论，在领取诺贝尔化学奖时，他对记者说自己的理论得益于中国的老子。

原文

上士闻道，勤而行之；中士闻道，若存若亡；下士闻道，大笑之。不笑不足以为道。故建言①有之：明道若昧；进道若退；夷道若颣②；上德若谷；广德若不足；建德若偷③；质真若渝④；大白若辱⑤；大方无隅⑥；大器晚成；大音希声；大象无形；道隐无名。夫唯道，善贷且成⑦。

注释

①建言：立言。

②夷道若颣：夷，平坦；颣，崎岖不平、坎坷曲折。

③建德若偷：刚健的德好像怠惰的样子。偷，意为惰。

④质真若渝：渝，变污。质朴而纯真好像浑浊。

⑤大白若辱：辱，黑垢。一说此句应在"大方无隅"一句之前。

⑥大方无隅：隅，角落、墙角。最方整的东西却没有角。

⑦善贷且成：贷，施与、给予。引申为帮助、辅助之意。此句意为：道使万物善始善终，而万物自始至终也离不开道。

纪老师说

本章的主旨在于说明"道隐无名"而不为世人所知，并对大道幽隐微妙、深广无限的境界作了一番描述。老子说有三种不同层次的人即"上士""中士""下士"，他们对道的态度各不相同。"上士"即是高明的小奴隶主贵族，"中士"即是平庸的贵族，"下士"即是浅薄的贵族。上、中、下三个层次不是就政治上的等级制度而言，而是表明其思想认识水平的高低而言。"道"的本质隐藏在现象后面，浅薄之士是无法看到的，所以不被嘲笑就不称其为"道"。从老子的言谈中我们可以看出，老子的态度并不是消极的，而是充满着得道者所具有的源自于真理的自信。在他看来，那种能让全场鼓掌、让大家一拍即合的东西一般是不能称作为道的。道的高明和可贵正在于它超越于世俗的成见之上；世人对道的无知和嘲笑非但无损于道，反而更显示出了道的尊贵与光荣。

接下来，老子对"道隐无名"的情形作了一番描述。从"明道若昧"到"质真若渝"一节，主要形容道深藏不露的特征。那么，道为什么会深藏不露呢？那是因为它原本深不可测，具有化育万物、含藏天地的伟大器量。进而显露出大道超越于现象世界以及一切规定性之上的特征。用我们现在的话来说，就是本质与现象的问题。本质与现象是表示万事万物的里表及其相互关系、反映人们对事物认识的水平和深度的一对哲学范畴。世界上的任何事物都是本质和现象的对立统一，透过现象把握其本质是科学的基本任务之一。本质是事物的根本属性，是同类现象中一般的或共同的东西；现象是事物本质的外部表现，是局部的、个别的。因此，本质比现象更深刻、更单纯，现象则比本质更丰富、更生动。不同的现象之间可以具有共同的本质属性，同一本质则可以表现为千差万别的现象。

本章后面所引的十二句中，前六句是指"道""德"；后六句的

纪连海谈 道德经

"质真""大白""大方""大器""大音""大象"则是指"道"或道的形象,道的化身。所以引完这十二句以后,用一句话加以归纳:"道"是幽隐无名的,它的本质是前者,而表象是后者。这部分的十二谏言,从有形与无形、存在与意识、自然与社会各个领域多种事物的本质和现象中,论证了矛盾的普遍性,揭示了辩证法的真谛,这是极富哲理智慧的。

"大象无形;道隐无名。夫唯道,善贷且成",我们要刻苦学习这种道,真正的道,无形无名,以柔克刚,顺其自然,能使万物善始善终。一念起,万水千山,一念灭,沧海桑田。

相传战国时期,梁国梁惠王宫中有位姓丁的厨师,他杀牛剔骨的手艺无与伦比,观看他宰牛剔骨就像是欣赏钢琴演奏一样,简直是一种艺术享受。梁惠王开始并不相信这样说法,他怀疑是别人将这位大厨吹嘘过了头,于是决定亲眼去看看庖丁解牛的过程。只见庖丁沉稳老到,一招一式分外熟练,每个动作都干净利落、十分娴熟。他手所触碰的地方,肩所依靠着的地方,脚所踩着的地方,膝所顶着的地方,都发出皮骨相离声。在筋骨所在部位,只见他将刀轻轻划过,刀子刺进去时响声更大,进刀迅速、出刀麻利、刀法精准,全然不像别的厨师那样费力,筋骨分离声全部都像音乐一样动听,而且他竟然还能将这些声音同《桑林》《经首》等乐曲的伴奏节奏合拍。

站在一旁的梁惠王看呆了,他没有想到世间会有人将如此卑微的事情做得这么出神入化,忍不住高声赞叹道:"真的了不起!你宰牛的技术怎么会有这么高超呢?你是怎么练出来的啊?"

庖丁放下刀子,谦逊地回答到:"其实没有什么特别之处,只是臣下喜欢探究事物的规律,非常熟悉牛的骨骼结构啦。当初我刚学宰牛的时候，眼里看见的都是完整的牛。三年以后，当我对牛的结构已经了如指掌的时候，头脑里就再也看不见整头完整的牛了。而现在，臣去宰牛的时候，只需要用心神去接触牛，头脑里就会呈现牛的形象，而不必用眼睛去看了。我熟悉了牛体的天然生理结构，只要看准缝隙下手，先劈开筋骨间空隙大的地方，然后沿着骨节间的空穴用刀，根本不用大力气就能将骨头剔出来，从来没有剔碰过那些经脉、骨肉粘连的地方，更没有剔碰过那种大块的骨头，所以我手中的这把刀，虽然已经用了几十年，但刀刃仍像刚磨过的一样。"

梁惠王听他说完，问道："这么大一头牛，你就这样轻而易举地将它宰解完了吗？"

庖丁摇摇头说道："每当碰上筋骨交错聚集的地方，我也会特别谨慎、目光集中，小心翼翼，动作放慢，刀子轻轻地划动，'唰唰'几声牛的骨肉便被分解开来。这时，我才提起刀站着，为这一成功而感到心满意足，然后就擦拭好刀，把它小心翼翼地收藏起来。"

梁惠王听了庖丁的这一席话，连忙点头称赞，并有所感悟地说："真是眼见为实啊，今天我看了您的手艺，听了您的这些至简良言，真是学到了不少道理啊！"

其实每一个生物体的结构都是复杂的，"画虎画皮难画骨"。庖丁能够如此完美地解牛，关键在于他熟悉、了解牛的骨骼布局。道幽隐而没有名称，无名无声。只有"道"，才能使万物善始善终。世间万事万物都有其一般规律，只要我们在生活实践中做个有心人，不断探索、追寻、归纳，就能发现事物内在的规律，感悟人生普世的道理，闻其道勤而行之，世间复杂的问题就都会迎刃而解，顺其道而和谐共存。

纪连海谈 道德经

原文

道生一①,一生二②,二生三③,三生万物。万物负阴而抱阳④,冲气以为和⑤。人之所恶,唯孤、寡、不谷⑥,而王公以为称。故物或损之而益,或益之而损。人之所教,我亦教之。强梁者不得其死,吾将以为教父⑦。

注释

①一:这是老子用以代替道这一概念的数字表示,即道是绝对无偶的。

②二:指阴气、阳气。"道"的本身包含着对立的两方面。阴阳二气所含有的统一体即是"道"。因此,对立着的双方都包含在"一"中。

③三:即是由两个对立的方面相互矛盾冲突所产生的第三者,进而生成万物。

④负阴而抱阳:背阴而向阳。

⑤冲气以为和:冲,冲突、交融。此句意为阴阳二气互相冲突交和而成为均匀和谐状态,从而形成新的统一体。

⑥孤、寡、不谷:这些都是古时候君主用以自称的谦词。

⑦教父:父,有的学者解释为"始",有的解释为"本",有的解

释为"规矩"。有根本和指导思想的意思。

纪老师说

我们看到本章第一段话，说到了一、二、三这几个数字，其实这并不是把一、二、三简单看作具体的事物和实际的数量。它们只是表示"道"生万物从少到多，从简单到复杂的一个过程，这就是"冲气以为和"。从这段话里可以看出，老子否定了神的存在，从多元论宇宙观发展为一元论宇宙观，这种思想认识是值得称道的。后来，冯友兰先生在《老子哲学讨论集》中说："老子书说'道生一，一生二，二生三，三生万物，万物负阴而抱阳，冲气以为和'。这里说的有三种气：冲气、阴气、阳气。我认为所谓冲气就是一，阴阳是二，三在先秦是多数的意思。二生三就是说，有了阴阳，很多的东西就生出来了。那么冲气究竟是哪一种气呢？照后来《淮南子》所讲的宇宙发生的程序说，在还没有天地的时候，有一种混沌未分的气，后来这种气起了分化，轻清的气上浮为天，重浊的气下沉为地，这就是天地之始。轻清的气就是阳气，重浊的气就是阴气。在阴阳二气开始分化而还没有完全分化的时候，在这种情况中的气就叫作冲气。'冲'是道的一种性质，'道冲而用之或不盈'。这种尚未完全分化的气，与道相差不多，所以叫冲气。也叫作一。"冯先生的这一分析是很有见地的。在本章后半部分，老子讲了柔弱退守是处事的最高原则，谦受益，满招损，这也合乎辩证之道。也就是说：凡一切事物，如果减损它却反而得到增加；如果增加它却反而得到减损。

亚历山大大帝骑马到俄国西部散心游玩。一天，他来到一家客栈，想走走看看乡村野趣，他穿着没有任何军衔标志的平纹布衣，逛了半天，走到三岔路口时，记不清回客栈的路了。

正好有个军人站在一家旅馆门口，亚历山大走上去问："朋友，你能告诉我去野猪林客栈的路吗？"

那个军人叼着一根大烟，头一扭，高傲地上下打量了一番，傲慢地答道："朝右走！"

"谢谢！"大帝又问："请问这里离客栈还有多远？"

"一英里。"那军人生硬地说，并用大白眼珠子瞥了陌生人一眼。

大帝抽身道别刚走几步又停住了，回来微笑着说："请原谅，朋友，我可以再问你一个问题吗？冒昧地问一下，请问你的军衔是什么？"

军人猛吸一口烟大声说："猜一猜！"大帝风趣地说："中尉？"军人的嘴唇微微动了一下。"上尉？"军人昂着头，摆出一副很了不起的样子说："还要高些。""那么，你是少校？""是的！"他高傲地回答。于是大帝敬佩地向他敬了礼。

少校转过身来摆出对下级说话的高贵神气，问道："假如，你不介意，请问你是什么官？"大帝乐呵呵地回答："你猜？""中尉？"大帝摇摇头说："再猜。""上尉？""再猜。"少校走进仔细看了看说："那么你也是少校？"

大帝镇静地说："继续猜！"少校取下烟斗，那副高贵的神气一下子消失了。他用十分尊敬的语气低声说："那么，您是部长或将军？""快猜着了。"大帝说。"殿……殿下，您是陆军元帅吗？"少校结结巴巴地说。大帝说："我的大少校，再猜一次吧！"

"皇帝陛下！"少校的烟斗从手中一下掉到了地上，他猛地跪在大帝面前，忙不迭地喊道："陛下，饶恕我！陛下，饶恕我！"

"饶你什么？朋友。"大帝笑着说，"你没有伤害我，我向你问路，你告诉了我，我还应该谢谢你呢！"

看看少校的前后嘴脸变化，亚历山大始终保持谦虚，没有高高在上。我们想到什么？为人处世都要谦虚，不可趾高气扬；凡事三思而行，说话也不例外，在开口说话之前也要思考，确定不会伤害他人再说出口，古语说：良言一句三冬暖，恶语伤人六月寒。

所以《道德经》说："人之所恶，唯孤、寡、不谷，而王公以为称。"为什么人们最厌恶的"孤""寡""不谷"等称谓，王公们却用来称呼自己呢？这是因为王公们懂得放低自己、戒骄戒躁，以此使自己时刻谦虚做人、踏实做事。

乌龟向兔子提出赛跑，兔子一听差点儿笑破肚子讥笑道："乌龟，乌龟，爬爬，一早出门采花；乌龟，乌龟，走走，傍晚还在门口。乌龟，你真敢跟俺赛跑？那好，咱们从这儿跑起，看谁先跑到那边山脚下的一棵大树。预备！一，二，三，……"

兔子撒开四腿飞速向前跑，一溜烟的工夫就跑得很远了。它回过头一看，乌龟才爬出起点一小段路呢，心想：乌龟也敢和我们兔子赛跑，简直是天大的笑话！我呢，先在这睡上一觉，让乌龟爬到这儿，不，还是让它爬到前面去点吧，然后我再二蹦三跳地追上去。"哈哈哈，哈哈哈，胜利肯定是我的啦！"说完笑完就把身子往地上一歪，合上三角眼，呼噜呼噜睡着啦。

乌龟使出了九牛二虎洪荒之力，爬呀爬呀爬呀，等它爬到了兔子身边时已经累坏了，乌龟看到兔子在休息，自己实在也想休息会，可它明白兔子跑得比自己快，只有咬咬牙继续坚持爬下去，才有可能赢得比赛。

兔子还在睡大觉，乌龟迈着沉重的步子一步一步向终点爬呀、爬呀、爬呀爬，离山脚下的那棵大树也越来越近了，九步、六步、三步……终于到达目的地了。

骄傲的兔子呢？它可还在睡着觉，做着胜利的美梦呢！等它醒来往后一看，奇怪，乌龟怎么影子都不见了？再往目的地方向一看，天呀，真的不得了啦！乌龟已经爬到了那棵大树底下啦。兔子一看急红了眼，急忙起来飞奔过去，可是为时已晚，乌龟已经把终点绳披在了身上，乌龟赢了，乌龟胜利了。

总之，做人不能太把自己当回事，这样就不会忘乎所以、刚愎自用，对人对事吹毛求疵。李自成因骄傲而失败、龟兔赛跑中兔子因骄傲而失败等历史、寓言故事都告诉我们一个深刻的道理：得意容易忘形，骄傲易致失败。放低自己、及时谦卑、戒骄戒躁、踏实做事。骄傲的人途穷日暮，谦虚的人马到成功。

原文

天下之至柔，驰骋①天下之至坚。无有入无间②，吾是以知无为之有益。不言之教，无为之益，天下希③及之。

注释

①驰骋：形容马奔跑的样子。

②无有入无间：无形的力量能够穿透没有间隙的东西。无有：指不见形象的东西。

③希：一本作"稀"，稀少。

纪老师说

"贵柔"是《道德经》的基本观念之一，除了本章有所论述外，第三十六章以及其他一些章节里也多有论及。本章重申了"柔弱胜刚强"的道理，并推而言及人事，指出无为的益处，感叹世人不能知"不言之教，无为之益"。

"柔弱"是"道"的基本表现和作用，它实际上已不局限于与"刚强"相对立的狭义，而成为《道德经》概括一切从属的、次要的方面的哲学概念。贵柔守雌的本质是天下事物都有它自然发展的规律，把握好，遵循好，驾驭好这个规律就可以成功处世。可是规律是隐含的，所以一定要以柔静、雌守才能获得。而孔子说："柔远人则四方归之。怀诸侯则天下畏之。"也就是天下英雄之所以出头便树敌，功高就招忌，全在气高气满，忘了贵柔的道理。

老子认为，"柔弱"是万物具有生命力的表现，也是真正有力量的象征。如果我们深入一个层次去考虑问题，就会发现老子要突出的是事物转化的必然性。老子并非一味要人"守柔""不争"，而是认为"天下之至柔，驰骋天下之至坚"，即柔弱可以战胜刚强，这是深刻的辩证法的智慧。因此，发现了"柔弱"方面的意义是老子的重大贡献。在后面的第七十八章，老子说道"天下莫柔弱于水，而攻坚强者莫之能胜"与此处有异曲同工之妙。"天下之至柔"其实指的就是"水"，老子喜欢以有形的水来比喻无形的道。

在安徽广德太极洞内，有一块石头，这块石头有什么特别之处呢？它的形状像卧在地上的兔子，在石头的正中间，有一个光滑圆润的小洞。这个小洞是怎么形成的呢？原来在这块石头的上方，有水滴接连不断地从岩缝中滴落下来，而且总是滴在一个地方。几百年过去了，几千年、几万年过去了……水滴锲而不舍，日雕月琢，终于滴穿了石块，形成了现在的样子，成为今天太极洞内的一大奇观。

水滴的力量是微不足道的，可是它目标专一，一直向下持之以恒地滴，时间长了就能把石块滴穿。如果我们也能像水滴那样，坚持不懈，相信细微之力也能够做出很难办的事情来。

只要有恒心，铁杵磨成针。诗仙李白小时候不喜欢读书，有一天，他趁老师在批改作业时，悄悄地溜出门跑到外面玩去了。他沿着小溪走啊走，一边看小鱼儿戏水，一边捡起奇形怪状的小石头。他顺着沙沙的摩擦声看过去，只见一位老婆婆正坐着溪边的石头上磨一根铁杵。李白十分纳闷，连忙走向前施礼并问道："老奶奶，请问您磨铁杵准备干吗啊？"老婆婆说："我想磨根针。"李白大吃一惊地继续问道："不会吧，老奶奶，铁杵这么粗大，怎么能磨成细小的针呢？"老婆婆笑呵呵地答道："孩子啊，世上无难事，只怕有心人。只要我天天坚持不懈地磨，铁杵就会越磨越细，总有一天会磨成针啊！"

聪颖的李白听了老奶奶的话，想到自己的贪玩、读书不用功，心中惭愧万分。他告别老奶奶后转身朝私塾跑去……从那以后，他牢记着老奶奶的故事，牢记着"只要肯下功，铁杵磨成针"的道理，发奋用功读书，终成一代诗仙。

"至柔"能"驰骋于至坚""无有"能入于"无间"，正是无为之为，是大道"无为而无不为"的力量的体现。

南宋绍兴十年七月的一天，杭州城发生了一起大火灾。最繁华的街市失火，火势迅速蔓延，数以万计的房屋商铺就置于汪洋火海之中，顷刻之间化为一片废墟。

有一位裴老板，开了好几家公司，当铺和珠宝店远近闻名，水火无情，火势越来越猛，他呕心沥血的家产将毁于一旦。伙计和奴仆们哭叫着乱作一团，要去抢救贵重物品，但他并没有让伙计和奴仆冲进火海，舍命地救珠宝财物，而是指挥若定，大手一挥，迅速撤离，保住小命，留得青山在不怕没柴烧，一副听天由命的神态，令众人大惑不解。

然后，他不动声色地派人从长江沿岸平价购回大量建筑用材，木材、毛竹、砖瓦、石灰等。当这些材料像小山一样堆起来的时候，裴老板又归于沉寂，整天品茶饮酒，游山玩水。对啊，失火烧了家产，没有办法啊，天天苦着个脸有啥用？逍遥自在吧。

烧了数十日之后，大火就被扑灭了，旧日的车水马龙、繁华热闹不再，满眼的墙倒房塌，一片狼藉。不几日朝廷下圣旨：重建杭州，重建家园。凡经营销售建筑材者一律免税。于是杭州城内一时大兴土木，一时大干快上，建筑用材供不应求，价格陡涨。裴老板趁机抛售建材，获利巨丰，其数额远远大于被火灾焚毁的财产。

柔弱可以战胜刚强，这个故事虽然久远，虽然有垄断、哄抬物价之嫌，但也蕴含了经营的智慧。

其实世界上任何危机都蕴含着商机，且危机愈重商机愈大，这是一条颠扑不破的商业真经。危机常在，而巧渡危机的智慧并不是每个企业和经营者都具有的。作为一个优秀的企业或企业家，不但要善于应对危机，化险为夷，还要能在危机中寻求商机，趁"危"夺"机"。

原文

名与身孰亲？身与货孰多①？得②与亡孰病？甚爱必大费③；多藏必厚亡④。故知足不辱⑤，知止不殆，可以长久。

注释

①多：轻重的意思；货，财富。

②得：指名利；亡，指丧失性命；病，有害。

③甚爱必大费：过于爱名就必定要付出很大的耗费。

④多藏必厚亡：丰厚的藏货就必定会招致惨重的损失。

⑤故知足不辱：今本没有"故"字，据帛书补之。意为懂得满足，就不会收到屈辱。

纪老师说

虚名与生命，金钱与价值哪一个更可贵呢？争夺金钱财富还是重视人的价值，这二者的得与失是怎么样的呢？这些是老子在本章中向人们提出的深奥而又具体的问题，当然，这也是我们每一个人都必将会遇到的问题。我们通过比较研究发现，有人解释说本章内容是讲吝惜生命，与提倡奋不顾身是矛盾对立的两种生命观。而实际上，吝惜生命并不意味着贪生怕死，老子讲这个是对宠辱荣患和虚名货利来说的，不要贪图虚荣、名利，要吝惜自己的价值与尊严，不可自贱其身，自辱自身。如果所有人都有这样的认识，又怎么会出现如此之多不洁身自好的贪官污吏。

在本章内容里还讲到"知足不辱，知止不殆"，这些都是老子为人处世最为精辟的见解和思想概括。"知足"就是任何事物都有自己的发展极限，超出极限则会由量变而引起质变，导致事物必然向它的反面发展。因此，每个人都应该对自己的言行举止有清醒的认识，准确的把握，凡事不可求全。贪求的名和利越多，付出的代价当然也就会越大，积敛的不义之财越多，失去的当然也就会越多。老子是寄希望于人们，尤其是那些手中握有权力的人，他们对财富的占有欲要适可而止，正当之财要知足，不义之财不可取，这样才会做到"不辱"。

"多藏"，其实是指人们对物质生活的过度追求、过分追求，一个人只要对物质利益有片面的追求，就必将会采取一些不正当手段去满足自己的欲望，就必将会采取一些不正当手段试图达到那些不正当的追求，结果有人以身试法，身陷囹圄。"多藏必厚亡"，意思是说过多不义财富的贮藏必将导致人出现严重的损失。当然这个损失并不单单是指物质方面的损失，而是包括人的人格、人的精神、人的品质等多方面的损失。

和珅为什么会受到乾隆皇帝的赏识呢，一般认为原因有以下几个方面。

第一，和珅此人确实有才。他从官学毕业后考过一次科举，但落第之后就听从其岳父的意见去选了侍从。有一次乾隆用《论语》中一句话来下旨：虎兕出于柙。当时在场大臣都不明白什么意思，和珅启示说是皇帝要追究看守人的责任，被乾隆赏识。又一日，乾隆在圆明园的水榭上读书，和珅随侍在侧。不知不觉中，天色渐渐暗了下来，乾隆不久就看不清手中的《孟子》上朱熹的注解了。因为朱熹的注解是用小字排在《孟子》的原文之下的。乾隆就对和珅说："和珅，去拿灯来，这行字，朕看不清了。"当时和珅就问皇上是哪一句，乾隆告诉他之后，和珅就把书上的注全部背了出来。可见和珅有才是乾隆重用的一个原因。

第二，和珅长相清秀。据说是当时第一美男，另有传说和珅长得酷似因乾隆被处死的一个妃子，故而备受重用。

第三，和珅擅长拍马屁。在乾隆日益昏聩的老年，越来越听不进忠言，又好大喜功，自诩十全老人，认为自己能够及得上祖父康熙、父亲雍正，而和珅就用此来麻醉乾隆。而且，和珅知道乾隆深深地爱戴他的母亲。所以和珅就竭尽自己的一切解数来讨好皇太后，特别是在皇太后归天的时候，和珅不是像其他大臣一样说几句无关痛痒的话，而是时刻陪在乾隆身边，痛哭流涕，一连几天，茶不思，饭不想，赢得了乾隆的好感。

第四，和珅被乾隆重用初期，确实做过几件令乾隆高兴的事情。比如审判李侍尧，在乾隆心中留下了清正廉洁的印象。而且和珅在官学内苦读，掌握了汉、满、藏、蒙语，在关键时刻总能发挥作用，深得乾隆喜爱。

第五，和珅的敛财技巧炉火纯青，能为老年乾隆的无限制挥霍提供财源。在乾隆晚年几次下江南中，和珅的捞钱本领给乾隆带来了想不到的好处。和珅此人之所以深得皇帝的宠信，最重要的一条是揣测上意，能够时刻替皇帝赴汤蹈火，把皇帝的事情当成自己的事情办。久而久之，乾隆当然就把和珅当成自己的一部分了，当然会重用了。

不管上述五种说法哪一种是正确的，不管这些说法是否有道理，但

是和珅由此迅速发迹了是真的，是一个客观存在的历史事实。和珅本人从此以后就迅速地登上了权力的顶峰。

至于为什么要追求如此之多的财富，应该与和珅幼年家庭的不幸遭遇有关吧。而这也恰恰为和珅迅速地成为一个贪官，直到他最终被杀埋下了伏笔。

那和珅的家产到底有多少呢？我们依照薛福成《庸庵笔记》中的两份记载合并起来分析，全部合计约值11亿又6百万两。这相当于清朝多少年的财政收入呢？不同的历史学家又有着不同的解释，但是都在15年到20年之间。

人们如果不能按价值规律、分配规律正确面对和处理人与物的关系，不能做到知足常乐，就会给自身带来各种意想不到的危机和灾祸。联想到一些贪官，为了一己私利，为了贪图物质的享受，不惜以权谋私、以身试法，辜负党和人民的信任、培养和期待，最终把自己送上了一条不归路。

原文

大成①若缺，其用不弊。大盈若冲②，其用不穷。大直若屈③，大巧若拙，大辩若讷④。静胜躁，寒胜热⑤。清静为天下正⑥。

注释

①大成：最为完满的东西。

②冲：虚，空虚。

③屈：曲。

④讷：拙嘴笨舌。

⑤静胜躁，寒胜热：清静克服扰动，寒冷克服暑热。

⑥正：通"政"。

纪老师说

本章开篇是对道的描述，可与四十一章中对"道隐无名"的描述互相参看。老子说道具有"大成""大盈""大直""大巧""大辩"等品格，尽善尽美，并且作用无穷。然而道的表现却有不足，是"若缺""若冲""若屈""若拙""若讷"的，这不正是大道造化万物而又深藏不露、纯朴谦虚的特点吗？这是道本身固有的品质，是自然的。

接下来老子将大道深藏若虚而作用无穷推及于人事，以为"清静"

是天下的典范，是治理天下的根本和正道。老子所说的"清静"是和"无为""无欲"联系在一起的。面对时世的混乱，老子希望统治者能克制自己的贪欲，弱化统治意志，减少烦苛的政治干预，减轻人民的负担，给人民自我发展留下更多的自由空间。

任继愈先生在《老子新译》中说："'大成若缺，其用不弊。大盈若冲，其用不穷。大直若屈，大巧若拙，大辩若讷。静胜躁，寒胜热。清静为天下正。'以上内容反映的是辩证法思想。老子说有些事物表面上看起来是一种情况，而实质上却又是另一种情况。表面的情况和实际的情况有时相互对立、完全相反。要有所为，有所不为。实行'无为'的思想，势必能取得更大的成功。"这是对老子思想的充分肯定。

老子运用辩证法思想去认识人、认识事物。尤其那些国富兵强，为君王拓地千里，并国数十，屡立奇功的王侯将相，要清醒地认识自己，把准自己的缺陷、不足；丰功伟绩如果都能以细小视之，才会其用无穷。

明太祖朱元璋，是明朝开国皇帝。他幼小的时候，家里非常贫穷，因为生活所迫，传说他曾为地主放牛，甚至还去了皇觉寺做了和尚。25岁的时候，参加了郭子兴领导的红巾军反抗元朝，英勇善战，后来成为起义军的领袖，带领起义军征战多年，击败各路强敌后，在应天府称帝，国号大明，年号洪武。然后结束了元朝在全国的统治，平定四川、广西、甘肃、云南等地，统一中国。

朱元璋一介平民，靠什么做了皇帝呢？后人认为他的"高筑墙，广积粮，缓称王"九字方针起了重要的作用。那么这九字方针是谁提出来的呢，起了什么作用呢？下面我们就来谈一谈这个问题。

朱元璋参加了郭子兴领导的红巾军后，一路攻城略地，重兵包围了徽州城。为了避免老百姓受到伤害，59岁的朱升冒着万箭穿心的危险，独自来到徽州城下，说服了守城的元帅福童开城归降，通过这件事，朱元璋记住了朱升这个有勇有谋的人。

后来朱元璋进攻婺源的时候，攻了很久都没有成功。这时一个部下说你还记得朱升吗？他就住在这里，问问他有什么办法能攻下这座城。朱元璋便去拜访朱升，朱升不想加入到整天打打杀杀的队伍中，就留下了锦囊计却避而不见。朱元璋依计而行，一举获胜，从而更加钦佩朱升，决心再访，一定要请他出山。

他得知朱升隐居石门后，接受了上次的教训，将所率领的卫队佯装成商队，由江西绕浙江，过连岭，悄悄来到朱升教馆前，请求朱升辅佐他打天下，朱升避之不及，婉言拒绝。朱元璋无奈，恳求安邦定国的大计。朱升呈交出"高筑墙、广积粮、缓称王"三策，朱元璋一听，心中豁然大亮，当即拜朱升为中顺大夫。

高筑墙，就是首先要建立一个强大而巩固的根据地。公元1356年，元朝的水军在采石矶被朱元璋歼灭，集庆城里元军投降，朱元璋胜利进入集庆。他将集庆改名应天府，从此有了一块比较稳定的有发展前途的根据地。

广积粮，当时虽然朱元璋占据的江淮之地是富庶之地，但当时自然灾害严重，不一定年年都有好收成。更重要的是"兵马未动，粮草先行"，战争的成败，在很大程度上取决于战略储备。朱元璋非常懂得这个道理，每到一地，他总要关心当地农业生产，鼓励种田养蚕。他亲自安排军队耕种粮食，称为屯田。任命专管官员，负责修筑堤防，兴修水利，确保粮食丰收，保证了军粮的供应。

缓称王，当时的元朝虽然是日落西山，但仍然拥有无比雄厚的实

力,当时的中国,基本是元朝坐拥北方,而各地起义军在南方,当此之时,朱元璋还不是最强的几个义军首领,这种时候谁先称王谁就会被元朝优先打击,让朱元璋推迟称王,当元朝的军队和其他几个起义军打得两败俱伤之时,他坐拥渔人之利。

朱元璋正是在这一方针下,一步步完成统一帝业的。

原文

天下有道，却①走马以粪②。天下无道，戎马③生于郊④。祸莫大于不知足；咎莫大于欲得。故知足之足⑤，常足矣。

注释

①却：摒去，退回。

②走马以粪：粪，耕种，播种。此句意为用战马耕种田地。

③戎马：战马。

④生于郊：指牝马生驹于战地的郊外。

⑤故知足之足，常足矣：知道满足的这种满足，是永远满足的。

纪老师说

张松如先生在《老子校读》一书中说道："《道德经》第四十六章前四句表达了反战思想。就当时而言，在春秋列国与各贵族集团间频繁的兼并、掠夺战争，老子是十分反对的。尽管有不同意见谈这些战争，从主流来看也有一定的进步趋势，但是对于人民，特别是对于当时从事农业生产的广大劳动人民来说，战祸所带来的种种暴行、惨祸、灾难痛苦是可以预见的。从这个角度来看老子反对这些战争就是理所当然的啦。也有人分析说老子也是兵家，而自古以来，又哪里会有反战的兵

纪连海谈 道德经

家呢？老子反战，是因为他认为战争是由于封建统治者不知足、贪心重而引起，只要是能知足，不过分贪求，就不会发生战争。'知足之足，常足矣'。这是一种唯心主义史观，至于'寡欲''知足'等思想的提出，是说懂得知足知止而心无贪求，才能经常适可而满足。这种思想对当时封建贵族集团的无厌欲求，无异于是一个强烈的抗议。"

胡寄窗先生在《中国经济思想史》中说："寡欲的具体表现是'知足'。老子学派把知足看得非常重要，以为知足可以决定人们的荣辱、生存、祸福。不仅此也，他们并将知足作为从主观上分辨贫富的标准。如知足，虽客观财富不多而主观上亦可自认为富有，'知足者富''富莫大于知足'。因此知'足'之所以为足，则常足矣，常足当然可以看作是富裕。反之，客观财富虽多，由于主观的不知足，贪得无厌，能酿成极大的祸害。从这里可以看出老子的财富决定于主观的知足与不知足，亦即决定于'欲不欲'，所以带有唯心主义色彩。但他们很重视客观刺激对产生欲望之作用。如他们说'乐与饵，过客止'。寡欲与知足是不可分割的。未有能寡欲而不知足者，亦未有不寡欲而能知足者。老子提出寡欲、知足，对当时当权贵族的无厌欲求是一个强烈的抗议，但对一般人来说，持有这种观点，就会把人引导到消极退缩的道路上去，就会使经济基础的发展从意识形态方面受到阻碍。"

张松如先生和胡寄窗先生的上述论说是中肯的。因为战争的起因往往是侵略者一方野心勃勃、攻占城池、吞并邻国，扰害百姓。我们研究觉得本章内容是警醒当政者不可贪得无厌，要以"清静无为"为戒条，这才是为社会的发展、民众的安定而殚精竭虑，这才是值得肯定的。

秦王嬴政派李信率20万大军伐楚，中了楚将项燕的诱敌深入之计，秦兵大败。秦王又派老蒋王翦伐楚，王翦要求秦王给他60万大军，于

是，秦王下诏在全国征兵，凑足了六十万大军。

出发那天，秦王亲自送行，并拉着王翦的手笑道："愿老将军早奏凯歌！"秦王虽然在笑，但笑得很不自然。大军出发后，他还站在那里不肯回宫，为什么呢？因为他心里不踏实呀，全国所有的兵将都交给了王翦，不怕一万，就怕万一啊！

王翦当然知道秦王的想法，为了让秦王消除对自己的怀疑，在军队离开灞上不远，王翦就策马回来。此时，秦王嬴政还站在那里，见王翦一人返回，不解地问："将军为什么返回呀？"王翦说道："我老了，以后替大王出力的机会也已不多了，趁我现在还能动的时候，想为子孙谋点儿福利，我只求良田美宅！"秦王一听，爽快地答应："京城西边一万亩良田就是你的了！"

王翦一听，心里踏实了，连忙策马回去了。过了不久，他又派儿子王贲来见秦王，要求把咸阳东头的五栋府第赏赐给他。秦王道："准了，赐府第八处。"王贲连忙谢恩而去。

大部队还在行进途中，王翦又派人去拜见秦王，再次要求把所赐府第周边的五十里作为他的猎场。秦王一听，哈哈大笑："王将军也太多虑了，只要能灭楚，我何惜封赏啊？"于是下诏，赐一百里作为狩猎休憩的场所。

作为一个统帅，大战之前求田索舍，为子孙谋福利，他的许多下属大为不解，都认为王翦做得太过分了，甚至他的二儿子王苗都指责他。

王翦私下对王苗说："秦王把六十万大军交给我，能放心吗？我请了一次，秦王不相信，再请两次、三次呢？他就会相信的，不会多疑了。"正如王翦所料，秦王回宫后就对左右说："求田索舍，我以前以为王翦是英雄，今日看来他并非真英雄啊！"

 纪连海谈 道德经

大军到达秦楚交界处时,王翦总结了上次伐楚失败的教训,命令部队停止前进。然后筑垒设防,不与楚军作战。休养生息,整训军马,增强体力,做好一切充分准备。

楚将项燕见王翦按兵不动,大为迷惑,也不敢贸然出击,只能与之相持。这样坚持了一年多,项燕以为秦军没有攻取之意,决定引军而去。正当楚军放松戒备,准备东归的时候,王翦率六十万大军猛扑过去,楚军仓皇应战,十分被动。经数日激战,楚军主力大都被歼灭,项燕只好率残部向江浙一带退去。见项燕败退,王翦在后面猛追不舍。直至攻下项燕的最后据点,楚国灭亡了。

秦王统一了中国,王翦马上交出兵权,不再过问兵事,过着隐居生活。当然秦王也未食言,不仅兑现了对王翦的全部许诺,而且还拜王翦之子王贲为大将,子孙五代世袭。

作为一代名将的王翦,机智地处理自己与秦王的关系,求田索舍,功高不震主,最后避免了受谗被杀的悲剧,安然地走完了自己的一生。

人的欲望是无止境的,欲望太强烈,就会造成种种痛苦和不幸。有的人活得很快乐,因为他懂得知足;有的人活得很悲惨,因为他不知满足,总有无穷无尽难于实现的欲望。欲望越小,人生才会越幸福。心,只有一颗,不要装得太多;人,只有一生,不要追逐得太累。世界上美好的东西实在多得数都数不过来,在纷繁复杂的现实生活中,需要一种知足的心态,更需要一种常乐的状态,懂得知足常乐的人才会过得幸福、快乐。

原文

不出户，知天下；不窥牖①，见天道②。其出弥远，其知弥少。是以圣人不行而知，不见而明③，不为④而成。

注释

①窥牖（yǒu）：窥，从小孔隙里看；牖，窗户。

②天道：日月星辰运行的自然规律。

③不见而明：一本作"不见而名"。此句意为不窥见而明天道。

④不为：无为、不妄为。

纪老师说

陈鼓应先生在《老子注释及评介》中说道："老子认为世界上一切事物都依循着某种规律运行着，掌握了这种规律或原则，当可洞察事物的真情实况。他认为心灵的深处是透明的，好像一面镜子，这种本明的智慧，上面蒙着一层如灰尘般的情欲（情欲活动受到外界的诱发就会趋于频繁）。老子认为我们应透过自我修养的功夫，作内观返照，净化欲念，清除心灵的蔽障，以本明的智慧，虚静的心境，去览照外物，去了解外物和外物运行的规律。"我们同意陈鼓应先生的见解。

以往批评老子的认识论是彻头彻尾唯心主义先验论的论著，都要引

 纪连海谈 道德经

"不出户,知天下"作为论据,这样的认识实际是一种误解。老子是一位博学多识之人,他有丰富的生活实践经验。在以前的若干章节中,我们可以看到许多涉及社会生活和自然界的内容,这些都表明老子极为重视生活实践。但更重要的是,老子是极富智慧之人,是有丰富思想的哲人。他的意思是,并不是什么事都只有经过本人的实践才能认识,那是极不现实的。因此要重视理性认识,间接知识。"不出户""不窥牖"这类极而言之的强调手法,古往今来都是普遍适用的。不过,我们的看法是,研究老子,研究《道德经》,应当深入体会其中蕴含着的真实观点,不可望文生义,更不可片面理解。同时,还要坚持历史唯物主义的思想方法。因为正确地说明感性认识和理性认识的辩证关系不是春秋时代的思想家们所能够解决的重大哲学论题。

公元383年,苻坚率领百万大军南下,志在吞并东晋,统一天下。大兵压境,东晋首都建康一片恐慌,只有谢安镇定自若,以征讨大都督的身份负责军事,并派了谢石、谢玄、谢琰和桓伊等人率兵8万前去抵御。谢玄手下的北府兵虽然勇猛,但是前秦的兵力是东晋的十倍,谢玄没有必胜的把握,心里有些紧张。出发之前,谢玄特地到谢安家去告别,请示一下这个仗怎么打法。哪儿知道谢安听了像没事一样,轻描淡写地回答说:"我已经有安排了。"谢玄心里想,谢安也许还会嘱咐些什么话。可是等了很长时间,谢安也没说什么。谢玄回到家里,心里还是不踏实。过了一天,他又请朋友张玄去看谢安,托他向谢安探问一下。

谢安一见到张玄,便邀请他到他的一座别墅去玩赏。到了之后,看到许多名士已经先到了。张玄想问也没有机会。谢安请张玄陪他一起下围棋,还跟张玄开玩笑,说要拿这座别墅做赌注,比一下输赢。张玄是个好棋手,平时跟谢安下棋,他总是赢,但这一天,张玄根本没心思下

棋，当然输了。下完了棋，谢安又请大伙儿一起赏玩假山盆景，整整游玩了一天，到天黑才回家。

回到家后，谢安才把谢石、谢玄等将领，都召集到自己家里，把每个人的任务都交代清楚、安排妥当。大家看到谢安这样镇定自若，也增强了信心，高高兴兴地回到军营。

383年5月，桓冲率10万荆州兵伐秦，以牵制秦军，减轻对下游的压力，苻坚派苻睿、慕容垂、姚苌和慕容暐等人迎战，自己亲自率领步兵60万，骑兵27万，以苻融为先锋，于8月大举南侵。苻坚的先行部队抵达淝水后，临水布兵，背水一战。东晋的军队派出使者前去交涉说："贵国的军队这么大老远地跑过来，却临水布阵，我国的军队都没过来，这仗怎么打，不如你们往后退一点点，挪出一块地方，让我们的军队过来，咱们双方一决雌雄，如何？前方的军队往后移动，后方的军队不知道什么情况，以为吃了败仗，同时军队中还有喊"苻坚败了"，苻坚的军队一下子如同鸟兽作散，乱成散沙。苻坚的弟弟苻融亲自出马都阻止不了，自己反而战死。趁苻坚的军队"乱七八糟"之时，已经渡过河的东晋军队岂能放过如此"良机"，于是趁机出击。苻坚身中流箭，落荒而逃，秦军大败。

当淝水之战的捷报送到时，谢安正在院子里与客人下棋。他看完捷报，便放在座位旁，不动声色地继续下棋。客人忍不住了，问他什么事，谢安淡淡地说："没什么，孩子们已经把敌人打败了。"直到下完棋，客人走后，谢安才抑制不住心中的喜悦，手舞足蹈地回屋时把木屐底上的屐齿都碰断了。

大智，是一种实践的精神。用佛家的语言来概括儒家的这一思想，便是"明心见性"。其实质就是以智者不惑而达到仁智合一，而正因有

此智心，才能明辨是非善恶，洞察曲直真伪，一切言行才能合乎道德。

有真才实学的人表面看上去好像很愚笨，不炫耀自己的才华。知识、经验与智慧的关系就像是生活与艺术的关系一样，艺术来源于生活又高于生活，智慧来源于知识和经验，却又高于它们。但在现实生活中，被知识和经验蒙蔽双眼的大有人在。所受到束缚尤其严重的，正是那些知识渊博、经验丰富的人。一个想获得真正智慧的人，首先要学会的便是放弃心中的一切成见，将所有的知识和经验当作起步的基础，而不是唯一的跳板。他会像一个刚刚懂事的孩子一样，好奇地观望着世间的一切，用新鲜的目光打量，做出最单纯的判断，只有如此，才不会被沉甸甸的偏见砸了自己的脚。

原文

为学日益①，为道日损②。损之又损，以至于无为。无为而无不为③。取④天下常以无事⑤，及其有事⑥，不足以取天下。

注释

①为学日益：为学，是反映探求外物的知识。此处的"学"当指政教礼乐。日益：指增加人的知见智巧。

②为道日损：为道，是通过冥想或体验的途径，领悟事物未分化状态的"道"。此处的"道"，指自然之道，无为之道。损，指情欲文饰日渐泯损。

③无为而无不为：不妄为，就没有什么事情做不成。

④取：治、摄化之意。

⑤无事：即无扰攘之事。

⑥有事：繁苛政举在骚扰民生。

纪老师说

任继愈先生在《老子的研究》《老子哲学讨论集》中都曾认为："老子承认求学问，天天积累知识，越积累，知识越丰富。至于要认识宇宙变化的总规律或是认识宇宙的最后根源，就不能靠积累知识，而要靠'玄览''静观'。他注重理性思维,指出认识总规律和认识个别的东西的方法应有所不同。老子的错误在于把理性思维绝对化使他倒向了唯心主义,甚至陷于排斥感性知识。"

张松如先生在《老子校读》中谈到:"'为学者日益,为道者日损',并不是老子的一种神秘的、蒙昧的反理性的主张,而是一定发展中的历史现象在观念形态上的客观反映。""本章正是从认识论和方法论上,概括了对'礼'所作的探源与批判,而且是具有相当深刻性的。""在这剖析过程中,由于受着不得突破的阶级和历史的局限,在所推导的结论中,还带有一定程度的复古主义色彩,显示了骸骨迷恋的情绪,而不曾投射出向前看的目光。然而,这并不能掩盖它有关'学'与'道',有关'日益'和'日损'的辩证思维的光辉。"

"无为而无不为"是老子提出来的哲理命题。在中国古代,事实上主张"无为"的不止老子一人,孔子就曾说过"无为而治者,其舜也与,夫何为哉,恭己正南面而已矣。"这句话是说"自己不做什么事情而使得天下太平的人,大概只有舜帝了,他做了些什么呢?他只是庄重端坐在他的王位上而已。"老子把"无为"的思想发挥到极高的程度,从哲学高度来论证"无为"的社会意义。"无为"表面看来,似乎是一种后退的手段,但真正的目的,则在于避开前进中所存在的矛盾和问题,从而占据主动,以达到"无不为"的最终目的。

孔子年轻的时候,就掌握了丰富的知识,已经是远近闻名的老师了。但他总觉得自己的知识还不够渊博,三十岁的时候,他离开了家乡曲阜,去洛阳拜大思想家老子为师。

曲阜和洛阳相距上千里,那时候交通非常不方便,路况差,交通工具差,最好的交通工具就是马车。孔子坐在马车上一路向西,风餐露宿，日夜兼程，不知受了多少苦，经过几个月行程，终于走到了洛阳。

在洛阳城外，孔子看见一驾马车，车旁站着一位七十多岁的老人，穿着长袍，头发胡子全白了，看上去很有学问。孔子想：这位老人大概就是我要拜访的老师吧！于是上前行礼，问道："老人家，您就是老聃先生吧？""你是——"老人见这位风尘仆仆的年轻人一眼就认出了自己，有些纳闷。孔子连忙说："学生孔丘，特地来拜见老师，请收下我这个学生吧。"老子说："你就是仲尼啊，听说你要来，我就在这儿迎候。研究学问你不比我差，为什么还要拜我为师呢？"孔子听了再次行礼，说："多谢老师等候。老师啊，人的生命是有限的，而学习是没有止境的。您的学识渊博，跟您学习，一定会大有长进的。"

从此，孔子每天不离老师左右，随时请教。老子也把自己的学问毫无保留地传授给他。人们佩服孔子和老子的学问，也敬重他们的品行。

俗话说得好："一日之计在于晨，一年之计在于春，一生之计在于勤。""业精于勤而荒于嬉。""书山有路勤为径，学海无涯苦作舟。""勤能补拙"……勤劳勤奋是中华民族几千年来形成的传统美德。

勤奋是我们每一个人应该时刻记住的事情。在学习上不勤奋努力就难成学业，在耕耘中不勤苦努力就难有收获，在工作中不勤劳就难以有所回报，在生活上不勤俭节约就难以有所积蓄。

"业精于勤而荒于嬉"这句至理名言出自韩愈的《进学解》，它所告诉我们的真理就是：学业是通过勤奋而精通的，但它也是在嬉笑玩闹中荒废的。古今中外，多少事业有成的人成功的密码都来源于勤。惧怕勤劳，产生惰性的主观原因是试图躲避看似困难的事情，怕艰难，图安逸，积坏习惯成性。从心理的角度来看，人一旦长期选择性躲避艰辛的

纪连海谈 道德经

工作，就会形成心理上的定式，久而久之就会养成不良习惯，而坏习惯久而久之就会形成不良的性格倾向。

一个人，如果没有对事业孜孜不倦的追求，又怎么能成就一番事业？"生于忧患，死于安乐。"如果一个人被庸俗无聊的世俗所腐蚀，纵使他是一块闪闪发光的金子，也总会有一天光辉不再。如果一个人没有对事业经久不懈的执着，必定难以与时俱进、勇往直前。纵然今天的成绩再辉煌，一旦停止努力，则如逆水行舟不进则退。少壮不努力，老大徒伤悲。白了少年头，唯有空悲切。

我们看看大名鼎鼎的庄小威的简历吧。庄小威1972年出生于江苏省如皋县，1987年毕业于苏州中学的科大少年班预备班，1991年，获得中国科学技术大学物理学学士，1997年，她获美国加州大学伯克利分校物理学博士，1997年至2001年于斯坦福大学攻读博士后。她34岁成为哈佛大学的化学和物理双学科正教授，是哈佛大学物理系和化学系少有的双科教授，她在哈佛大学建立了自己的实验室，还是霍华德·休斯医学研究所的研究员，作为年仅40岁的女性，庄小威在科学殿堂里取得的成就令人瞩目，2012年5月1日，她当选为美国国家科学院院士。

受北京大学"大学堂顶尖学者讲学计划"邀请，2012年8月21日，华裔美籍生物物理学家庄小威教授在北京大学作了一场精彩的报告。

报告中，她向北大学子坦诚地讲述了自己的科学人生，以及她对如何做学问的理解和探索。让人们了解到国际顶尖学者做学问的状态，同时，也对当下学生、学者和学术界如何做好学问有着很好的启发。

庄小威开始选择研究生物时，对生物一点了解都没有，甚至在大学没修过生物，连DNA和RNA的区别都不知道。"我完全是一种无知而无畏的感觉。当然，事情不会这么简单，有两年我什么也做出不来，拼命

地想找题目做，找的那些题目都是一些很无聊的，很没意思的题目，因为我对生物没了解。我哭过很多回，最后咬咬牙还是坚持下来了，最后还是做出了一些有意思的东西。"

所谓"有意思的东西"，是她用自己扎实的物理功底，带领研究团队发展超分辨率显微镜技术，识别个体病毒粒子进入细胞的机理，并用单分子技术从本质上研究核酸与蛋白的相互作用，她曾拍摄到单一枚感冒病毒如何影响一枚细胞，这是首次有科学家记录到这一过程。

庄小威说："这个过程告诉我做事情就是要持之以恒，不要放弃，要坚持，要不怕困难地做下去，要有耐心，不要追求那种短期就能出成果的东西。"在这一点上，她从知名化学家、生物物理学、哈佛大学教授、美国科学院院士谢晓亮身上学到很多，"他常常会用4年甚至更长的时间来做一个研究，他发现自己做错了东西，也不放弃，重新开始做，所以，坚持是一个很重要的东西，是他获得成功的一个很重要的元素，对我也意义重大。"

总结自己在做学问上一路走来的经验，她说："我从小到大就想做科学家，因为很省事儿，没有外界的干扰，一门心思想做好学问就行，这点对我帮助很大，一心一意做一件事情很难有做不好的。""无为而无不为"，正是庄小威抛除私心杂念，才有所作为。

勤奋是成功的根本，只要勤奋就能克服一切困难，成就一番事业。就算有再好的先天条件，如果后天不勤奋努力，也难取得很好的成绩。勤奋是快乐，是幸福，是生活快乐的源泉，是人生成功的兴奋剂，更是人人应具备的优良品德。

原文

圣人常无心①，以百姓心为心。善者吾善之；不善者吾亦善之；德善②。信者吾信之；不信者吾亦信之；德信。圣人在天下，歙歙③焉，为天下，浑其心④，百姓皆注其耳目⑤，圣人皆孩之⑥。

注释

①常无心：一本作无常心。意为长久保持无私心。

②德：假借为"得"。

③歙：音（xī），意为吸气。此处指收敛意欲。

④浑其心：使人心思化归于浑朴。

⑤百姓皆注其耳目：百姓都使用自己的智谋，生出许多事端。

⑥圣人皆孩之：圣人使百姓们都回复到婴孩般纯真质朴的状态。

纪老师说

本章旨在阐明圣人之治，认为圣人治理天下，能摒弃主观意志和成见，能宽容待人，和光同尘，不斤斤计较于是非善恶的分别，而以百姓之心为之，使人民自由自在而归于淳朴。

所谓圣人之治，就是无为而治。老子在这里作了具体说明。"圣人"之所以伟大，是因为圣人能够恰当地收拾自己的心欲，兢兢业业、不放纵自己，不与民争利，不以自己的主观意志而胡作非为。

重视民意，主张统治者应顺民心，仁民爱物，这也是儒家政治思想的基本内容。老子"圣人常无心，以百姓之心为心"的话，很容易让人把它跟儒家仁政爱民的思想联系起来。老子所谓的"无心"，指的是圣人治理天下能破除以自为我中心，摈弃主观意志。所谓"以百姓之心为心"，只是一切以百姓意愿为依归，顺乎自然任其自化而已。

"善者吾善之，不善者吾亦善之""信者吾信之，不信者吾亦信之"，这不是一般的宽容，而是因循放任，其中包含了通达、超脱的智慧。

春秋时期郑国的政治家和思想家子产，在郑国为相数十年，广施仁厚慈爱，轻财重德、爱民重民，执政期间颇有建树，被后世的王源推崇为"春秋第一人"。

子产心地善良，仁厚聪明。他济贫并救人于危难，喜欢行善从不杀生。有一天，一个朋友送给他几条活鱼，这些鱼很肥，要是做成一道菜肯定是美味。子产非常感谢朋友的好意，高高兴兴地收下了这份礼物，然后吩咐仆人："请把这些鱼放到院子里的鱼池吧……"

家仆很是不解地问道："老爷，这种鱼是鲜有的美味，如果把它们放到鱼池里，池中水又不像山间小溪那样清澈，这些鱼的肉质会变得松软，味道就不会有现在这么鲜美啦，还有这些鱼或许会不适应池中水而死去。这是您的朋友特意送给您品尝的鲜美水产，您应该马上煮了它们，一来不负朋友好意，二来还可以补充营养啊。"

子产笑着说："这里我说了算，你们照我说的去做吧。我怎会贪图美味而去杀死这些可怜无辜的鱼呢？宁可让它们在水中自然死亡，我也不忍那样将它们摆上餐桌啊。"

 纪连海谈 道德经

当仆人把鱼儿倒入池中,眼见鱼儿悠闲地游在水中,子产不禁感叹说:"你们真是幸运啊,要是你们被送给了别人,或许现在已经在锅中受煎熬,成为人们的口中美味了!"

人都需要心存善念,心中有善就会阳光灿烂。子产有"为政必以德"的主张,孔子称赞他是:"有仁爱之德古遗风,敬事长上,体恤百姓。"正可谓是"勿以善小而不为,勿以恶小而为之"。

生活其实就是由一些细微小事积累而成的,更为重要的是,这些小善和小恶将会成为日后那些大善和大恶的基础和源泉。

2017年2月8日晚,"国人年度精神盛宴"——中央电视台"感动中国"2016年度人物评选在央视播出,由河南省推荐的三入火海救人的南阳救火英雄王锋成功当选"感动中国"2016年度人物。白岩松在颁奖现场感叹地说:"大多数时候,我们的日子是平和、平静、平常的,因此太多的人在这样的日子里,也是平凡的,虽然我们喜欢这样平静的日子,但是生活却又不总是平静的,总有一些突如其来的变化,这个时候您会发现,一些看似平凡的人,展现出他不平凡的那一面。人们需要英雄,更需要王锋这样的平民英雄,他们是一个民族真正的脊梁。"

2016年5月18日凌晨,一场突如其来的大火,打破了南阳市卧龙区西华村居民小区的宁静。睡在一层的王锋一家四口是最早被惊醒的人,王锋带着女儿第一时间跑出去,立刻折回头救出妻子和儿子。想到二楼住着的托教老师和两个学生,王锋毫不犹豫再次冲进火海,并把他们安全送出。楼上还有房东一家四口,还有十几个邻居,王锋在爆炸声中第三次冲进火海,挨门挨户敲门示警。楼里二十多个人得救了,而原本最容易逃生出去的王锋却被重度烧伤成"炭人",烧伤面积达98%。

从楼前到巷口,50多米的距离,王锋留下的一连串带血的脚印,见

证了他的临危不惧与舍生忘死。从本能的反应到二入火海见义勇为，再到三入火海人性光辉的绽放，王锋用嘶哑的声音和带血的大脚，为西华村那栋楼24名沉睡的住户，摁响一串逃生的警钟，跑出了一条生命的通道，谱写出了一曲无私无畏的英雄壮歌。王锋的事迹被广为传颂，社会各界纷纷踊跃捐助。虽经多方救治，但因严重感染，在顽强坚持了136天后，王锋于2016年10月1日因多脏器衰竭不幸病逝。

　　爱总是在点点滴滴的生活中感动人，世界也因为爱而变得更加温暖。

纪连海谈 道德经

原文

出生入死①。生之徒②，十有三③；死之徒④，十有三；人之生，动之于死地⑤，亦十有三。夫何故？以其生生之厚⑥。盖闻善摄生者⑦，路行不遇兕⑧虎，入军不被甲兵⑨；兕无所投其角，虎无所措其爪，兵无所容其刃。夫何故？以其无死地⑩。

注释

①出生入死：出世为生，入地为死。一说离开了生存必然走向死亡。

②生之徒：徒，应释为类。生之徒即长寿之人。

③十有三：十分之三。

④死之徒：属于夭折的一类。

⑤人之生，动之于死地：此句意为人本来可以长生的，却意外地走向死亡之路。

⑥其生生之厚：由于求生的欲望太强，营养过剩，因而奉养过厚了。

⑦摄生者：摄生指养生之道，即保养自己。

⑧兕(sì)：，属于犀牛类的动物。

⑨入军不被甲兵：战争中不被杀伤。

⑩无死地：没有进入死亡范围。

纪老师说

在大多数学者、专家眼里，《老子》八十一章之中，这一章是最难理解的。为什么呢？因为从古到今对于"生之徒，十有三；死之徒，十有三；人之生，动之于死地，亦十有三"等句的解释，分歧较大。其实，通读《老子》之后，再回过头来看看本章，文意基本上还是清楚的。

本章的主旨是在论摄生，体现的是道家对生命的关怀。生命在一呼一吸之间，就其实质而言，确实是脆弱的。所以人活在世上，在生死之间如何自处，确实值得重视。

老子说，世上能顺生而生、有利于生的人与背生而生、趋向于死的人各占三分之一。而另有三分之一的人，却由于过度求生而自蹈死地，不能享其天年。老子认为，这一类人，其本意并非要"背生而生"，却与趋死之人殊途同归。养生之道的基本原则是清静无为、少私寡欲，过一种淳朴自然的生活。而过度求生却违背了这种原则，导致走向求生的反面。这是老子再次特别指出的道理。

此章中"以其无死地"一句，庄子是这样说的："子列子问关尹曰：'至人潜行不窒，蹈火不热，行乎万物之上而不栗。请问何以至此？'关尹曰：'是纯气之守也，非知巧果敢之列。……夫若是者，其天守全，其神无隙，物奚自入焉？夫醉者之坠车，虽疾不死，骨节与人同，而犯害与人异，其神全也。乘亦不知也，坠亦不知也，死生惊惧，不入乎其胸中，是故物而不慑。彼得全于酒，而犹若是，而况得全于天乎？圣人藏于天，故莫之能伤也。'"这句话对老子的"以其无死地"而言是一个很好的注脚，规劝人们只要能够依照天道行事，那么外患就

纪连海谈 道德经

不会侵入其身，也就不会走向危亡界限。所以任继愈先生在《老子新译》中说："老子看来，这个世界到处埋伏着危险，生命随时受到威胁。他主张处处小心，不要进入危险范围，只有无所作为，才最安全，最足以保全性命。"

老子生逢乱世，他看到人生危机四伏，生命安全随时随地受到威胁，因此他主张不要靠战争、抢夺来保护自己，不要以奢侈的生活方法来营养自己，而是清静无为、恪守"道"的原则，他不妄为，不伤害别人。别人也找不到对他下手的机会，这就可以排除造成人们寿命短促的人为因素。老子通过本章的这些文字内容对人们进行劝说，希望人们能够做到少私寡欲，清静质朴、纯任自然。

陶渊明出生在一个没落的官僚家庭中。到了他的少年时代，陶家就完全败落了，他的生活也由温饱变为贫困。尽管如此，陶渊明从小还是受到了很好的家庭教育，他博览群书，养成了少言寡语、不贪富贵的高洁性格。这种个性一直影响着他的仕途生涯，直到二十九岁时，陶渊明好不容易才谋得了江州祭酒一职，成了一名公务员，生活刚开始好转，却因忍受不了官场的繁文缛节，辞职回家了。在家闲居了五六年后，三十五岁时，到了荆州，在刺史桓玄属下当了一名小吏，不到一年工夫，因为母亲去世又辞职归家，一住又是五六年。

直到公元405年，当他四十一岁时，才被推荐到彭泽当了县令。好不容易在彭泽当了县令，生活稳定了，可是有一天，陶渊明得到一个消息：东晋的权臣刘裕已经自封为车骑将军，总督各州的军事。陶渊明想，这个野心家只差一步就要夺取皇位了，他已经预感到晋朝已经是名存实亡了，十分灰心，无心做官，便收拾行李，打算离开衙门回家去了。

其实早在几个月前，陶渊明就想辞职了，还是妻子翟氏提醒他说，上百亩官田就要种上稻子了，等收成以后再辞职吧。当时陶渊明总算听了妻子的话，口气暂时缓了下来。这次呢，吃饭的时候，翟氏仍然用官田收稻之事来劝他，陶渊明听了以后，长长地叹了一口气："唉，真没办法，难道我还要做粮食的奴隶！"在翟氏体贴的慰劝下，陶渊明这才举起了酒杯，辞官的打算又一次暂时放下了，可他辞官念头始终没有打消过。

一天，衙役来报：过几天郡里派的督邮要到彭泽来视察工作。陶渊明很熟悉那个督邮，非常了解他的个性，那是个什么东西呢？就是一个专门依仗权势、阿谀逢迎的花花公子。陶渊明想到自己过几天将要整冠束带、强作笑脸去迎候这种小人，心里那个气呀，实在忍受不了。于是，陶渊明离开衙门，板着脸回到了家，对翟氏说："收拾行装，回乡！"翟氏告诉他，稻谷只差几天就要收割了。妻子还是用官田收稻之事来劝他，这次不管用了。"随它去吧！"这回陶渊明这次是铁了心要辞职了。翟氏问清缘由后，也就不再劝说了。

从此，陶渊明在家乡过着隐居生活。对于官场，他丝毫没有眷恋之心，辞官后，反而有一种重获自由的怡然自得。他每天饮酒，写诗。他归田后的二十多年，是创作最丰富的时期，其中，《桃花源记》更体现了陶渊明的思想境界和艺术高度。诗文中通过虚构的手法，把桃花源描绘成一个鲜花盛开，绿树成行，男女老幼，辛勤耕织，祥和无忧的安定社会。陶渊明以此寄托他的美好向往，以及对当时混乱时世、黑暗政治现实的不满。

与人无争，就能亲近于人；与物无争，就能抚育万物；与名无争，名就自然会来；与利无争，利就聚集而来。祸患的到来，全是争的因果。与世无争，也就无灾无祸了。

纪连海谈

原文

道生之,德畜之,物形之,势①成之。是以万物莫不尊道而贵德。道之尊,德之贵,夫莫之命而常自然②。故道生之,德畜之;长之育之;成之熟之③;养④之覆⑤之。生而不有,为而不恃,长而不宰。是谓玄德⑥。

注释

①势:万物生长的自然环境。一说:势者,力也;一说,对立。

②莫之命而常自然:不干涉或主宰万物,而任万物自化自成。

③成之熟之:一本作"亭之毒之"。

④养:爱养、护养。

⑤覆:维护、保护。

⑥玄德:即上德。它产生万物而不据为己有,养育万物而不自恃有功。

纪老师说

本章中,老子论述了"道"的德行和功能。"道"是万物存在的根源和依据,具有化生、养育万物的功能,却又不占有万物,不主宰万物,不自恃有功,这两重性便是"道"的德行和功用,也是"道"的可贵之处。在《道经》第十章，老子就有过类似的论述，在那里，论证侧重于"道"，而今天我们所学习的这一章，其议论点却是在"德"上。这一章同样论述的是"道"以"无为"的方式生养了万物的学说，有学者认为，老子提出"夫莫之命而常自然"的见解，说明万物是在无为自然状态中生长的。

"道"创造了万物养育万物，完全是因其自然，无为而为，体现了"道"的自发性。老子讴歌了大自然的无为之德。万物的生长，是顺应着客观存在的自然规律而长的，各自适应着自己所处的具体环境而生长的，根本就不可能有所谓的主持者加以安排，然后才能生长的。

"道生之，德畜之，物形之，势成之"，这四个阶段，是宇宙万物生命的根本，生生不息。中国道家的思想文化，把这个生命的根本叫作"道"。在西方哲学上可以说是形而上的那个本体，宗教称它是上帝，或者是主宰，或是神、如来、真如、佛等很多的代名词。中国文化中的代名有两种，一种叫"道"或者叫天，还有一种用数理的代名叫易，实际上都是同一个东西。

"道"创造万事万物，并不含有什么主观的意识，也不具有任何目的，而且不主宰，整个过程完全是自然而然的，万事万物的生长、发育、繁衍，完全是处于自然状态下。这就是"道"在作用于人类社会时所体现的"德"的特有精神。显然，这是一种毋庸置疑的无神论思想，它否定了作为世界主宰的神的存在，这在先秦时代的思想界应该说达到了很高的水平。

子思在《中庸》上说"苟无其德，不敢作礼乐焉"，没有真正的善行，没有道德的成就，那个"道"是修不成的，所以"道"便是生命"生"的力量，等于有了动力能源。但是这个能源，如果没有相当的工具去好好把握它，就会被浪费掉了。要想把这个能源用得适当，就得"德畜之"。

比如一颗种子，种在泥土里，这是"道生之"，但是必须要得到日光、空气、水来培养它，这就是"德畜之"。慢慢这颗种子由泥土中抽芽，开花而结果，最后我们可以吃到果实如苹果、杧果等，是为"物形之"。但是今天种下一颗种子，不是明天就得到果实，必须要有一个力量形成，那就是"势成之"。慢慢地形成，慢慢地成长，所以在其用上，"势"有极重要的地位。"

老子这一个道理是说明宇宙万物生存的"势"，由本体的功能开始，而培养其"德"。在人的行为方面，就是道德成长起来，才会有一个成果；这个成果的构成过程中，最重要的就是时间与空间的力量。

汉朝时期，北方的匈奴经常骑马南下，骚扰北方边境的老百姓。汉武帝在位时，派大将卫青、霍去病抵御匈奴，他们率领兵将把匈奴打败，赶到漠北。匈奴首领单于把被扣留的汉朝使者放了回来，表面上要跟汉朝和好。汉武帝为了还礼，送回匈奴的使者，就派中郎将苏武拿着旌节，带着副手张胜和随员常惠等一队人马，出使匈奴。

苏武到了匈奴，送回了使者，送上了礼物。正等单于写个回信让他们回去，没想到就在这个时候，发生了一件倒霉的事儿。

匈奴中有人造反，苏武带去的手下牵连其中，苏武知道自己有辱使命，决定自尽，幸好被随从救了下来。单于抓住这件事不放，要苏武投降匈奴，被苏武严词拒绝。单于就把苏武放到了地窖里，不给他吃的、喝的。这时候正好下大雪，苏武就吃雪和扔在地窖里的破皮带、羊皮片之类的东西充饥。过了几天，单于发现苏武还活着，以为是老天爷在帮苏武，就把他放出来，流放到北海，就是现在的贝加尔湖边，让他在那边放羊，苏武所放的羊都是公羊，单于对他提出了回来的要求是：如果他放的羊能生下小羊，就可以回来了。

苏武到了北海放羊，旁边什么人都没有，和他做伴的除了一群公羊，就是那根代表朝廷的旌节了。匈奴不给口粮，他就挖野菜，逮田鼠吃。死活他都不在乎，最叫他念念不忘的是他的使命，他是汉朝的使者。他拿着旌节放羊，抱着旌节睡觉，他想总有一天能拿着旌节回去。一年一年地过去了，苏武手里的那个代表朝廷的旌节上的穗子全掉了，可他依然把那个光杆子的旌节看成是自己的命根子。

汉武帝死后，他的儿子汉昭帝继位。公元前85年，匈奴起了内乱，单于没有力量再跟汉朝较劲、打仗了，就又打发使者来到汉朝要求和好。汉昭帝派出使者来到匈奴，要求放回汉朝使者苏武、常惠等人。匈奴不想放人，就骗使者说苏武等人已经死了。

过了不久，汉朝又派使者去匈奴。常惠想办法买通了单于手下的人，私底下跟使者见了面。使者明白了底细，就严厉地责备单于说："我们皇上在上林园射下了一只大雁，大雁的脚上拴着一条绸子，是苏武亲笔写的一封信。他说他在北海放羊。您怎么可以骗人呢？"

单于听了吓了一大跳，说："苏武的忠义感动飞鸟了！"他向使者道了歉，答应一定放苏武回去。

当初苏武出使匈奴时，随从的人有一百多，这次跟着他回来的只剩了常惠等几个人。苏武出使时刚四十岁，在匈奴受难十九年，终于回到了祖国。长安的人民听说苏武回来，都出来迎接。他们瞧见白胡须、白头发的苏武手里拿着光杆子的旌节，没有一个不受感动的，说他真是个有气节的大丈夫。

苏武的德就是"势成之"，十九年的磨难没有改变他的忠义，这漫长的十九年就是一个势,所谓时势造英雄,英雄造时势,时间也是一种重要的"势"。

庄子说"飓风起于萍末",台风刚刚起来时,海里、河里看到一片浮萍叶子漂在水面上,忽然浮萍摇动起来,从浮萍的底下冒出了一个水泡,立刻感到风起来了。最初只是那么一点,然后愈摇愈大,逐渐扩大成台风,可以把山岳吹垮。台风的中心也愈转愈大,台风中心是空的,叫作台风眼,里面闷极了,热极了,没有风,也没有雨,是由一个"势"形成的一股力量。

"道生之,德畜之,物形之,势成之"四个程序,就是物理世界由幻有而形成的原则,也就是摄生之道,同时又是我们为人处世之道、成功事业之道的一个大原则。这四个程序要发挥起来,含义非常深远,也非常之多,这要我们自己慢慢去体会去了解。

原文

　　天下有始①，以为天下母②。既得其母，以知其子③，复守其母，没身不殆。塞其兑，闭其门④，终身不勤⑤。开其兑，济其事⑥，终身不救。见小曰明⑦，守柔曰强⑧。用其光，复归其明⑨，无遗身殃⑩；是为袭常⑪。

注释

①始：本始，此处指"道"。

②母：根源，此处指"道"。

③子：派生物，指由"母"所产生的万物。

④塞其兑，闭其门：兑，指口，引申为孔穴；门，指门径。此句意为：塞住嗜欲的孔穴，闭上欲念的门径。

⑤勤：劳作。

⑥开其兑，济其事：打开嗜欲的孔穴，增加纷杂的事件。

⑦见小曰明：小，细微。能察见细微，才叫作"明"。

⑧强：强健，自强不息。

⑨用其光，复归其明：光向外照射，明向内透亮。发光体本身为"明"，照向外物为光。

⑩无遗身殃：不给自己带来麻烦和灾祸。

纪连海谈 道德经

⑪袭常：袭，一本作"习"，袭承常道。

纪老师说

在本章中，主要论述的是哲学上的认识论问题。老子又一次使用了"母""子"这对概念。"天下有始，以为天下母。"老子以母子为喻，说明作为宇宙万物根源的道与万物的密切关系，反复强调天下万物都有一个开始，而万物都是始于道。因此我们可以说道是生养万物的母亲，万物都是道的孩子。在这里，"母"就是"道"，"子"就是天下万物，因而母和子的关系，就是道和万物、理论和实际、抽象思维和感性认识、本和末等关系的代名词。这种比喻比较形象，好理解。

我们知道同是一个母亲的孩子也有好坏之分，性格各异。正是因为有好坏之分，所以我们中有的人懂得尊敬自己的母亲，而有的人常常是"娶了媳妇忘了娘"，这种人必将受到道德的谴责。老子用母子关系来比喻道和天地万物的关系，是希望我们要像孝敬母亲一般顺应大道，只有这样才合乎大道的德行，也只有这样才能不招来灾祸。

张松如在《老子校读》中说道："所谓既得其母，以知其子；既知其子，复守其母，正是把概念形成的理论证明当作对具体事物认识的方法了。西周以来，中国已经产生了例如五行说那样原始、自发的唯物论。当老子第一次试图把那种元素化的'物理性形式'推进到更高阶段的理论性的形式时，他的理论形式的唯物主义思想，也因受到了历史与科学条件的限制而表现出某种不成熟性，这种不成熟性，反映到更为复杂的认识论领域中来，就很容易带上一种以'道'观物的特点。这是老子在认识上失足落水的一个重要原因。"

我们基本上同意这种观点，但又认为老子的确是强调抽象思维，对抽象思维和感性认识的关系讲得不够清楚，这是我们从本章内容中所得知的，不过不能把这一点加以夸大，相反，我们感到，老子对这个问题的论述引用了辩证的方法，他的"知母""知子"的观点是老子哲学思想的精华之一，不仅在春秋末年甚至在以后相当长的一段时期内，其思想水平是许多哲学家所不及的。

本章的言外之意在于，世人都好逞聪明，不知收敛内省，这是很危险的事情，他恳切地希望人们不可一味外露，而要内蓄、收敛，就不会给自身带来灾祸。刘备和曹操有一段"煮酒论英雄"的故事，就很说明这个问题。

东汉末年，曹操挟天子以令诸候，势力强大。刘备虽为皇叔，却势单力薄，为防曹操谋害，不得不在自家的后园种菜，亲自浇灌，以为韬晦之计。关云长和张飞不明白其中的原因，批评刘备不关心天下大事，只做平民百姓做的事。

一天，刘备正在菜园浇菜，许褚、张辽带了数十个人到菜园里对刘备说："丞相有命，请你去一下。"刘备问道："有什么事？"许褚说："不知道。丞相只教我来请你。"

刘备虽然惧怕曹操，但还是胆战心惊地和来人一同前往去见曹操。

刘备刚到曹操的府上，曹操就对刘备说："你在家做大事情呢！"说者有意，听者更有心呀，这句话将刘备吓得面如土色。曹操转口又说："你学种菜，不容易呀。"这才让刘备稍稍放心下来。曹操接着说："我刚才看见园内树枝上的梅子青青的，忽然想起去年去征讨张绣时，路上缺水，将士们都口渴了，我心生一计，用鞭指着说：'前面有梅林。'军士听了这句话，嘴里都生出唾沫，就不渴了。现在看见这梅子，觉得不可不赏。正好煮酒正熟，所以邀请使君来小亭一聚。"刘备

纪连海谈 道德经

听后才静下心来，随着曹操来到小亭，看见小桌上已经摆好了各种酒器，盘内放着几颗青梅。曹操就把青梅放在酒樽中煮起酒来，二人对坐，开怀畅饮。

酒至半酣，忽然乌云滚滚，一场大雨即将来临。随从遥指天外的龙挂，曹操与玄德凭栏观之。曹操说："你知道龙的变化吗？"

刘备说："愿闻其详。"

曹操说："龙能大能小，能升能隐；大则兴云吐雾，小则隐介藏形；升则飞腾于宇宙之间，隐则潜伏于波涛之内。方今春深，龙乘时变化，就像人得志而纵横四海。龙之为物，可比世之英雄。你经常在外游历，一定知道当世英雄有谁，请说说看吧。"

刘备说："我见识浅薄，怎么认得出谁是英雄呢？"

曹操说："不要太谦虚啦。"

刘备说："我得到陛下的恩宠和庇护，得以在朝为官。天下的英雄，实在是没有见到过啊。"

曹操说："既然没有见到过，那也听过他的名声吧。"

刘备装作胸无大志的样子，说了几个人，都被曹操否定了。

这正是曹操邀请刘备来的目的，他正想打听刘备的心思，看他是否想称雄于世，于是说："能称得上英雄的人物，必定胸怀大志，腹有良谋，有包藏宇宙的心胸，吞吐天下的志气"。

刘备问："谁能称得上英雄呢？"曹操单刀直入地说："当今天下英雄，只有你和我两个！"

刘备一听，吃了一惊，手中拿的筷子，也掉到了地下。正巧雷声大作，下起了大雨，刘备灵机一动，从容地低下身拾起筷子，说是因为害怕打雷，才掉了筷子。

曹操此时才放心地说："大丈夫也怕雷吗？"刘备说连圣人对迅雷烈风也会失态，我还能不怕吗？

刘备经过这样的掩饰，使曹操认为他是个胸无大志，胆小如鼠的庸人，再也不怀疑他了。

刘备不愧字玄德，深暗老子"道"的精髓："见小曰明，守柔曰强。"

王弼释"见"为"现"："为治之功不在大，见大不明，见小乃明；守强不强，守柔乃强也。"何谓"见小"？ 就是俗话说的"不显山不露水"。这八个字，实在是耐人寻味。这世界上，多的是"逞强"的人，少有"守柔"的人，所以才会有那么多纷争、战争、屠杀。

道家思想的伟大，我觉得就在这"守柔"二字上。我们都知道老子关于舌头和牙齿的一番谈话，舌头甘受牙齿的欺辱，甚至常常被牙齿咬出血来，但当牙齿全部脱落的时候，舌头却完好无损。道家哲学是对生活经验的抽象解释，来自生活，高于生活，这种哲学也就最"接地气"，最"实在"。

我感觉到，整个道家思想的精华，就在这"守柔"二字上。事实上，中华民族之所以屡受欺侮，却没有亡国灭种，也还是在"守柔"二字上。中华民族表面上看，深受儒家思想的影响，这是不可抹杀的，但在骨子里，我感觉中华民族是恪守道家"守柔"的思想精髓的，所以这个民族才能历尽劫难，而大难不死。

纪连海谈 道德经

原文

使我①介然有知②,行于大道,唯施③是畏。大道甚夷④,而人⑤好径⑥。朝甚除⑦,田甚芜,仓甚虚;服文采,带利剑,厌饮食⑧,财货有余;是为盗夸⑨。

非道也哉!

注释

①我:指有道的圣人。老子在这里托言自己。

②介然有知:介,微小。微有所知,稍有知识。

③施(yí):邪、斜行。

④夷:平坦。

⑤人:指人君,一本作"民"。

⑥径:邪径。

⑦朝甚除:朝政非常败坏。一说宫殿很整洁。

⑧厌饮食:厌,饱足、满足、足够。饱得不愿再吃。

⑨盗夸:大盗、盗魁。

纪老师说

在上一章里,老子警示人们:一个人要精神内守,才能与天地同道合德，才能用之不勤，不为而成。反之，如果一个人精神外驰，失道离道，丧己于物，那么精神总有开泄消耗殆尽的时候，就会为者败之执者失之，终身不救。在本章里，老子把大路和斜路、小路对举，大路是正道，是坦途，斜路、小路是捷径，是取巧之道。把警示的目标投放到统治阶级身上，指出他们的"盗夸"之失。

华侨学者、在俄罗斯老庄研究中影响最大的"新道家"代表人物杨兴顺在他的《古代中国哲学家老子和他的学说》中说："'盗夸'之人过着奢侈生活，而人民却在挨饿。按照老子的学说，这类不正常的情况是不会永远存在下去的，人类社会迟早会回复它自己最初的'天之道'。老子警告那些自私的统治者，他们永远渴望着财货有余，这就给自己伏下极大的危机。'祸莫大于不知足，咎莫大于欲得'。这样，他们违背了'天之道'的法则，而'不道早已'。让早已忘却先王的金科玉律的自私的统治者不要这样设想，以为他们的力量是不可摧毁的。这样的日子是会来临的：统治者将因自己的一切恶行而受到惩罚，因为在世界上，'柔弱胜刚强'。老子对于压迫者的炽烈仇恨，对于灾难深重的人民的真挚同情，对于压迫人民、掠夺人民的社会政治制度必然崩溃的深刻信念——这些都是老子社会伦理学说中的主要特点。"

从老子开始到庄子的道家，都是从社会稳定与发展的角度，站在人民群众的立场上，抨击当政的暴君为"盗夸"，这是最为可贵的重要观点。

庄子在《庄子》外杂篇里，提出"窃钩者诛，窃国者侯"的观点，这是对"服文采，带利剑，厌饮食，财货有余"的延伸与升华。他们认为那些"财货有余"的人才是货真价实的"盗竽"，从而引发出"圣人不死，大盗不止"的感叹，不可否认，这是为受压迫的劳动者，为了他

纪连海谈 道德经

们的利益而发出的呐喊。从这些现象中，我们也不难发现，老子并不是腐朽的没落的奴隶主贵族利益的代言人，而是真切地代表了受压迫民众的愿望。

那么，什么是"服文采，带利剑，厌饮食，财货有余"呢？统治阶级构建出来一套统治天下的系统，你用你的系统所控制的疆土，我也可以从你手里抢夺过来，只有暴力遏制，带利剑。不准质疑，不准反抗，更不准武力推翻。这就导致人对一切都会有奢欲，并穷奢极欲到无法被满足。所以在这样的巧伪的社会中，统治者成天忙着算计和斗争，变得很凶恶，对一切都穷奢极欲。

对外物过度的追求，对财富，难得之物的过度追求，这种奢欲，又会形成攀比。这样就形成了实外虚内，实心虚腹现象，田变成不毛之地，仓里一粒米也没了，那么人就会死。对于国家来说，这个国家就会灭亡。

李煜是南唐的最后一个皇帝。历史上称他为南唐后主。

南唐本是小国，国库并不丰盛，又经常和别的国家过招，还得不断地向北方上贡。这样折腾的结果常常是入不敷出，怎么办呢？只有巧立名目搜刮民脂民膏，发展到后来，连民间鹅生了双黄蛋、柳条结絮都要抽税，老百姓真是苦不堪言！

李煜干什么呢？四个字，荒淫无度。他痴迷佛教，每次散朝以后，李煜就和皇后换上僧服，开始颂经拜佛，天天如此。除拜佛之外，他还爱下棋，为了和他的近侍下棋，他常常拒绝召见大臣。无聊之余，他又琢磨着怎么样改进造纸和制砚的技巧，好纸好砚是造出来了，国家政事却也荒废了。

他的皇后也是个很会玩的女人，应该说很有才吧。她善弹琵琶，

后主就为她找来烧槽琵琶,她创造了一种叶子格游戏,和皇帝宫女们玩儿,还精通服装设计,创高髻纤裳及首翘鬓朵装,又会制造香水,尤喜舞蹈。有这样的才女在身边,李煜对她能不着迷吗?整天双宿双飞,游戏人间,这样不慢怠政务才怪呢。

李煜作为皇帝,在军事上的无知更是达到了惊人的地步。当北宋大将曹彬在长江上搭起了浮桥,大军陆续过江时,坐在宫中的他竟然不相信这是真的,他对身边的大臣说:"我以为曹彬的这招就是儿戏,在长江上架桥,从古至今从未听说过,怎么可能会成功呢!"宋军突破长江天险,根本没有遇到抵抗,在江南如入无人之境,不久就打到金陵城下。这时李煜还整日在皇宫中与和尚、道士们谈经论道,赏画作词,竟然一点也不知道外面的情况。直到有一天,他登上城墙去巡视,才发现城外到处都是北宋的旗帜,京城已经被宋军围得水泄不通了。李煜这下才慌了手脚,他连忙派人出去求和,赵匡胤则充满霸气地说了那句流传千古的名言:"卧榻之侧,岂容他人酣睡!"开宝八年金陵城被攻破。李煜本来堆好了柴草,准备自焚殉国,但最后一刻却放弃了,随着大臣肉袒出降,南唐国亡了。

作为一个帝王,他的表现是什么样子呢,可以说极其幼稚、低能。你看他从未励精图治,重用有识之士治理国家,只会俯首称臣、倾尽国力上贡、收买北宋大臣,幻想与虎谋皮,苟且偷生;内政不修,佞佛成性,宴乐无度,亲小人、远贤臣;外交上一无是处,更不知"唇亡齿寒"的道理,北宋攻打后蜀、南汉时,面对使者的求救坐视不管,根本不懂结交邻邦,共同御敌;军事上战事未开,先自毁长城,听信谗言杀了北宋忌惮的名将林仁肇,在北宋大军猛攻长江防线时却又无所作为,任其在长江上浮桥搭就,天堑变通途;金陵城被围困之时,还在宫中与道士和尚大谈佛道，直到沦为俘虏。如此帝王，称其为昏君，也毫不为过。

这就是"盗夸"是不符合"道"的。一个自然而然的人，是怎么走向了道的反面，变成一个穷奢极欲的人呢。人疯狂地占有外物，这种欲望本身，就是基于一种匮乏。是一种精神的匮乏，对道的匮乏。

本章开头一句便讲，有道之人，唯施是畏。天下之母，所造万物，她所默认设置的自带系统，本身就是完备的。人自作多情地再发明一套巧伪的系统，一是画蛇添足，二是弄巧成拙，三是丧己于物，四是造成合法性危机。大家都是人，所以，每个人都是潜在的立法者。

以径为道，皆为不道。以子为母，妖妄丛生。实心虚腹，田废仓空。实外虚内，命不久矣。其奢欲深者，其天机浅。施不道之为，以此治国，则国亡；以此治身，则身死。

中国文化中，最高的学问，就是治理天下，开万世太平。也就是说，治理天下的目的，是让天下的秩序更和平，更长久，永远不要有祸乱，人人都能生活得很幸福。

原文

善建者不拔，善抱①者不脱，子孙以祭祀不辍②。修之于身，其德乃真；修之于家，其德乃余；修之于乡，其德乃长③；修之于邦④，其德乃丰；修之于天下，其德乃普。故以身观身，以家观家，以乡观乡⑤，以邦观邦，以天下观天下。

吾何以知天下然哉？以此。

注释

①抱：抱住、固定、牢固。

②子孙以祭祀不辍：辍，停止、断绝、终止。此句意为：子子孙孙都能够遵守"善建""善抱"的道理，后代的香火就不会终止。

③长：尊崇。

④邦：一本作"国"。

⑤故以身观身，以家观家，以乡观乡：以自身察看观照别人；以自家察看观照别家；以自乡察看观照别乡。

纪老师说

本章所谓"善建者""善抱者"实际上就是得道之士。得道之士真正能有所建树、有所保持，而自立于不败之地，甚至泽被于子孙后世。

纪连海谈 道德经

这种"建"与"抱",在本质上可以理解为建德与抱道。《道德经》就是这样,正如本章说到"以身观身,以家观家,以乡观乡,以邦观邦,以天下观天下",看起来表意非常简单,但是真要理解其中道理,还真是要花费一些功夫。《道德经》的特点就是说理太玄,有时玄得让人丈二和尚摸不着头脑。

如果大家读过儒家经典之一的《大学》,不妨联想一下,《大学》中所讲的"格物、致知、诚意、正心、修身、齐家、治国、平天下"的所谓"八条目"是不是和它有异曲同工之妙。这两句都是从一身讲到天下,都认为立身处世的根基是修身。庄子也说,"道之真,以治身,其余绪,以为国",这就说明道家与儒家在修身问题上并不相同,但也不是完全不相同。庄子所谓为家为国,应该是充实自我、修持自我以后的自然发展。而儒家则是有目的性地去执行,即一为自然的,一为自持的,这或许就是儒、道之间的不同点。

但是,无论何家何派,修身的目的在于立德。而道德的本质,朴实无华,纯净圣洁,真实不虚,没有一丝驳杂。万物皆有根,万事皆有本。固其根,枝叶才能繁茂;修其本,万事才能功成。天下之本在于国,国之本在于乡,乡之本在于家,家之本在于身,身之本在于心,心之本在于道德。

人若能以道德立于身心,私欲妄念不生,是非分别之心不起,德养之于内,其德光无不明于自身小宇宙;发之于外,此德无不善及众生。身心内外,进退出入,皆是此德所行。即使有极大的名利引诱,则心不为之所动;即使再大的困辱之事突然临身,亦不会害其道;即使有生死之变临于前,亦不能失其德。所以一个德行全备之人,无论出现多么复杂的境遇和事件,皆是德心巍然而立,真一不二,不动不摇,不变不迁，心明如镜，处之泰然。

那么究竟什么是"以身观身，以家观家，以乡观乡，以国观国，以天下观天下"呢？清代大学问家宋龙渊在《道德经讲义》中是这样解释这句话的："是言圣人视家国天下，无所不至之义。"

"以身观身"即"圣王观天下众人之身，如自己之一身。观自己之一身，即是天下众人之身也。譬如身不自爱，以爱身之心，爱于天下。财不自利，以利己之心，利于天下。与民同乐，与民同忧，惟知天下之身……"也就是说，圣人之心为天下公，唯独没有一己之私，所以在观身，而不离天下。

"以家观家"即"圣人观天下之亲，不异于自己之亲。观天下之家，不异于自己之家。所以致于家者，即以教于天下。教于天下者，即如教于一家。家家有六亲之美，家家全人伦之道。"以自家之道德，推及天下之家。对天下之家同然而德化，同善其家，同一道德立家。

"以乡观乡"即"圣人处于一乡之中，观天下之乡，不异于本土之乡。本土之乡，不异于天下之乡。所以化于一乡者，即以化于天下之乡。化于天下之乡者，即如化于一乡。"千乡万乡，在圣人心中化于一乡；化于一乡，即是化天下之乡。

"以国观国"即"圣王道同天下，不生本国邻国之心。德被生民，不起大国小国之见。因时顺理，而万国同观。修德省躬，而千邦一致。"德化万国，则国亦无国，同其道德，天下归于一国。

"以天下观天下"即"圣人不敢以天下为己有，观天下于大公也。六合一道，朔南教讫者。圣人化天下为己任，观天下以一心也。"观天下唯一心，无一毫私意，无一念不纯。

在联想集团发展过程中，曾经有这样一件事。联想有一条规定，开

纪连海谈 道德经

二十几个人以上的会迟到要罚站一分钟。罚站本来是对学生的惩罚，现在社会普及了。这一分钟是很严肃的一分钟，不这样的话，会没法开。第一个被罚的人是柳传志原来的老领导。罚站的时候他本人紧张得不得了，一身是汗，柳传志本人也一身是汗。柳传志跟他的老领导说，你先在这儿站一分钟，今天晚上我到你家里给你站一分钟。柳传志本人也被罚过三次，其中有一次他被困在电梯里，电梯坏了，咚咚敲门，叫别人去给他请假，结果没找到人，结果还是被罚了站。就做人而言，柳传志有一段很有名的话：做人要正！柳传志是这么说，也是这么做的。在联想的"天条"里，就有一条是"不能有亲有疏"，即领导的子女不能进公司，柳传志的儿子是北京邮电学院计算机专业毕业的，但是柳传志不让他到公司来。因为他怕员工的子女们进了公司，再互相结婚，互相联起来，将来想管也管不了。

以身作则，柳传志做到了，联想的其他领导人都以他为榜样，自觉地遵守着各种有益于公司发展的"天条"，才使得联想的事业得以蒸蒸日上。

柳传志并没有因为自己是个官，是个管理者而不同于常人，以自己之身观下属之身，正所谓人之善，我善之；人之不善，我亦善之。人之德，我德之，人之不德，我以德化之、修之。人我无别，如同一身。正人先正己，管事先做人。正如著名管理学家帕瑞克所说的，"除非你能管理'自我'，否则你不能管理任何人或任何东西"。示范的力量是惊人的。老师也要这样，"学高为师，身正为范"，要做学生的榜样、楷模；管理者要想管好下属必须以身作则，事事为先、严格要求自己，做到"己所不欲，勿施于人"。一旦通过表率树立起在员工中的威望，将会上下同心，大大提高团队的整体战斗力。得人心者得天下，做下属敬

佩的领导将使管理事半功倍。

可见，天下有道德者，皆体现在一个"公"字上，天下背道德者，皆毁在一个"私"字上。公与私是道与非道的分水岭。所以，老子坚持认为，大道至公至德，充分体现在万物的理性中。

纪连海谈 道德经

原文

含德之厚，比于赤子。毒虫①不螫②，猛兽不据③，攫鸟④不搏⑤。骨弱筋柔而握固。未知牝牡之合而朘作⑥，精之至也。终日号而不嗄⑦，和之至也。知和曰常⑧，知常曰明。益生⑨曰祥⑩。心使气曰强⑪。物壮⑫则老，谓之不道，不道早已。

注释

①毒虫：指蛇、蝎、蜂之类的有毒虫子。

②螫：毒虫子用毒刺咬人。

③据：兽类用爪、足年攫取物品。

④攫鸟：用脚爪抓取食物的鸟，例如鹰隼一类的鸟。

⑤搏：鹰隼用爪击物。

⑥朘作：婴孩的生殖器勃起。朘，男孩的生殖器。

⑦嗄：噪音嘶哑。

⑧知和曰常：常指事物运作的规律。和，指阴阳二气合和的状态。

⑨益生：纵欲贪生。

⑩祥：这里指妖祥、不祥的意思。

⑪强：逞强、强暴。

⑫壮：强壮。

纪老师说

老子写《道德经》，善用夸张，在本章里，老子把夸张的手法用到了极致。本章主要以"含德之厚"者与"赤子"相似的形象和特征来揭示什么才是"德"的本质。我们来看一下他是怎样描写"德"的本质的："德"蕴含在自己的身心里，而且积蓄得十分深厚，就像无知无欲的赤子，毒虫、猛兽、恶禽都不会去伤害他，同时他也不会去伤害禽兽虫豸，所以不会招引兽禽的伤害。有趣的是，他形象地说婴儿的生殖器勃起和大声哭喊，是他精力旺盛和保持平和之气的缘故。在讲到赤子的特点时他认为，柔弱不争和精力未散才是其特点，其核心还是"和"。

车载在《论老子》中说，老子书谈到"和"字，有三处应予重视，一为"和其光"，一为"冲气以为和"，一为"终日号而不嗄，和之至也"。它以"和光"与"冲气"与"婴儿"来说明"和"，都是在谈统一，都是在谈"混成"的状态。"和光"就是"复归其明"说，当光射到了物件的时候，有射到的一面与射不到的另一面，"和其光"是把两者统一起来，回复到"明"的"混成"的状态。"冲气"是万物的开端，万物含有负阴、抱阳的两方面，两者经常是统一的，表现出用之不盈无所不入的作用。婴儿是人的开端，少年、壮年、老年都以之为起点，但婴儿浑沌无知，与天地之和合而为一。"和"所表示的统一，包含着对立在内，是有永恒性的，所以说"知和曰常"。老子承认"万物并作"的世界的多样性和普遍存在的矛盾，对社会上存在的占有、掠夺、欺诈、征战的状况极为悲愤，把统一看成他所要追求、所要恢复的事物的常态。

老子在本章中点出了"德"的重要地位，认为它是用以承载万物的基础。其他的，诸如"忠""孝""仁""义""礼""智""信"

纪连海谈 道德经

等都是在"德"的基础上建立的。也就是说,这些理念如果不是建立在"德"的基础上,一切都会改变其初衷,甚至变味,不再是美德的象征了。为什么这么说呢?因为"德"是起源于"道"的,而"道"却是"自然"的精华,所以"德"代表的是天然的本性,也就是"天性"。另一方面,天然的本性又是每个人生来就具有的,也就是我们常说的"良心"。而"良心"如果不注意保持和维护,这个本性很容易被后天形成的"欲望"和"偏执"等乱象所玷污。因此,从这个角度上,老子认为修养道德最重要的并不是向外去学习,而应是向内来清扫心灵的蒙垢,把本性的光明重现出来。

既然"德"是承载万物的基础,那么它具有什么样的特点呢?有专家在研究老子对"德"陈述之后,总结出了"直""方""大"三个特点,我们依次来说一下,"直"就是"率直",是符合天性,去除后天一切人为的干扰因素;"方"就是"方正"的意思,就是要有原则性。"直"和"方"这两个特性决定了"德"的基本属性,正是因为"德"是这样的,所以建立在"德"以上的一切才能具有"直"和"方"这样的特性。否则,基础不"直"不"方",那么建立在上面的一切都会倾斜乃至倒塌。"大"就是要有包容性。基础如果不大,又怎么会有恢宏博大的上层建筑呢?"海纳百川,有容乃大。"——"德"是需要不断扩展、延伸的。具有这种"直""方""大"特点的"德"的人是什么样子的呢?

孔融小时候家里有五个哥哥,一个弟弟。有一天,孔融的父亲赶集买了一些梨,洗干净了放在盘子里,然后就招呼大家来吃梨。吃梨的时候,哥哥让弟弟先拿。你猜,孔融拿了一个什么样的梨呢?他不挑好的,不拣大的,只拿了一个最小的。爸爸看见了,心里很高兴:别看

这孩子才四岁，还真懂事哩。就故意问孔融："这么多的梨，又让你先拿，你为什么不拿大的，只拿一个最小的呢？"孔融回答说："我年纪小，应该拿个最小的，大的留给爸爸、妈妈和哥哥吃。"父亲又问他："你还有个弟弟哩，弟弟不是比你还要小吗？"孔融说："我比弟弟大，我是哥哥，我应该把大的留给弟弟吃呀。"你看，孔融讲得多好啊。他父亲听了，哈哈大笑："好孩子，好孩子，真是一个好孩子。"孔融四岁，知道让梨。上让父母、哥哥，下让弟弟，从小内心之中就有大德，所以大家都称赞他。

老子这样说的目的在于告诫人们要修养道德，实际上就是说了一个"和"字，有了和气作为德的原动力，德才能有进一步的发展。修养道德是否深厚是有客观标准的，内在的标准就是看和气如何，懂得了修养和气的方法，内修才算入门；外在的标准也是和气，一团和气，让人如沐春风。和气是万事万物生机的来源、根本，是一切生命的基础。知道了这个永恒的道理才叫"明"。所有有利于生命、生机、生气的事情都是吉祥的，不按照道德的原则，任性使气就叫用强，用强是违背客观的主观行为，因此是有害的。

纪连海谈 道德经

原文

知者不言,言者不知①。塞其兑,闭其门②;挫其锐,解其纷;和其光,同其尘③,是谓玄同④。故不可得而亲,不可得而疏;不可得而利,不可得而害;不可得而贵,不可得而贱⑤;故为天下贵。

注释

①知者不言,言者不知:此句是说,知道的人不说,爱说的人不知道。另一种解释是,聪明的人不多说话,到处说长论短的人不聪明。还有一种解释是,得"道"的人不强施号令,一切顺乎自然;强施号令的人却没有得"道"。此处采用第二种解释。

②塞其兑,闭其门:塞堵嗜欲的孔窍,关闭起嗜欲的门径。

③挫其锐,解其纷;和其光,同其尘:此句意为挫去其锐气,解除其纷扰,平和其光耀,混同其尘世。

④玄同:玄妙齐同,此处也是指"道"。

⑤不可得而亲,不可得而疏;不可得而利,不可得而害;不可得而贵,不可得而贱:这几句是说"玄同"的境界已经超出了亲疏、利害、贵贱等世俗的范畴。

纪老师说

本章老子讲"道"的主题是内修，论"玄同"的境界，语意较为深奥。"玄同"是混同于大道，超越一切对立面，超越是非得失的分辨，超越亲疏、利害、贵贱，超越一切世俗价值的大同的境界。这是得道圣人的境界，是老子心目中理想的人生境界。

在老子的眼里，得"道"的圣人，就是修养成理想人格的人，这种理想人格具有什么特点呢？它能够"挫锐""解纷""和光""同尘"，做到这些，就达到了"玄同"的最高境界。

关于这一点，车载在《论老子》也有所论述："锐、纷、光、尘就对立说，挫锐、解纷、和光，同尘就统一说。尖锐的东西是容易断折不能长保存的，把尖锐的东西磨去了，可以避免断折的危险。各人从片面的观点出发，坚持着自己的意见，以排斥别人的意见，因而是非纷纭，无所适从，解纷的办法，在于要大家从全面来看问题，放弃了片面的意见。凡是阳光照射到的地方，必然有照射不到的阴暗的一面存在，只看到了照射着的一面，忽略了照射不着的另一面，是不算真正懂得光的道理的，只有把'负阴''抱阳'的两面情况都统一地加以掌握了，然后才能懂得'用其光，复归其明'的道理。宇宙间到处充满着灰尘，人世间纷繁复杂的情况也是如此，超脱尘世的想法与做法是不现实的，众人皆浊我独清的想法与做法是行不通的，这些都是只懂得对立一面的道理，不懂得统一一面的道理。只有化除成见、没有私心的人，才能对于好的方面，不加阻碍地让它尽量发挥作用，对不好的方面，也能因势利导，善于帮助它发挥应有的作用，'同其尘'，是对立统一道理的较高运用。"

那么，怎样才能够修炼"道"这种境界呢？老子在本章中为我们提

供了两种修身的方法。

一种是"知者不言,言者不知"。"知"和"言"怎么放到一起了呢?它们的关系又是怎样的呢?

简单地说,完全不"知"的人当然无法"言";能"言"说明至少"知"一点,正是因为只知道一点,所以是"不知"的状态;因为"知"到了一定程度,就会觉得无论怎么"言"都无法形容"知",所以就会选择"不言"。

宋代大词人辛弃疾在一首词中写到:"少年不识愁滋味,爱上层楼。爱上层楼,为赋新词强说愁。而今识尽愁滋味,欲说还休。欲说还休,却道天凉好个秋。"这正好是这种情形的反应。大家想一下,愁,对于少年来说,有可能是了解一点的,但是不可能了解得那么透彻,所以才会喋喋不休地说"愁啊愁";可是一到中老年,一生的遭遇已经让他识尽千般万般愁滋味,一说起"愁"反而无从说起了。文字或者语言的沟通能力毕竟是有限的,并且也不好寻找倾诉对象,对于过来人,谁都知道"愁"是怎样的,没必要与他们说;对于没经历过的人,说了他也不懂,所以不说也罢。愁作为一种人生的体验,尚且不能说尽,更何况作为宇宙最根本的规则的"道"呢?所以老子开宗明义就说了:"道可道,非常道。""道"靠嘴是说不完的,也不是任何文字、语言能够表述清楚的。

所以说,任何一种"言"都是一种间接的经验。"道"越是到了高的层次,越是接近了事物根本实象的时候,文字语言的力量就越发显得苍白。很多时候,"不言"胜于雄辩,"不言"代表着一种智慧,代表着一种修养。

有个关于洛克菲勒的故事。曾有一位不速之客,何为不速之客呢?

没有预约就来了，突然闯入洛克菲勒的办公室，直奔他的写字台，像疯子一样，用拳头猛击台面，大发雷霆："洛克菲勒，我恨你！我恨死你了！"接着那暴客恣意谩骂他达10分钟之久。办公室所有的职员都感到无比气愤，义愤填膺，以为洛克菲勒一定会拾起墨水瓶向他掷去，或是吩咐保安员将他逮起来、赶出去。然而出乎意料的是，洛克菲勒什么也没有做。只是停下手中的活，用和善的神气注视着这位攻击者。不速之客愈暴躁，愈蹦跳，他就显得越和气！

最后，那无礼之徒被弄得莫名其妙，渐渐地平静下来。就像拳击比赛一样，对手太弱了，不堪一击，打不起来，没有激情，不打了。一个人也这样，发怒时，遭不到反击，坚持不多久，就咽了一口气。他是故意来此与洛克菲勒作对的，并想好了洛克菲勒将要怎样回击他，他再用想好的话语去反驳，以牙还牙，来找大老板碰瓷。但是，洛克菲勒就是不开口，所以他不知如何是好了。

他又在洛克菲勒的桌子上敲了几下，作为这场闹剧的尾声，仍然得不到回响，只得索然无味地离去。洛克菲勒呢，若无其事一样，重新拿起笔，继续他的工作。

面对无理取闹者，最好的办法就是不理他。三思而后行，保持冷静和沉着。这样既显示了自己的涵养，又让对方觉得自讨没趣。很多时候，沉默是最好的回击。

另一种内修的方法是"塞其兑，闭其门，挫其锐，解其纷，和其光，同其尘，是谓玄同"。简单地说，就是摒弃一切感知，停止向外追求，以求得内心的宁静清澈。这是第一步，决定了修行的方向。紧接着打磨掉所有的棱角、锋芒，清理、解除所有的杂乱、困扰，消除所有人为的挂碍。然后收敛起光泽，混同于尘世，保持与普通人在外表上的一

致，保持自己的平常心，"道法自然"，修道者作为一个人，应当回归到凡人的平凡。只有这样去修行，才能"同于道"。

"道"作为宇宙中万物的根本法，是不会被"有"这个层次上的任何东西所撼动的。也就是说，在整个宇宙中，没有能够撼动"道"的东西。修养"道德"的人，内在是完全服从于"道"的，外界所能毁坏的只能是他的物质身体，而不能摧毁、歪曲他与"道"合而为一的精神。这种与道合一的精神，是"不失其所"的，是"死而不亡"的，是任何外力所不能撼动的。于是，便有了这种精神是天下最宝贵的说法。

原文

　　以正①治国，以奇②用兵，以无事取天下③。吾何以知其然哉？以此④：天下多忌讳⑤，而民弥贫；人⑥多利器⑦，国家滋昏；人多伎巧⑧，奇物⑨滋起；法令滋彰，盗贼多有。故圣人云："我无为而民自化⑩；我好静而民自正；我无事而民自富；我无欲而民自朴。"

注释

　　①正：此处指无为、清静之道。

　　②奇：奇巧、诡秘。

　　③取天下：治理天下。

　　④以此：此，指下面一段文字。以此即以下面这段话为根据。

　　⑤忌讳：禁忌、避讳。

　　⑥人：一本作"民"，一本作"朝"。

　　⑦利器：锐利的武器。

　　⑧人多伎巧：伎巧，指技巧，智巧。此句意为人们的伎巧很多。

　　⑨奇物：邪事、奇事。

　　⑩我无为而民自化：自化，自我化育。我无为而人民就自然顺化了。

纪连海谈 道德经

纪老师说

本章是对无为之治的说明。无为之治的要点,一是要"以正治国",二是要以"无事取天下"。"天下多忌讳""民多利器""人多智""法令滋章",以及由此而产生的结果,则是作为无为之治的反面提出来的,以反证无为之治的可贵。

老子在本章中提出的是正本清源的思想,也就是想要做好任何事情,出发点一定要正确。老子提倡"以正治国",也就是治理国家必须推行正直、诚信的教化,他认为治理国家的重点在于教化人心,所以基本国策必须要跟上,要坚持正道,才能使国泰使民安。

胡寄窗在《中国经济思想史》中写道:"老子把工艺技巧认定为社会祸乱的原因,他们要求废除工艺技巧,甚至认为盗贼之产生也是由于工艺技巧的关系。""可见他们对工艺技巧的深恶痛绝。坚决反对工艺技巧是道家经济思想的特点。初期儒家并不根本反对工艺之事,只是不赞成儒者从事工艺,甚至有时还承认工艺的重要作用。墨家之推重工艺自不必说。战国后期的儒法各学派,虽鄙视工艺,但尚肯定工艺之社会作用。只有道家才错误地把工艺看作是社会祸乱的根源。""老子反对工艺技巧的这一观点,非常奇特,与战国各学派以及战国以后各封建时期的思想都迥然不同。这一观点本身不仅是消极落后,而且是反动的。"

这种分析是很有道理的,但我们再仔细思考一下,总觉得应该还有一些问题需要再作分析。老子重视"无为",重视"质朴",重视"勤俭",但是,他反对工商的观点除了他指导思想的原因之外,还有很多其他方面的原因。客观地讲,老子对工商的反对并不是笼统的、绝对的,从他反对的对象就可以看得出来,他主要反对的是统治者,是他们借工商之名积敛财货，过奢侈豪华、醉生梦死的荒淫生活，并不是反对老百姓通过工商来求富。本章中，老子说"我无事，而民自富"不就是一个明证吗？

我们来看一下老子这种观点的理论基础："天下多忌讳，而民弥贫"。是说老百姓本来都是可以自己来决定自己的发展方式的，但是统治者不允许，只允许老百姓在他们规定的一种或几种模式里生存，老百姓被无形的绳索捆住了手脚，又怎么能不贫困呢？

"人多利器，国家滋昏"。"利器"是用来进行暴力活动的，如果"利器"在国家的范围普及了，就意味着整个国家都成了战场，每个人都没有安全的保障，国家就失控了。

"人多伎巧，奇物滋起"。社会上崇尚技巧、智能，而不是崇尚道德、人性，凭借着各自的技巧、智能去夺取，社会不就往恶性的方面上发展了吗？

"法令滋彰，盗贼多有"。治理国家是不能依靠法律的，法令是人制定的，需要人来解释、人来执行，说白了不过是人为的东西，体现的是强制与服从。需要强制服从就会有反抗，反抗的多了，国家也就乱了。每个人都在被动地服从法律的时候，整个社会就再也没有人性的光辉了。

艾森豪威尔是美国第三十四任总统，作为军事家在二战中战功赫赫，在任总统期间，他并不像有的国家领导人那样日理万机、忙忙碌碌，他甚至给人的感觉总是很悠闲。我们先来看一个他的日常生活镜头：一次，艾森豪威尔正在打高尔夫球，忽然白宫送来急件要他批示，总统助理事先已经拟定了"赞成"与"否定"两个批示，只待他作选择题就行。谁知艾森豪威尔只是简单地看一眼后，就匆匆忙忙在两个批示后各签了个名，说："请副总统尼克松帮我批吧。"然后，就又若无其事地打球去了。

可谓"懒人有懒福"，艾森豪威尔这样一位"懒总统"，却领导美国取得了历史上最为和平安定的时期，在位期间创造了美国历史上最空前的繁荣，直到现在，有些美国人民还在怀念着过去的那段好时光。

艾森豪威尔到底有多"懒"呢？他的这个习惯由来已久。比如：二战结束后不久，艾森豪威尔出任哥伦比亚大学校长。有一次，副校长安排他听有关部门的汇报，在听了几拨人的汇报后，艾森豪威尔不干了，立刻把副校长找来，不耐烦地问他总共要听多少人的汇报，回答说共有63位。

艾森豪威尔大惊："天啊，太多了！先生，你知道我从前在欧洲战场做盟军总司令，那是人类有史以来最庞大的一支军队，而我只需接见三位直接指挥的将军，他们的手下我完全不用过问，更不用接见。想不到，做一个大学的校长，一次汇报就要接见这么多的人，好酷啊，他们夸夸其谈，我大部分不懂得，又不能不细心地听他们说下去，这实在是在浪费他们宝贵的时间，浪费生命啊，对学校也没有好处。你订的那日程表，是不是可以取消了呢？"

艾森豪威尔的"懒政"值得我们借鉴。管理者的职责是引领，要想让部属能够独当一面，就要放权。而且，放权是最好的集权方式，不论国家、学校、企业、家庭，只有放权才能拥有更大的权力。真正有智慧的领导人，是知道如何给下属营造自由空间，给他们施展才华和能力的机会和空间，知道应该如何调动下属积极性。他们呢？做到秉持正道，善用奇谋妙计扭转乾坤就行了。

其实，想一想艾森豪威尔所做的不就是老子在本章所讲的道理吗？

"我无为而民自化；我好静而民自正；我无事而民自富；我无欲而民自朴。"天下就是我的身体，百姓就是"气"。作为统治者，我要做的就是保证源头的清明宁静，"勿意""勿必""勿固""勿我"，这样百姓才会成为最好的百姓，才会形成自觉、自愿、自发、自动、自省、自律、自爱、自强的良好状态！

纪连海谈 道德经

原文

其政闷闷①,其民淳淳②;其政察察③,其民缺缺④。祸兮福之所倚,福兮祸之所伏。孰知其极?其无正也⑤。正复为奇⑥,善复为妖。人之迷⑦,其日固久。

是以圣人方而不割⑧,廉而不刿⑨,直而不肆⑩,光而不耀⑪。

注释

①闷闷:昏昏昧昧的状态,有宽厚的意思。

②淳淳:一本作"沌沌",淳朴厚道的意思。

③察察:严厉、苛刻。

④缺缺:狡黠、抱怨、不满足之意。

⑤其无正也:正,标准、确定;其,指福、祸变换。此句意为:它们并没有确定的标准。

⑥正复为奇,善复为妖:正,方正、端正;奇,反常、邪;善,善良;妖,邪恶。这句话意为:正的变为邪的,善的变成恶的。

⑦人之迷,其日固久:人的迷惑于祸、福之门,而不知其循环相生之理者,其为时必已久矣。

⑧方而不割:方正而不割伤人。

⑨廉而不刿:廉,锐利;刿,割伤。此句意为:锐利而不伤害人。

⑩直而不肆：直率而不放肆。

⑪光而不耀：光亮而不刺眼。

纪老师说

老子在本章中继上一章的意思，由政治得失的议论引出祸福互相依附、正反互相转化的道理，进一步向我们介绍执政者应有的执政原则和"圣人"如何教化的基本原则，就是"方而不割，廉而不刿，直而不肆，光而不耀"，总结起来无非四个字："方""廉""直""光"。这是"道德"的具体形象；要想对所有百姓进行"德化"，不能一开始就无差别地对所有人提出太高的要求，那会适得其反。究竟应该怎样做呢？那就是温厚淳和、春风化雨，具体到行动上就是："其政闷闷，其民淳淳；其政察察，其民缺缺。"

什么意思呢？是说，为政无非两种方法，一种是"闷闷"，一种是"察察"。那么，什么又是"闷闷""察察"呢？根据文意，我们可以看出，所谓"闷闷"，在概念上比较接近于上一章我们说到的"无言"，是指在执政方面不去对百姓指手画脚的意思。而"察察"顾名思义就是"明察秋毫"了，也就是把每个人都看成是潜在的"罪犯"，不允许你这样，不允许你那样，行为、语言甚至是思想都不得出轨。

那么这两种不同的执政方式都会有怎样的结果呢？

"闷闷"的政治是简约的，对社会的强制制约的成分很少，主要依靠个人的自我约束和社会的道德舆论；而"察察"的政治是繁复的，社会的稳定是建立在强大而精细的法律体系上的，每个人都是法律的专制对象。人的天性是讲究自由的，哪里有压迫哪里就会有反抗，压迫得越重反抗得也就越烈。

因此，在"察察"的政治里，人们都在时刻提醒自己不能触犯政府法令，这时候自然就与政府处在了对立面的位置上，并且由于心理的惯性和社会的影响在相互之间也形成了无情的对立。说白了，"察察"的政治不就是我们通常所说的警察式的政治吗，是建立在不平等的基础上的政治，这样的政治只能培养出顺民或者暴民，也就是老子那个时代的奴隶或者盗贼。你说国家会安定吗？

而在"闷闷"的政治里呢？每个人都是自己的主宰，每个人都有真正的尊严，人们都能自由地生活和创造，即使物质生活并不丰裕，但精神生活满足啊。所以每个人都能在这样的环境里发挥出最大的积极性、创造性。从人际关系方面，大家都是兄弟姐妹，都是生活和工作的合作者。

历史上有个人物叫郭槐，这可不是宋朝的那个大太监，而是春秋战国时期燕国的一位贤者，他就看透了这一点，我们来看一看他的故事。

公元前318年，燕国发生内乱，齐国乘机攻打燕国，杀死了燕王哙，占领了燕国的大片国土。不久，燕昭王即位。为了收复土地，治理好国家，使国家变得强盛，他亲自登门向燕国贤者郭槐请教治理国家、寻求贤能人才的计策。

郭槐说："想成就帝业的国君，把贤人作为老师看待；想成就王业的国君，把贤人作为朋友看待；想成就霸业的国君，把贤人作为大臣看待。而那些连国家都保不住的国君，则把贤人作为奴隶看待了。大王如果恭恭敬敬地拜贤人为师，虚心听取他们的治国之道，那么，天下的贤人就会归附到燕国来，有了这些贤人来帮您治理燕国，燕国很快就会强盛起来了。"

燕昭王说："我确实想向所有的贤人学习，只是不知道先去召见谁最合适呢？"

郭槐没有回答去找谁，而是对燕昭王说："大王，不用去找，那些贤人自己会来的。"

燕昭王不信，说："你是在忽悠我吧？"

郭槐说："我怎么敢忽悠大王您呢，您听我讲一个故事吧，听完故事，你就明白了。"

郭槐就给燕王讲了一个故事。什么故事呢？

从前有个国王非常喜欢千里马，想用重金去买一匹，可是过了好几年也没有买到。

有个大臣对国王说："让我来为大王效劳，去买千里马吧！"

国王同意了，那个大臣就去买千里马了。过了三个月，那个大臣就打听到了一匹千里马，可是当他赶过去买的时候，千里马已经死了，那个大臣就花了五百两黄金，把千里马的骨头买了回来。

国王看见大臣没有买到千里马，却花了重金买了马的骨头，非常生气："我让你去买千里马，谁让你用重金去买马骨头的！"

大臣说："陛下，您不要生气，我来告诉您买马骨头的道理。您想啊，一匹千里马的骨头都能值五百两黄金，更何况活的千里马呢？这下天下的人一定都知道陛下您确实非常喜欢千里马，必然认为大王是诚心想买千里马的人，并且一定会花大价钱买千里马的。我敢保证，不久一定会有人把千里马送上门来的。"

果然，过了不久，就有人送来了一匹千里马，不到一年的时间，就得到三匹千里马。

郭槐讲完了故事，又说："现在大王如果真想寻求贤人做老师，那就请从我开始吧。我就当那个千里马的骨头，连我郭槐这样的人都能受到您的重用，何况那些比我更有才能的人呢？他们就像千里马一样，一定会从千里之外自己送上门来的。"

燕昭王觉得郭槐说的很有道理，就专门为郭槐修建了宫室，并把他作为老师看待。这件事传开以后，果然有很多贤能的人从各国前来投奔燕昭王。燕国依靠着这些人才，逐步强大起来。

燕昭王求贤若渴、从善如流，就是在积累国家的软实力，从而给国家留足发展空间。

老子谈完政治后，觉得还意犹未尽，便把话题转到认识论上了，他说："祸兮，福之所倚；福兮，祸之所伏。"这句话可能大家都不陌生，自古到今这一直都是一个极为著名的哲学命题，在说明老子的辩证法思想的时候，学者们往往用它来加以论证。

大家都知道"塞翁失马"的故事，由马失而马回，是由祸得福；由得马而子残，是由福得祸；由子残而得父子相全，又是由祸得福。可见，福和祸是相互倚靠的，而且也是很难看明白究竟是福是祸的。所以老子才说："孰知其极？其无正也！"意思是说，谁又能知道它的根源呢？它是没有定规、没有成法的！冯友兰在《中国哲学史新编》中分析此句时这样说："老子哲学中的辩证法思想是春秋战国时期社会的剧烈的变革在人们思想中的反映。在中国哲学史中，从《周易》以后，即有辩证法的思想，但用一般的规律、形式把它表达出来，这还是老子的贡献。但是，老子还没有把客观辩证法作为自然界和社会中的最一般的规律提出来。除此之外，老子的辩证法思想还有很多严重的缺点，对形而上学思想作了很大的让步。"

第一，老子虽然认识到宇宙间的事物都在运动变化之中，但是认为这些运动变化，基本上是循环的，不是上升和前进的过程。它所谓"周行",就有循环的意义。

第二,关于运动和静止,是哲学中重要问题,"动"与"静"也是中国哲学中的重要范畴。老子承认事物经常在变化之中,但是他也说:"万物芸芸,各复归其根,归根曰静。"万物的"根"是道,"归根曰静"。他认为"道"也有其"静"的一方面;而且专就这一句话说,"静"又是主要的。因此,他在实践中特别强调清静无为,认为"重为轻根,静为躁君""牝常以静胜牡,以静为下",实际上表示对事物变化运动的厌弃。

第三,对立面必须在一定的条件下,才互相转化,不具备一定的条件,是不能转化的。祸可以转化为福,福也可以转化为祸,但都是在一定的条件下才是如此,例如主观的努力或不努力等,都是条件。照老子所讲的,好像不必有主观的努力,祸自动也可以转化为福;虽然有主观的努力,福也必然转化为祸。这是不合事实的。老子的这种思想,也是没落奴隶主阶级的意识的表现。他们失去了过去的一切,自以为是处在祸中,但又无力反抗,只希望它自动地会转化为福。老子认为对立面既然互相转化,因此就很难确定哪一方面是正,哪一方面是负。这样的"其无正"的思想,就对相对主义开了一个大门。后来庄子即由此落入相对主义。

对于老子的辩证法思想,冯老先生的批评是十分中肯的,一针见血地指出了其中的要害问题。但同时我们也感到,老子的辩证法是非常重要的,它已经具备了矛盾对立统一的规律的性质,看到了相反的东西可以相成,同时,他又知道相反的东西可以互相转化,这种认识的事物、观察事物的辩证方法,可以说是老子哲学上的最大贡献。

纪连海谈 道德经

原文

治人事天①,莫若啬②。夫唯啬,是谓早服③;早服谓之重积德④;重积德则无不克;无不克则莫知其极;莫知其极,可以有国;有国之母⑤,可以长久;是谓深根固柢,长生久视⑥之道。

注释

①治人事天:治人,治理百姓;事天,保守精气、养护身心。对"天"的解释有两种,一是指身心,一是指自然。此句意为保养天赋。

②啬:爱惜、保养。

③早服:早为准备。

④重积德:不断地积德。

⑤有国之母:有国,含有保国的意思。母,根本、原则。

⑥长生久视:长久地维持、长久存在。

纪老师说

在本章中,老子重点在于讲"啬",讲它的收敛精神、积蓄元气、深根固柢、长生久视之道。因而开篇写到:"治人事天,莫若啬。"那么,什么是"啬"呢?它在老子心中又是什么位置呢?在前面,我们提到过,"啬"可以解释为治国安邦的根本原则,同时也可以解释为节俭的美德。老子提出"啬"这个观念，这在春秋末年的思想界是很独特的。老子把"俭"当作"三宝"之一，他说："我有三宝，持而保之：一曰慈，二曰俭，三曰不敢为天下先。"他认为，只有"俭"才可以进一步扩大生活的范围，否则不会有什么发展的。

张松如在《老子校读》中说："啬者，亦俭也。啬就是留有余地；留有余地，才能早为之备；早为之备，才能在事物即将发生之顷及时予以解决；在事物即将发生之顷及时矛以解决，才能广有蓄积；广有蓄积，自然就战无不胜攻无不克；战无不胜攻无不克，自然就具有了无穷的力量。老子认为大而维持国家的统治，小而维持生命的长久，都离不开'啬'这条原则，都要从'啬'这条原则做起。所以说它是'长生久视之道也'。啬与俭当然符合'无为而无不为'的思想；不过，如果强调它是一种消极、退守的政治倾向，就未免只从表面形式上看问题，不见得是看到了它的精神实质。"

对于老子的这个"啬"，我们可以从个人、家庭、社会、自然几个角度进行分析。

从个人的角度来说，"啬"就是要遵循自然，修心养性，节省精力，减少欲望，积蓄力量。就是要心地单纯，真诚不妄，注重善德，有了浑厚之德，则心灵安宁，身体康健。常言道，无德不养道，德高寿自高，一个人品德高了，寿限自然也就高了。

从家庭的角度来说，"啬"就是要勤俭持家，节省开支，享受简单，把"啬"当作一种生活方式。

从治理国家的角度来说，"啬"就是要珍惜国家资源，励行节约，积蓄力量，国家才能有可持续的发展空间。就是要生于忧患，长远谋划，在灾祸到来之前未雨绸缪，才能以不变应万变。只有充分积蓄国力才能战无不胜，攻无不克，列入强国之林，不受外敌侵辱。

从人与自然和谐共存方面来说，"啬"就是要爱护自然资源，节制开采、合理利用有限的自然资源。尊重自然，顺应自然，保护生态，远离战争，才能使人类社会得以持续发展。任意掠夺自然资源，尽情榨取自然资源，严重破坏生态环境的行为是倒行逆施、背道而驰的。

以前曾看过一幅漫画，题目是"救救森林"。生活在"水泥森林"里的城市人，排着长长的队，等候进入博物馆观看地球上已很难看到的稀有物种——活着的树。漫画家通过形象和夸张的手法，发出了"惊世骇俗"的呼号：救救森林！

我们现在对森林的需求年年增长，它像一张大口吞噬着日益减少的森林。以造纸业为例。世界观察研究所的报告指出，造纸工业迅猛发展是世界森林的一大威胁。90年代每年用于造纸的木材消费比1950年增长了两倍。目前，世界被砍伐的树木有4%进了工业国家的造纸厂。美国是纸消费的第一大国，每年人均消费341公斤；其次是日本和德国。美国、日本和欧洲国家人口只占世界人口的三分之一，但纸制品消费却占世界的三分之二，这些国家的木材几乎全是从发展中国家进口的，因此发达国家对世界森林的减少负有不可推卸的责任。人祸猛于虎。造成森林锐减的正是我们人类自己。这是我们必须承认的现实。面对千疮百孔的"地球之肺"，人类是否应该反省?保护森林，从我做起，从日常的小事做起吧。

既然这个"啬"如此重要，那么我们怎样才能做到"啬"呢？老子说："早服谓之重积德。"什么意思呢？是说，早做准备其实就是积德，紧接着又说，只有"重积德"，才能"无不克"，才能"莫知其极"，才能"有国"。不难理解，老子是想告诉我们，达成"啬"的方式有两个，一是早做准备，一是重视积累。这其实也是任何事情取得成功的不二法门。

我国古代西晋时期的诗人左思，因创作《三都赋》而名噪一时，至今仍被人传诵。

你知道吗？传说左思在小的时候，身材矮小，貌不惊人，说话结巴，智商很低，口齿迟钝，一副痴呆的样子，学习成绩一般般，没有一点过人之处，连他的父亲都瞧不起他，常常对外人说后悔生了这个儿子。到了左思成年的时候，他的父亲还对朋友们说："左思虽然成年了，可是他掌握的知识和道理，还不如我小时多呢。"

左思不甘心受到这样的鄙视、侮辱，开始发愤学习。当他读了东汉班固写的《两都赋》和张衡写的《两京赋》后，很佩服两人写出了东京洛阳和西京长安的京城气派，文辞华丽，气势宏大。但他也看出了其中虚而不实、大而不当的弊病。因此，他下定决心依据事实和历史的发展，写一篇《三都赋》，把三国时魏都邺城、蜀都成都、吴都南京的真实景象写入赋中。

这个消息传出之后，一片哗然，还受到了不少文人墨客的嘲弄，当时的著名文学家陆机就不怀好意地讥讽他说："你这样一个斗大的字不识一升的老粗先生，还想作一篇《三都赋》？竟想超过班固、张衡，太自不量力了！真是不知天高地厚！等你写成了，也只配给我盖酒坛子罢了！"

左思听了这些话后，什么话也没有说，只是淡淡地一笑，可是他在心里却暗暗下了决心：别瞧不起人，你说我写不出来，我偏要写出来，并且写得让你们羡慕、嫉妒、恨！左思有了这样的决心，在别人的嘲笑和讥讽里，进行了广泛的阅读，深入的调查，收集了大量有关三国都城繁荣昌盛的相关资料。

准备工作做完之后，他便关上家门，深居简出，专心致志地构思、创作。他简直到了走火入魔的地步，在屋内、院中，甚至茅厕里都放上了纸，不管在什么时间，无论在什么地方，头脑中都是创作，只要想起一个好词、一个好句，便立即用笔记下来，从不放过任何一次机会。就这样，他熬过了整整十年的酷暑严冬，这篇凝结着左思甘苦心血的《三都赋》终于写成了！

《三都赋》果然是绝美佳作，文笔流畅，精彩传神，让人读后叹为观止。当时京城洛阳传抄的人非常多，以至于纸的供应都成了问题，因此造成了纸价大涨。成语"洛阳纸贵"就来源于这里。甚至以前讥笑左思的陆机听说后，也细细阅读一番，他点头称是，连声说："写得太好了，真想不到。"他断定若自己再写《三都赋》，决不会超过左思。

左思在别人的冷嘲热讽中，没有低下羞涩的头，丧失自己坚强的意志，而是在逆境中奋起，"走自己的路，让别人说去吧"，终于不负众望，完成了自己的惊世之作，这就是对那些嘲讽者的最好反击，也是对"早作准备"和"积累"重要作用的最好诠释。

"合抱之木，生于毫末，九层之台，起于垒土，千里之行，始于足下。"今天，我们修学储能，需要博观约取的智慧，也需要厚积薄发的积累，若能以储备粮食的紧迫感和危机感去寻真理、求真知，就会在知识的求索路上步履坚定，稳步前行。

原文

治大国，若烹小鲜①。以道莅②天下，其鬼不神③，非④其鬼不神；其神不伤人，非其神不伤人，圣人亦不伤人。夫两不相伤⑤，故德交归焉⑥。

注释

①小鲜：小鱼。

②莅：临。

③其鬼不神：鬼不起作用。

④非：不惟、不仅。

⑤两不相伤：鬼神和圣人不侵越人。

⑥故德交归焉：让人民享受德的恩泽。

纪老师说

本章老子为我们讲的主题是治理大国之道，也就是要"以道莅天下"。那么什么是治理大国的"道"呢？这个"道"究竟有什么特点呢？毋庸置疑，这个"道"仍旧是无为而治。不过，这一章里，老子对它的特点说得非常形象："治大国，若烹小鲜。"这句话大家是不是都觉得非常熟悉，的确，它流传极广，甚至可以说是深刻影响了中国无数

代的政治家们。

小鲜就是小鱼小虾。烹调小鱼小虾一般有以下几个注意事项：一是不能来回翻动，否则就烂成一锅粥了；二是火候要恰到好处，否则很容易烧焦或者不熟；三是不必多加作料，以免破坏了小鲜的原味。

那么，治国与烹调小鱼小虾又有什么联系呢？

车载在其专著中，对这句话是这样理解的："这一段话就治国为政说，从'无为而治'的道理里面，提出无神论倾向的见解。无为而治的思想，是老子无为的主张在政治上的运用。老子很看重'无为'，提出'为无为'，提出'无为而无不为'，反复说明这个道理，多方运用这个道理，这是它的'道法自然'的见解的发挥。它把这个道理运用在治国为政方面，主张'处无为之事，行不言之教'，当'民忘于治，若鱼忘于水'，就不需要再用宗教来辅助政治而谋之于鬼，于是鬼神无灵了。鬼神不再有任何作为，是为政的人'无为'的结果，符合'道法自然'的无为的规律。这是它提出无神论倾向的一个方面。"

不难看出，这句话预示着一定的哲理，是为政的关键所在。老子用极其形象、简洁的语言概括了这个极其复杂的治国谋略：它要求统治者安静无为，不扰害百姓，执政者就必须小心谨慎，认真严肃，不能以主观意志随意左右国家政治，这样，才能避免灾祸来临，保证国家的平安。如果统治者强行以个人的主观意愿去刻意改变社会，或者朝令夕改、朝三暮四、忽左忽右，老百姓就会无所适从，国家只能动乱不安。反过来说，如果国家制定的政策法令能够得到坚定不移地贯彻执行，富国强兵的情况就可能得以实现。在老子看来，一切外在的力量，都不至发生祸难的作用。唐太宗也是这么认为的，并且，也是这么做的。

唐太宗李世民是唐朝第二位皇帝，他名字的意思是"济世安民"。

他在推翻隋朝的战争中,率领军队南征北战,立下了赫赫战功。即位为帝后,积极听取群臣的意见、努力学习文治天下,成功转型为中国史上最出名的明君之一。唐太宗开创了历史上的"贞观之治",经过主动消灭各地割据势力、虚心纳谏、在国内厉行节约、使百姓休养生息,终于使得社会出现了国泰民安的局面。此举为后来的开元盛世奠定了重要的基础,将中国传统农业社会推向鼎盛时期。

公元626年,年仅二十九岁的李世民通过玄武门之变,登上了唐朝帝位,年号"贞观",史称唐太宗。

当时,位于北方草原的阿史那部首领颉利一直对中原的千里沃野虎视眈眈,想乘太宗皇位根基未稳,亲率十余万铁骑突然南下,直逼长安,欲与李世民逐鹿中原,一决高下。在年轻的唐朝面临战乱再起、山河破碎的危急关头,李世民高瞻远瞩、审时度势,力排众议,做出了倾其国库与颉利和交,以换取休养发展的艰难战略抉择。这一选择,使唐朝避免了兵连祸结、一蹶不振的危险。经历了这次耻辱,胸怀大志、性格坚韧的李世民决心尽快带领广大军民战胜颉利,一统草原各部,实现天下和平。为此他卧薪尝胆,励精图治,一方面大力发展农业生产,增强国家实力。另一方面加强军队训练,提高唐军战斗力。经过三年的准备,唐朝的国力显著增强,复仇的条件已经成熟了,唐军对荒漠枭雄的反击战终于打响了。大唐将士同仇敌忾,英勇战斗,赢得了著名的定襄大捷,平定了北方,实现了国家的统一。

在赢得与颉利可汗战略决战的决定性胜利之后,唐太宗李世民为了让大唐王朝迅速走向和平建设的轨道,他显示出了海纳百川的气度,废除了中原王朝历代封建统治者"自古皆贵华夏而贱夷狄"的老传统,实行"夷汉一家"的民族团结政策,大胆地将处于灾荒中的数十万颉利

 纪连海谈 道德经

下属迁徙到中原,将良田草场划给他们耕种放牧,使这些草原灾民绝处逢生。李世民还重用民族人才,对各族精英一视同仁。这些举措让各族人民深为唐太宗对各民族爱之如一的博大胸怀所感染,使得因多年兵戈相见而积淀下来的矛盾得到化解,各族人们在唐朝辽阔的疆域内和睦相处,共同发展,谱写了一曲民族团结,共同繁荣富强的赞歌。唐太宗因此而被各民族尊奉为"天可汗",中国的疆域也因此而空前辽阔。

国家和平后,李世民以隋亡为鉴,推行开明的治国方略,选择了"抚民以静""偃武修文"的和平发展道路,坚定不移地把理政的重点放在发展农业,安定民生之上,省官并职,整肃贪渎;虚心纳谏,健全法制;选拔人才,繁荣文化,造就了"道不拾遗,夜不闭户"的良好社会风尚,新生的唐王朝走上一条快速发展的道路,大唐因此而成为一个四方来贺、八方来朝的强盛国家。著名的"贞观之治"从此被记录在中华民族的历史上,成为每一个中国人心中永远的光荣与骄傲!

原文

大邦①者下流，天下之牝，天下之交也②。牝常以静胜牡，以静为下。故大邦以下小邦，则取小邦；小邦以下大邦，则取大邦。故或下以取，或下而取③。大邦不过欲兼畜人④，小邦不过欲入事人。夫两者各得所欲，大者宜为下。

注释

①邦：一本作国。

②天下之牝，天下之交也：一本作"天下之交，天下之牝也"。交，会集、会总。

③或下而取：下，谦下；取，借为聚。

④兼畜人：把人聚在一起加以养护。

纪老师说

本章里，老子在谈论大国与小国的关系，给我们提出了"大者宜为下"的观点，重点强调大国应该守雌取下，在处理与小国的关系上，应保持谦下的姿态。

对于这个观点，任继愈在《老子新译》里说："这里老子讲的大国领导小国，小国奉承大国，是希望小国大国维持春秋时期的情况，不要

纪连海谈 道德经

改变。他希望社会永远停留在分散割据状态。这是和历史发展的方向背道而驰的。"任老先生为什么要这样说呢？这是老子学说的本性使然，我们都知道，老子学说的主要内容之一，就是小国寡民。他提倡的就是国与国之间相安无事，和平相处。这也是春秋末期这个特定时期所决定的，那时候，诸侯国林立，大国争霸，小国自保，战争接连不断，给人们带来了很大的灾难。

然而，纵观中国社会的发展史和世界社会的发展史，人类社会能否得到安宁与和平，往往由大国、强国的国策所决定。大国、强国的欲望不过是要兼并和畜养小国、弱国；而小国、弱国的愿望，则是为了与大国修好和共处。在这两者的关系中，最主要的一方就是大国、强国。

"当我们大为谦卑的时候，便是我们接近于伟大的时候。"这是印度诗人泰戈尔说的一句话。《易经》当中也提到"天道亏盈而益谦，地道变盈而流谦，鬼神害盈而福谦，人道恶盈而好谦"。可见，谦下的作用之大。

我们经常讲，海纳百川，有容乃"大"。什么是"大"？"大"就是要善于居于"下"位。什么叫作"大国"？是天下人向往之地，是众人盼归之地，是生命力吸引力并存之地。

想要成为屹立于世界民族之林的大国，就不能自以为大，不能自以为强，最好的是要把自己摆在处"下"的位置。小国可以用谦恭礼贤于大国，从而取得大国的礼遇。反之，大国也能从与小国的礼遇往来中得到自己应得的，正所谓各得其所。由此可见，处下可取上，所以，先要强大就必须善于处下。这个道理可以应用到为人处世的各方面。若想成功，就要具备大量的有利资源，唯有谦和处下才能具备更好的吸引条件，是成功的必备，也是合道的能量运行规律。任何一个成功者都要以江河为范，因为当你拥有了海纳百川的胸襟气魄时，伟大事业的成功也就离你不远了。

老子主张国家之间要互相尊重，平等相待，和平共处，和谐共存。大国、强国要用博大的胸襟、谦下的姿态去处理与他国，尤其是与小国的关系。这些道理对于当今世界仍有着非常重要的现实意义。

同样地，与人交往的最佳姿态也是"谦下""处下"。"未曾出土先有节，纵使凌云也虚心。"想必这也是那么多人喜欢竹子的原因吧。居高位但不盛气凌人，成大事者仍能礼贤下士，这样的人肯定会得到众人的拥戴。所以，谦下包容是我们人人都需要拥有的一种情怀和智慧。

1850年，淘金热遍布美国西部。远在德国的利维·施特劳斯也来到美国淘金，他头脑灵活，很快就积攒了一些钱。当他听说旧金山附近发现了金矿时，就把积蓄买成了日用品和衣服运到旧金山。那儿的金矿区缺乏物品呀，他很快就把货物售完了，又发了一笔小财。他在卖东西的同时发现一个问题，什么问题呢？矿工们的衣服经常破烂不堪，他们还经常抱怨说整个旧金山都买不到一条结实的裤子。为什么呢？那些尖锐的石头很快就会磨损、划破采石矿工的裤子，他们需要的是结实、耐磨的裤子。利维头脑灵活呀，就用原来准备做帐篷用的几卷粗帆布，让一个裁缝把这些既结实又厚的帆布缝制成裤子，卖给矿工，没想到很受矿工们的欢迎，一天工夫就卖完了所有的裤子。利维这下高兴了，找到发财的门路了！他很快又运来了许多粗帆布制作裤子。矿工们虽然称赞这种裤子结实、耐磨，同时也提出："这种裤子也有不足之处，就是裤子口袋不牢固。"利维了解到，原来矿工们会把金沙和矿石装进口袋里，因此口袋经常会被沉甸甸的东西坠得撕落下来。于是，利维赶紧想办法改进，和裁缝商量，用铜铆钉固定住口袋的四角，这样口袋就会很牢固了。

为了进一步提升这种裤子的品质，利维经常虚心地请人对这种裤子提意见，并及时改进，这样，最初的裤子就变成如今低腰、紧臀的样式，穿在身上使人显得粗犷、精悍、神采飞扬。

到后来，这种本来是专门为矿工设计的劳动裤子，很快在美国西部牛仔中流行开来，这种裤子便拥有了"牛仔裤"这样一个名字。以后逐渐传到了世界各地，受到了世界各地的人们、特别是年轻人的喜爱。

智者谦和，善者包容。谦和包容是一种美德，也是一种力量。人如此，国家亦如此。

原文

道者万物之奥①。善人之宝，不善人之所保②。美言可以市尊③，美行可以加人④。人之不善，何弃之有？故立天子，置三公⑤，虽有拱璧以先驷马⑥，不如坐进此道⑦。古之所以贵此道者何？不曰：求以得⑧，有罪以免邪⑨？故为天下贵。

注释

①奥：一说为深的意思，不被人看见的地方；另一说是藏，含有庇荫之意。其实两说比较接近，不必仅执其一。

②不善人之所保：不善之人也要保持它。

③美言可以市尊：美好的言辞，可以换来别人对你的敬仰。

④美行可以加人：良好的行为，可以见重于人。

⑤三公：太师、太傅、太保。

⑥拱璧以先驷马：拱璧，指双手捧着贵重的玉；驷马，四匹马驾的车。古代的献礼，轻物在先，重物在后。

⑦坐进此道：献上清静无为的道。

⑧求以得：有求就得到。

⑨有罪以免邪：有罪的人得到"道"，可以免去罪过。

纪老师说

老子认为，天地之间最宝贵的就是"道"。可贵便在于"求以得，有罪以免邪？"什么意思呢？善人化于道，则求善得善，有罪者化于道，则免恶入善。"道"并不仅仅是为善良之人所领悟，不善人也不会被道所抛弃，只要他们一心向道，去深刻地体会"道"的精髓要义，即使他们有罪过也是可以免除的。在本章里，老子为人们包括那些有罪之人找出了新的出路，这是非常有意义的。孔子也曾说："君子过而能改。"老子的思想与孔子所说也是有相似之处的。君子不需害怕犯错误，只要能认真改正，就算不上错误，况且，知错能改这只有君子才可以做得到。在本章里，老子从主观客观两个方面为有错者提供了一条正确的出路，"道"是不会嫌弃犯罪的人的，肯定要给他一个改错的机会；当然，作为犯罪者本人他也必须去体道、悟道，领会道的真谛，主客观这两方面的条件缺一不可。

在老子看来，任何人的行为规范和价值标准都是"道"，无论善恶每个人都需要它。可见修道的好处和重要性。他强调了道对于所有生命的重要性。老子说："道者，万物之奥。""道"是万物的深藏之地，是天下万民万物的保护神。"善人之宝，不善人之所保。"大道是一个人的修身之道，也是治国平天下之道。无论是善人还是不善之人都离不开"道"的引领和庇护。老子说："美言可以市尊，美行可以加人。"什么是"美言"呢？也就是"善言""真言"。"那"美行"指什么呢？也就是合"道"的行为。美行即为善行，美行即为德行，美行即为道行。美丽智慧的言语总是给人留一下美好的印象。

在二战结束后不久的英国首相大选中，现任首相丘吉尔落选了。他是个举世闻名的政治家，在外界看来，他的落选是一件极其狼狈的事，然而他却非常坦然。结果出来的时候，他正在自家的游泳池里游泳，当时秘书气喘吁吁地跑来告诉他:"不好了,丘吉尔先生,您落选了。"您猜当时丘吉尔的反应是什么?惊讶?愤怒?都不是。丘吉尔听了后爽朗地一笑说:"好极了,这证明我们胜利了。我们追求民主,民主胜利了,难道不值得庆贺吗?朋友,麻烦你把毛巾递给我,我该上来了。"丘吉尔是那么从容,那么理智,就说了一句话,一个宽容豁达的大政治家形象展现在了世人面前。

美好的言辞可以换来别人对你的尊重;良好的行为可以见重于人。我们一直提倡的"五讲四美三热爱",就是我们言行思想上的标准。

当然,老子认为,说的漂亮不如做的漂亮,看一个人是不是有道之人,要听其言,更要观其行。对于那些只会说漂亮的语言而不遵行道的不善之人,我们应该用行为去感化他们,而不要抛弃他们。老子这句话与第二十七章的"圣人常善救人,而无弃人;常善救物,而无弃物"是一个意思。古人为什么尊崇大道呢?因为修道能使善良的人德行日进,幸福快乐;能使有过失的人悔过免灾,避祸得福。

周处年轻的时候父亲就去世了,母亲对他娇生惯养,他从小就长得身材魁梧,力大无穷,当时的民谣说:"小周处,体力强,日弄刀弓夜弄枪。拳打李,脚踢张,好像猛虎扑群羊。吓得乡民齐叫苦,无人敢与论短长。"从这首民谣中就能了解周处当时在乡里是一个什么样的人物。他为人蛮横霸道,欺负百姓,是当地一大祸害。再加上他的家乡义兴的河中有条蛟龙,山上有只白额大虎,它们一起祸害百姓。义兴的百姓称他们是当地的三大祸害,而周处呢?是这三大祸害中最厉害的。

三大祸害在乡里害人,人们都想除掉他们,想来想去,也没想出好的办法。一天,有人用激将法对周处说:"周处你是一个大英雄,敢不敢去山上杀死猛虎?敢不敢去河里杀死蛟龙?"人们想出的这个办法,

 纪连海谈 道德经

实际上是希望三个祸害相互拼杀,死一个少一个,最后只剩下一个,让老百姓少受伤害。

周处受到激将法的刺激,英雄劲头上来了,立即到了老虎出没的山上,没费多大的劲就杀死了老虎,把老虎的尸体扛了下来,放到大街上让人们看。这时人们对周处那个夸呀,说你真是个大英雄,能杀死老虎,太厉害了。既然这么厉害,敢不敢去河里杀死蛟龙呢!周处经人这么一说,接着就下河斩杀蛟龙去了。蛟龙在水里有时浮起有时沉没,漂游了几十里远,周处始终同蛟龙一起搏斗。过了三天三夜,周处还没回来,当地的百姓们都认为周处已经死了,那个高兴呀,奔走相告,互相庆贺。结果呢,周处最终杀死了蛟龙从水中出来了。他在回来的路上听说乡亲们以为自己已死了,正在庆贺呢。他才恍然大悟,原来大家把自己也当作了一大祸害。他感到非常羞愧,并下决心改过自新。

怎样改过自新呢?他到了吴郡去找陆机和陆云两位有修养的名人,向他们请教。去的时候陆机不在,只见到了陆云。周处就把全部情况告诉了陆云,并说:"我想要改正错误,可是岁月已经荒废了,怕终究没有什么成就。"陆云说:"古人珍视道义,认为'哪怕是早晨明白了道理,晚上就死去也甘心',况且你的前途还是有希望的。再说人就怕立不下志向,只要能立志,又何必担忧好名声不能传扬呢?"周处听后就改过自新,发愤图强,拜文学家陆机、陆云为师,终于学得文武双全,得到朝廷的重用,他为官清正,不畏权贵。西晋元康六年,授建威将军,奉命率兵西征羌人,次年春于六陌(今陕西乾县)战死沙场。死后追赠平西将军,赐封孝侯。

君子孰能无过?君子过而能改便是道的指引了。

所以我们每个人都应该学道、悟道、行道。

原文

为无为，事无事，味无味①。大小多少②。报怨以德③。图难于其易，为大于其细；天下难事，必作于易；天下大事，必作于细。是以圣人终不为大④，故能成其大。夫轻诺必寡信，多易必多难。是以圣人犹难之，故终无难矣。

注释

①为无为，事无事，味无味：此句意为把无为当作为，把无事当作事，把无味当作味。

②大小多少：大生于小，多起于少。另一解释是大的看作小，小的看作大，多的看作少，少的看作多，还有一说是，去其大，取其小，去其多，取其少。

③报怨以德：此句当移至七十九章"必有余怨"句后，故此处不译。

④不为大：是说有道的人不自以为大。

纪老师说

所谓的理想中的"圣人"都是如何对待天下的呢，在老子看来，都是持有"无为"的态度，换言之也就是顺应自然的规律去"为"，所以叫"为无为"。想把这个道理推及到人类社会的通常事务当中去,就是要用"无事"的态度去做事情。正是因为如此,所谓"无事",就是希望人们从客观实际情况出发,只要条件成熟,就会水到渠成,想要做的事情自然也就做成了。在此,老子是不主张统治者任凭自己的主观意志去发号施令,强制推行什么事。"味无味",把无味当作味,老子这是用生活中的常情打比方,这个比喻是非常形象生动的,人如要知味,必须首先从尝无味开始,把无味当作味,这就是"味无味"。老子接下来说"图难于其易"。这是意在提醒人们在处理一些困难的事情时,要学会先从细小容易之处着手考虑。面对着细小容易的事情,万万不可掉以轻心。"难之",这是一种慎重对待事情的态度,缜密的思考、细心而为之。老子在本章所述,对于人们来讲,无论行事还是求学,都是坚定不移的真理。同时,它也是一种极其朴素的辩证法的方法论,其中暗含着对立统一的法则,隐含着由量变到质变的飞跃的法则。与此同时,我们也不难看出,本章的"无为"并不是指人们无所作为,而是用"无为"去获得"无不为",老子说"是以圣人终不为大,故能成其大"。这正是从方法论上说明了老子的确是主张以无为而有所作为的。

天下大事,必作于细;天下难事,必成于易,论做人、做事,都要注意细节,从小事做起。有的人一心立志做大事,觉得自己高人一等、胜人一筹,从而忽视了小节,结果呢,不但没有提升自己,反而更加失败,是一滴滴水融汇成了浩瀚的大海,是千百棵树连接成了茂盛的森林。无数细小的成功才会积攒成傲人的成绩。只有把握酝酿细节,才会取得成功。看不到细节,或者不把细节当回事的人,对事情只能是敷衍了事,不会产生做事的热情,也不会感受到成功的乐趣。而考虑注重细节的人,不仅会将小事做细,而且注重在做事的细节中找到机会,从而使自己走上成功之路。

"一屋不扫，何以扫天下"这是古人训，"细节决定成败"这是今人言。时代有变，从小事做起，注重细节的道理，古今传承，从未改变。书中提到："今后的竞争将是细节的竞争"，芸芸众生能做大事的实在太少。多数人的多数情况还是做一些具体的事、琐碎的事、单调的事，但这就是工作，是生活，是成就大事不可缺少的基础。

20世纪50年代初，那个以科学技术发达而著称的国家为了向世人炫耀自己的军事能力，决定组织一场规模宏大的军事演习，这次军事演习该国的陆、海、空三军全部参加。

演习的时候，邀请了世界各国的重要领导人前来观摩。演习过程中，整齐的队列、严肃的军容以及当时最先进的武器装备，都让所有在场人士大开眼界。正当观看演习的人们兴趣正浓的时候，压轴戏上场了，一架当时世界上最先进的战斗机来到了演习现场。据说这架战斗机的飞行员经过多次选拔，选出了被认为是该国驾驶技术最好的飞行员执行这次任务。因为这种型号的战斗机是首次亮相，为了确保万无一失，在演习之前，相关的部门已经对这架飞机进行了全面检查，而且地勤人员也对飞机实施了多次全方位的检测。

随着指挥员一声令下，飞行员精神抖擞地启动了飞机。人们紧紧地将视线锁在飞机上，期待着看到飞机直冲云霄。但是他们失望了、惊呆了。因为他们没有看到飞机升入天空的飒爽英姿，而是看到了飞机一离开地面就发生剧烈震动，然后就一头栽到了跑道上。"轰隆……"一声巨响，映入人们眼帘的是滚滚的浓烟及支离破碎的飞机残骸。

本来应该是一场壮观的军事演习，但因为出现了意外而匆匆结束了。总统下令调查引起这次事故的真正原因。调查人员不敢怠慢，立即对飞机本身的各项技术指标以及飞行员的情况进行了全面而深入的调查。飞机的制造技术是当时最先进的，毋庸置疑，飞行员的驾驶经验和技术，以及各项素质要求也全都符合标准。

那么问题来了，到底是什么原因引起如此严重的事故呢？随着调查工作的不断开展，谜底被一层层拨开，但最终的结果却令人难以置信——造成这次飞机失事的罪魁祸首竟然是飞行员衣服上的一颗纽扣。原来在飞机起飞的一刹那，飞行员衣服上的一颗纽扣掉了，正好落到了一台仪器当中，致使仪器不能正常运行，进而影响了其他部件的运转，最后导致了机毁人亡的惨剧。

"阻挡你前进的不是远处的山峰，而是鞋底的一粒沙子"。生活中处处昭示着这样一个道理：要想取得最后的成功，就要注重每一件小事、每一个细节，细节决定成败。

原文

其安易持，其未兆易谋；其脆易泮①，其微易散。为之于未有，治之于未乱。合抱之木，生于毫末②；九层之台，起于累土③；千里之行，始于足下。为者败之，执者失之④。是以圣人无为故无败，无执故无失⑤。民之从事，常于几成而败之。慎终如始，则无败事。是以圣人欲不欲，不贵难得之货，学⑥不学，复众人之所过，以辅万物之自然而不敢为⑦。

注释

①其脆易泮：泮，散，解。物品脆弱就容易消解。

②毫末：细小的萌芽。

③累土：堆土。

④为者败之，执者失之：一说是二十九章错简于此。

⑤是以圣人无为故无败，无执故无失：此句仍疑为二十九章错简于本章。

⑥学：这里指办事有错的教训。

⑦而不敢为：此句也疑为错简。

纪连海谈

纪老师说

老子在本章之所以讲到"民之从事，常于几成而败之"，是因为他对人生有太多体验，对万物有太多洞察和思考。为什么很多人总是在事情即将要成功的时候却失败了，不能持之以恒呢？对于出现这种情况的原因，老子有他的理解和思考：主要原因在于将要成功的时候，人们没有足够的谨慎之心，逐渐出现懈怠之态，逐渐缺失对待事情初始时的那种热情态度，韧性逐渐消失，假设能够做到"慎终如始"想必就会获得"则无败事"。对此，老子认为，一个人想要将自己的智能或技能发挥到最佳状态，只有在心里平静的自然状态下才能够做到。总而言之，即使在最后关头也要像事情一开始的时候那样谨慎从事，如果做到这样，就不会出现失败的情况了。

老子采用三个排比句的形式在本章的第二个部分当中叙述道："合抱之木，生于毫末；九层之台，起于累土；千里之行，始于足下。"让我们不禁想起荀子《劝学篇》中所写的这几句话："积土成山""积水成渊""不积跬步，无以至千里；不积小流，无以成江海。"由此可见，老子、荀子他们俩在思想观点上是有某些相同或承继关系的，换言之，荀子是吸取了老子的这一观点。但又不是完全相同，在紧接着的后面结论，荀子与老子是持有不同观点的，荀子说"锲而不舍，金石可镂"，人要像蚯蚓那样"用心一也"，虽然"无爪牙之利，筋骨之强"，也要"上食埃土，下饮黄泉"，这是荀子提出的一种积极进取的思想主张；然而老子的主张则是"无为""无执"，其实也就是让人们依照自然规律去行事，要具备坚强的毅力，树立必胜的信念，保持耐心地一步一脚印地，一点一滴地完成，稍有松懈，就会前功尽弃、功亏一篑。

走向胜利的道路都不是平坦的。人生并不总是一帆风顺，总会有潮起潮落的时候，我们只有勇往直前，持之以恒，才能最终成功抵达胜利的彼岸。人，如果想要始终如一地追求自己的梦想，就必须有一定的韧性，并且坚持下去。"坚"就是朝着一定的目标走去，"持"就是一鼓作气途中绝不停止。成功除了坚持到底外，没有任何捷径。成功就在于坚持，并且一往如前，坚持到底。始终坚持自己的梦想，始终为成功做好每一个打算。

千里之行始于足下，再高的楼台，也是从地基开始的。做什么事情都要有所准备，正所谓未雨绸缪，事半功倍。公元前1046年，周武王灭了商朝。为了表现周武王的仁爱之心，安抚商朝遗民，他把纣王的儿子武庚封在朝歌做诸侯，同时又把自己的三个弟弟管叔、蔡叔和霍叔分别封在武庚的东面、西面和北面，以便监视他，防止武庚作乱造反。

周公以及召公也是周武王的弟弟，他们在帮助武王推翻商朝的战斗中都立了大功，武王就把他们留在京都辅政，其中周公最受信任。

两年后，周武王得了病，病得很重。大臣们焦虑万分，周公更是非常着急，并特地在祭祀的时候告周朝的祖先，表示愿意代哥哥去死，请先王保佑武王恢复健康，祭祀完毕，周公把祝辞封存在石室里，并严令史官不得将这个消息泄密。

事情就这么巧，传说周公向祖先祷告后的第二天，周武王的病开始出现了转机，周公和其他大臣都十分高兴，纷纷向武王表示祝贺。可是好景不长，没过多久，由于过度操劳，周武王旧病复发，虽经过名医精心治疗，也没有治好周武王的命。周武王死后，年幼的太子姬诵被拥立为王，史称周成王，周武王临终前任命周公辅佐姬诵摄政。

周公的摄政引起了其他兄弟们的不满。他们到处散布谣言，说周公摄政是为了篡夺王位，从而引起了周成王的怀疑，周公虽然忠心耿耿、

纪连海谈 道德经

没有篡夺王位之心，但有口难辩，有理说不清，没办法只得离开京都。

这时，不甘心商朝灭亡的武庚见周氏兄弟之间出现了矛盾，认为机会来了，就派人去联络管叔等，挑拨他们与周公的关系，同时积极准备，招兵买马，寻找机会起兵叛乱。

周公离开京都后没有闲着，而是暗地里不断调查，查找造谣的人和相关的证据。经过两年的仔细调查、取证，终于查清了谣言的来源，弄清了武庚暗地里联络管叔，造谣离间，使他们兄弟之间出现矛盾，然后寻找机会骑兵叛乱的事实。他弄清楚原因后十分焦急，怎样告诉周成王呢？他想出了一个办法，写了一首名为《鸱鸮》的诗给成王。诗的大意是：鸱鸮啊鸱鸮，你夺走了我的孩子，不要再毁掉我的窝！趁着天未下雨，我要剥下桑根的皮修补好门窗，我的手已发麻，嘴已磨损，羽毛也将落尽，可是我的窝还在风雨中飘摇！

这首诗以母鸟的口吻，反映了周公对国家大事的深切忧虑，但年轻的周成王没有弄清诗的含义，也未能了解周公的苦心，对武庚的所作所为无动于衷。后来，周成王无意中在石室里发现了周公的祝辞，深为感动，就立即派人把周公请回京城。

周公回京后，把他调查的情况告诉了周成王，周成王立即派他出兵征讨管叔和武庚。周公足智多谋，英勇善战，武庚的叛军不堪一击，叛乱很快就平息了。周王朝的统治得到了及时的巩固。

在事情还没有正式发生的时候就要开始谋划，事物在还没有出现乱象的时候就要考虑到对它的治理。你的脚步迈出去以后，就要脚踏实地地走下一步，未雨绸缪，持之以恒，个人做事是这样，一个国家的治理更需要如此。

原文

古之善为道者，非以明民①，将以愚之②。民之难治，以其智多③。故以智治国，国之贼④；不以智治国，国之福。知此两者⑤亦稽式⑥。常知稽式，是谓"玄德"。"玄德"深矣，远矣，与物反矣⑦，然后乃至大顺⑧。

注释

①明民：明，知晓巧诈。明民，意为让人民知晓巧诈。

②将以愚之：愚，敦厚、朴实，没有巧诈之心。不是愚弄、蒙昧。此句意为使老百姓无巧诈之心，敦厚朴实、善良忠厚。

③智多：智，巧诈、奸诈，而非为智慧、知识。

④贼：伤害的意思。

⑤两者：指上文"以智治国，国之贼；不以智治国，国之福"。

⑥稽式：法式、法则，一本作"楷式"。

⑦与物反矣：反，通"返"。此句意为"德"和事物复归于真朴。

⑧大顺：自然。

纪老师说

纵观本章，我们不难发现"非以明民，将以愚之""民之难治，

纪连海谈 道德经

以其智多"这些句子,单从文字的表面意思上看,很容易得出"为统治阶级出谋划策,而且谋划的都是阴险狡诈之术"的结论。自古以来,作为封建统治者们,他们对人民群众实行的"愚民政策",跟老子"非以明民,将以愚之"不能说是一点联系没有,但也并不能由此得出直接的结论。

从老子的本意来看,他也绝对不是为了迎合统治者的需要而提出一套愚民之术的。对此,张默生先生认为:"他是愿人与我同愚,泯除世上一切阶级,做到物我兼我的大平等,这样自可减少人间的许多龃龉纷争。"然而,也有学者认为:"老子的愚民思想,后来被法家所吸取,成为越来越荒谬的愚民政策;而且一脉相承下来,要对形成以阿Q精神和不怒、不争为特点的国民性负责。对于这种论点,我们不能同意。正如陈鼓应先生在《老子注译及评价》所说,'老子认为政治的好坏,常系于统治者的处心和做法。统治者若是真诚朴质,才能导出良好的政风,有良好的政风,社会才能趋于安宁;如果统治者机巧黠猾,就会产生败坏的政风。政风败坏,人们就相互伪诈,彼此贼害,而社会将无宁日了。'基于这个观点,所以老子期望统治者导民以'愚'。"

老子生当乱世,感于乱世的根源莫过于大家攻心斗智,竞相伪饰,因此呼吁人们扬弃世俗价值的纠纷,而返璞归真。老子针对时弊而作这种愤世矫枉的言论。不难看出,陈鼓应先生对老子这种"非以明民,将以愚之"的主张,有着深入切实的评价,并且这是一个极为中肯的评价。老子一直殷切地希望老百姓们不要被智巧、争夺搞得心迷神乱,更不要把原始的质朴、淳厚的人性给泯灭掉了,要顺其自然,老子在本章所提到的"愚",不也正是质朴、自然的另一种表达方式吗?

如果一个国家从根本上杜绝尔虞我诈,每一个人都敦厚老实,那么

这个社会风气就会很好，国家发展得就更为顺利。

"将以愚之"的"愚"是什么意思呢？应该是大智若愚的愚，用真实自然质朴来修身养性，这是道德修养的最高境界。"以其智多"的"智"是什么意思呢？是奸诈投机取巧之智。

老百姓如果受统治者的影响，沾染了机巧伪诈的恶习，那么肯定也难以治理。所以一个国家用机巧伪诈治理国家，必然是不行的，会使家国遭受祸患。

在那个烽烟四起的春秋乱世，人们用尽心机，尔虞我诈，不择手段。如果统治者信奉机巧伪诈之术，必定会败坏政治风气，一个国家政治风气的败坏必然导致民风的败坏。政风影响民风，民风影响人气，老百姓生活在一个尔虞我诈的环境里，哪能有幸福感和快乐感？

无论是国家还是个人，投机取巧都不可取，淳厚朴实才是永久之道。古代善于为道的人，不是教导人们知晓智巧伪诈，而是教导人们淳厚朴实。做人，可以什么都没有，唯有善良正直不能丢。在人类几千年文明历史进程中，先哲们积累了许多的至理名言和故事，向我们展示着伟大的智慧。

郑板桥，人称板桥先生，以卖画为生，是"扬州八怪"重要的代表人物。

郑板桥一生只画兰、竹、石三种，自称"四时不谢之兰，百节长青之竹，万古不败之石，千秋不变之人"。他的诗、书、画，世称"三绝"，是清代比较有代表性的文人画家。他的书法作品"难得糊涂"，乃是他为官之道与人生之路的自况。后人感慨这"难得糊涂"四字中富含的哲理，便以横幅的形式挂于家中，作为处世的警言。

公元1754年秋，郑板桥由山东范县调任潍县知县，上任之时正遇百

纪连海谈 道德经

年未见的旱灾，老百姓流离失所，生活在水深火热之中。而皇上派来巡视民情的钦差姚耀宗却不闻不问，反而向他求字画。郑板桥就以鬼画讽刺，钦差姚耀宗怒而撕画。后来郑板桥被免职，据传与此事有很大的关系。郑板桥看见老百姓的惨象，心力不支，非常忧郁。他的妻子劝告他说："既然皇上不问，钦差不理，你就装糊涂嘛！"郑板桥怒言："装糊涂，我装不来。你可知道，聪明难，糊涂难，由聪明变糊涂更难，难得糊涂。"由此而有所启发，就以"拯救万民，在所不惜"激励自己，并开官仓赈灾。他所说的这句话，后来就成了他写的字"难得糊涂"的自注。

"难得糊涂"是在哪里写的呢？据说，"难得糊涂"四个字是在山东莱州的云峰山写的。有一年郑板桥专程至此观郑文公碑，流连忘返，不觉天黑了，只好借宿于一山间茅屋中。屋的主人是一个儒雅的老翁，自称"糊涂老人"。他的房中陈列了一块方桌般大小的砚台，石质细腻，镂刻精良，郑板桥十分赞赏。老人就请郑板桥题字刻于砚背上。板桥认为老人必有来历，便题写了"难得糊涂"四字，用了"康熙秀才雍正举人乾隆进士"的方印。

因砚台尚有许多空白，板桥说："老先生应该写一段跋语。"老人便写了"得美石难，得顽石尤难，由美石而转入顽石更难。美于中，顽于外，藏野人之庐，不入宝贵之门也。"他用了一块方印，印上的字是"院试第一，乡试第二，殿试第三。"郑板桥一看大惊，知道了老人是一位隐退的官员。有感于糊涂老人的命名，见砚背上还有空隙，便也补写了一段话："聪明难，糊涂难，由聪明而转入糊涂更难。放一着，退一步，当下安心，非图后来福报也。"

根据郑板桥的出污泥而不染的高雅品格，要他做违背自己的理念

和道德的行为,显然是一种痛苦与折磨。聪明人基于良知道德有所为,而要他装作糊涂而无所为,的确很难。所以后人认为:郑板桥这段感慨"难得糊涂"的题书,有非常感性的心路历程,也是知识分子从政,在专制制度腐败政权中无法展现宏志的一种抗议之声。可见,政风不正,百姓如何安心?

老子心怀天下苍生,他告诫统治者牢记真朴要旨,要以"道"来教化民众返璞归真,而不要打着"明民"的招牌使民心变坏,不要为了一味地追求而舍弃自己善良的本心。这也是老子希望看到的政风、民风。

纪连海谈

原文

江海之所以能为百谷王①者，以其善下之，故能为百谷王。是以圣人②欲上民，必以言下之；欲先民，必以身后之。是以圣人处上而民不重③，处前而民不害。是以天下乐推而不厌。以其不争，故天下莫能与之争。

注释

①百谷王：百川狭谷所归附。

②圣人：一本无此二字。

③重：累、不堪重负。

纪老师说

在上一章里，我们说到，在研究老子的过程当中，有一些注释家是这样认为的：老子在这一章里想要表达的是一套如何利用人民、统治人民的权术问题。例如，张松如先生在《老子校读》中是这样看待的："这是向统治者献言，颇有点像班固所说的'君人南面之术'。"但是细琢磨，张松如先生所提的观点也并不完全和有些学者关于老子是为统治者出谋划策的观点一样，而是认为老子的主张是在反映农民的一种小生产者的愿望。老子这样说："'圣人'要想统治人民，就得用言辞对人民表示谦下；要想领导人民，就得把自身放置在人民后面。最后，要做到'居上而民弗重也，居前而民弗害也'。老子所说的这种理想现状不正是当时处于水深火热的广大农业小生产者迫切希望看到的吗？从事实上来看，在封建统治者当中又有多少人能做到这一点呢？以不争争，以无为为，这是合乎辩证法的原则的，同这也是农业小生产者的一种经济特点，是农业生产者阶级利益所代表的一种社会思想。

不过话说回来，老子只能把他的这种思想作为一种建议呈献给他理想中的那些能够体悟"道"的"圣人"。那么为什么只能以这样的方式来进献呢？张松如先生是这样阐述他的看法的："他们不能代表自己，一定要别人来代表他们。他们的代表一定要同时是他们的主宰，是高高站在他们上面的权威，是不受限制的政府权力，这种权力保护他们不受其他阶级侵犯，并从上面赐给他们雨水和阳光。农民阶级都是皇权主义者，这在他们刚刚走上历史舞台的古时，更是如此。天真幻想诚有之，贬曰滑头，作为阴险，未免过界了吧。"对于张老先生的这种观点的阐述，我们基本上是持赞同态度的。假设非要认为老子是在为统治者献计献策，那老子也是从劳动者的立场上去考量的，也是为了老百姓和国家的利益而去发声的。对于这样的观点和立场，我们觉得这和孔孟、儒家所提到的"君末民本"的思想多多少少地有一些相近或相似的地方，为什么会这样说呢，因为"君末民本"的思想依旧是在为封建统治者做好长久的打算。然而，在当今的学术研究当中这种主张已基本上得到学者们的肯定和赞同，那么我们是不是应该也对老子的这些主张表示肯定呢？答案是必须的。

老子倡议领导者们要有一种大江大海的博大胸怀，容纳百川。用一种包容的态度面对一切。下面我们来看看宰相肚里能撑船的故事。

纪连海谈 道德经

据传吕端在相位的时候，遭奸臣陷害，被削官还乡为民。吕端得旨后二话没说，便和书童背上行囊，挑上书籍，离开京城上路回家乡去了。

吕端刚到自家门口，看见家中正在设宴大办喜事，原来是弟弟结婚设宴，当地不少官吏和豪绅都来了。这些人见吕相爷回来了，又是大礼参拜，又是重上厚礼，弄得吕端哭笑不得。他见此情景后当众说出了真相："我吕端现在已经被革职还乡了！"此言一出，您猜怎么着，那些势利眼的官吏和豪绅们个个脸色突变，有的目瞪口呆，有的斜眼相视，有的甚至拿起礼品就走了。

真是无巧不成书。正在这个时候，村外传来了马蹄声，鞭声脆震长空。原来是皇上派御史来给吕端下旨的。那御史骑马直到吕端家门口，下马便大声喊道："吕端接旨！"只见吕端率全家老小，跪在地上静听"旨意"。大家的心蹦蹦地跳着，有各种各样的猜想。唯有吕端本人心中有数，猜出十之八九。只听那御史宣旨道："吕端回朝复任宰相，钦此！"

方才散去的那些豪绅，闻听吕端又官复原职了，个个面红耳赤，瞠目结舌，心中着实难堪。他们拉下脸皮，重新回到吕府送礼贺喜。吕端对于这些势利眼们的行为表面上无动于衷，可心中相当恶心。

在那些官吏当中，自然少不了本县那位七品知县。他坐着轿子走后复返，跪在吕端面前，一边像捣蒜似的给吕端叩头，一边自己打自己的嘴巴："相爷，我不是人，大人不计小人过。"吕端的书童很是生气，上前揪住那知县说："大胆狗官，竟敢戏弄我家相爷，摘去你的乌纱帽！"

书童此举，吓坏了那个知县，他便双手紧捂头上的乌纱帽。吕端这时上前拉住书童道:"不要这样!"书童很生气地说:"相爷,像他这样的势利眼,不能饶恕!"

"小弟呀,此言差矣!他知道自己做错了事,我们就应高兴,不必惩罚他了。我们何必强迫别人做他自己不想做的事情呢?"吕端说了这些话,感动得那位知县非常内疚,忙说:"相爷呀!相爷,你可真是宰相肚里能撑船啊!来,相爷,兄弟的喜事咱们重新操办,我给新娘抬轿子。"

吕端闻听此言,心想,我倒看看知县如何做戏。谁知那知县真的让新娘坐上花轿,他和衙役们抬着轿子,吹吹打打地沿村转了一圈,弄得吕端只是大笑,笑这些势利眼们的所作所为。

圣人只会为天下奉献而不会去索取,所以他们才是最大的赢家;这样的圣人虽然不去争当领袖而百姓偏偏选择他们,所以普天之下没有人能与他相争。

这样居下处后的圣人之德用于为人处世,会使我们终生受益。

纪连海谈 道德经

原文

天下皆谓我道大①，似不肖②。夫唯大，故似不肖。若肖，久矣其细也夫③！我有三宝④，持而保之。一曰慈，二曰俭⑤，三曰不敢为天下先。慈故能勇⑥；俭故能广⑦；不敢为天下先，故能成器长⑧。今舍慈且⑨勇；舍俭且广；舍后且先；死矣！夫慈以战则胜⑩，以守则固。天将救之，以慈卫之。

注释

①我道大：道即我，我即道。"我"不是老子用作自称之词。

②似不肖：肖，相似之意。意为不像具体的事物。一说，没有任何东西和我相似。

③若肖，久矣其细也夫：以上这一段，有学者认为它是章错简。

④三宝：三件法宝，或三条原则。

⑤俭：啬，保守，有而不尽用。

⑥慈故能勇：仁慈所以能勇武。

⑦俭故能广：俭啬所以能大方。

⑧器长：器，指万物。万物的首长。

⑨且：取。

⑩以战则胜：一本作"以阵则亡"。

纪老师说

　　老子在本章主要阐述两层意思：一方面是讲述了"道"的伟大之处；另一方面讲述了如何妙用法宝。在一部分学者看来，"道"的伟大和妙用法宝之间是没有什么关联的，是毫不相关的，有的还认为应把这章放到第三十四章"故能成其大"后面。对于这种看法，我们有不一样的见解和想法，我们认为老子所提出的这两层意思前后是有所照应的，是存在一定的内在联系的。举个例子，前两个句子是这样说的：天下人都说我"道"伟大，不像任何具体事物的样子，我这个伟大的"道"有什么护身的法宝呢？这就是"慈""俭""不敢为天下先"。不难看出，其实这也正是这两层意思内在的一种联系。什么是"慈"呢？这里面有一种柔和、爱惜的含义。老子在第四十章讲到"弱者道之用"；在第四十三章提到的"天下之至柔，驰骋天下之至坚"，在第五十二章提到的"守柔曰强"；还有在第四十五章讲到"清静为天下正"，以及在第五十五章讲到的"和"，还有第六十一章的"牝常以静胜牡"等思想主张，无不渗透着"慈"的意蕴，这些思想都可以包含在"慈"这个大的范围里。

　　对于老子的思想政治主张，如果用两个字做一个高度概括那便是"无为"，而"慈"换一个说法也就是老子所说的"无为"。三宝最首要原则是什么呢？"慈"首当其冲。我们把慈作为进攻的手段就可以取得胜利，退守则可以用来坚守固守。假如老天想要保护救助某个人，我们就可以用"慈"来保护救助他了。

　　"俭"又包含什么呢？"俭"的内涵可以分为二层，其一是节俭、吝惜的意思；其二是收敛、克制的意思。老子在第五十九章这样说到：

"治人事天，莫若啬。"这个道理与这章所说的"俭"具有相同的含义。俭也就是啬。老子希望人们除了要节约人力、物力以外，也要学会把精神聚敛起来，把能量积蓄起来，养精蓄神以便等待最好的时机。什么叫作"不敢为天下先"呢？这其中也包含二层意义，一是不争、谦让；二是退守、居下。在前面的第六十一章讲到的"大邦者下流"；还有第六十六章讲到的江海"善下"，这些都是说不为天下先的意思。这样的说法是符合"道"的原则的。总而言之，老子提出的"三宝"："慈""俭""不敢为天下先"等，是老子的一种总结之言，是对于"道"和"德"在社会实践意义上的总结。老子所处的年代，战乱频发，老子看到了太多硝烟战火，目击了太多的暴力残酷的画面，正因为如此，老子更加深刻地认识到这"三宝"会给治理国家安邦兴业带来重大的作用，所以才会极力地将这思想主张阐述发扬。

老子把道概括为三个字展示给世人：慈、俭、让。这三大法宝具体指什么呢？也就是慈爱之心、俭约之风和不争之德。"慈"就是慈爱、慈悲、慈善；"俭"就是勤俭、节俭、俭朴；"不敢为天下先"就是不争名、不争利、不争权，这也可谓是大德之人所具备的品行。

身处乱世的老子，亲眼看到烽火硝烟给人民带来的灾难，所以他一再劝诫领导者们一定要有一颗慈爱之心。有了一颗慈爱之心，这天下众生才得以庇佑，百姓们才能够万众一心，众志成城，战则必胜、守则必固。所以一个人具备慈爱之心才是有所成就的前提。

无论是治国还是正家，都需要培养慈爱之心。正所谓父慈子爱儿孙贤。一个家庭以慈爱为重，必定会形成一个有爱的家风，每个家庭成员也都会感受到这慈爱之心，从而将这慈爱传播。一个家庭什么都可以缺少，就是不能缺少慈爱。

静以修身，俭以养德。历史和现实告诉我们：一个国家要想繁荣昌盛，必须勤俭节约艰苦奋斗；一个国家要想长治久安，必须勤俭节约艰苦奋斗；一个国家要想自立自强，就必须勤俭节约艰苦奋斗。一粥一饭，当思来之不易，半丝半缕，恒念物力维艰。

大家对香港富豪李嘉诚应该不会陌生，他的人生颇具传奇色彩，创造了一个又一个的财富奇迹。出身贫苦的他在生活方面自始至终勤俭节约。

李嘉诚对自己的衣食住行并不讲究：一套西装能穿十年八年；皮鞋坏了，他觉得扔掉可惜，修一修接着穿；吃的同员工一样，是公司的工作餐；身为地产大亨的他住的不是豪宅别墅，而是1962年婚前购置的老房子。

李嘉诚的手表市价1000港元左右，已经戴了超过10年。眼镜竟也用了10年以上，只是因为度数增加换过镜片，却从没有更换镜框。

每次他宴请客人，都是吃简餐。作为富豪，参加盛宴是必不可少的，可他是怎样参加的呢？一次，他在澳门参加一个招待会，宴会厅金碧辉煌，餐桌上山珍海味，一应俱全。然而，当宴会快结束的时候，有人却看到这么一个细节：李嘉诚面前桌子上的一个盘子里，还剩下了两片西红柿，他微笑着低声把身边的助手招呼过来，你猜怎么着？只看他嘴角一开一闭，助手也轻步上前，两个人一人一片地把西红柿分着吃了。李嘉诚就这么简单地拿着筷子，自然而随意，没有一点做作，却感动了在场的所有人。"不能浪费"，简单的四个字，是李嘉诚先生一生坚持的生活观。正是这小小的两片西红柿，折射出了他勤俭节约的高尚品格。在他看来，即使是不起眼的小物件，也不能因浪费而抹杀了它存在的意义。

正如陆游所言："天下之事，常成于勤俭而败于奢靡。"一国如此，一家更是如此。

如果一个家庭以俭为重，必将形成良好家风，使家道永远立于不败之地。随着社会的发展，人们的生活水平在不断提高，但无论时代如何变迁，勤俭节约的法宝不可丢。一个家庭不管物质上多么富有，都要养成勤俭节约的美好家风。

原文

善为士者①，不武；善战者，不怒；善胜敌者，不与②；善用人者，为之下。是谓不争之德，是谓用人之力，是谓配天古之极③。

注释

①善为士者：士，即武士，这里作将帅讲。此句意为善作将帅的人。

②不与：意为不争，不正面冲突。

③配天古之极：符合自然的道理。一说"古"字是衍文。

纪老师说

老子在本章阐述了如何用兵作战的道理。很多学者常认为《道德经》是一部兵书，想必也是由此而来。在我们看来，这是老子针对军事现象为他的辩证法思想提供一种论据。其实，军事辩证法它本身就是一门非常深奥的学问。换种说法，本章内容既是在阐述用兵打仗，也在讲述辩证法的道理，如果我们这样去认为的话，也不是没有道理的。

归根结底，觉得《道德经》是一部兵书，这种想法那可真是对《道德经》产生了极大的曲解啊。接下来，我们针对"善战者，不怒"这个问题谈谈看法。

"主不可以怒而兴师，将不可以愠而致战。"这是《孙子兵法·火攻》里的一句话。什么意思呢？就是说一国之君不能因为一时的愤怒就去引发一场硝烟战火；将帅也不能因为一时的气愤不平就做出开火交战的决策。可见，这种军事思想和老子在本章里所讲的内容是大致相同的。

战争不仅仅是国力、物力、人力的一场较量，更是智慧的博弈。"武""怒"都是军事领导者没有理智且暴怒的一种体现。为什么万万不可怒呢？因为一旦"怒"上心头，就会失去往常的判断力，没有了冷静，当然也就不能够准确客观地分析研究敌我两方的优势劣势，如果真是这样，那么，客观实际情况会被将领们的主观臆断和暴怒的情绪迷惑，在这种状况之下，必定会带给国家和人民以及军队一场极大危害和灾难。古今中外，在战争史上这样的例子不胜枚举，军事上如此，人生也是这样。遇到瓶颈困难时，要保持什么样的心态去做呢？保持一种心平气和、不温不火、不急躁、不冲动的心境去思考问题和对策，认真仔细地去分析判断客观现实状况，由此就可以找到问题症结所在，也就能对症下药，找到万全之策。

正如老子所说，四善：不武，不怒，不与，为之下。也就是说，身为一名军中将帅，必须要有不争之德，还要具有用人之力。如何去做？就是不要单纯地使用武力，以德服众，用智慧取得胜利，只有这样方可让军队心悦诚服。同时，将帅一定要有冷静清晰的判断力，万万不可在愤怒的状态下意气用兵，这样只会徒增杀伐而已，百害无一利。而且将帅无论在何时何地都要把控全局，方能进退有余，切不可钻牛角尖计较一时的得失，更不要轻易殊死拼杀，孤注一掷，要有从容不迫的气量。知人善用，身为将帅一定要深得军心民心，要依靠众人的力量，并且把他们凝聚在一起。不应处处立威，而是要礼贤下士。刘备"三顾茅庐"，也是对老子"善用人者，为之下"思想的最好践行。

学会用人，用好人，才能形成最大的战力。公元前630年，秦国和晋国联合起来进攻郑国。秦国的军队驻扎在郑国都城的东边，晋国的军队驻扎在郑国都城的西边，把郑国团团包围起来，郑国危在旦夕。情况万分紧急，郑国君主郑文公连夜召集文武百官商量退兵之策。

有个大臣说："面对两大强国的左右夹攻，我国的形势看上去岌岌可危！但并不是没有办法解决当前的危机。两个国家夹击我们，只要我们能够说服秦国，让他们退兵，敌手就只剩下晋国，那么我国才能脱离危险。"

郑文公急切地问他："您说派谁去劝退秦军呢？"

那人推荐道："大夫烛之武能担此重任。"

到了半夜，周围漆黑一团，什么也看不清。在城东门，郑文公亲自把烛之武送到城楼上，他命令士兵拿来一只大筐，叫烛之武坐进筐中，上面用绳子吊着，把他徐徐下放到城外的墙根下。

烛之武趁着夜色偷偷地来到秦营中，找到秦穆公，一见到他烛之武就伤心地哭了起来。

秦穆公喝道："你是什么人？深更半夜哭什么呀？"

烛之武说："我是郑国大夫烛之武，在哭我们郑国快要灭亡了。"

秦穆公说："你们郑国要灭亡了，怎么跑到我们军营里来哭呢？"

烛之武说："我也是来替你们秦国哭呀！"

"你这是什么意思？"秦穆公好生奇怪，"我们秦国就要打败你们郑国了，怎么要你来哭我们秦国呢？"

烛之武说："我们郑国的国土，和贵国并不相连。我们在东，你们

 纪连海谈 道德经

在西,中间隔着晋国。所以,我们郑国灭亡了之后,只能被晋国占领。那时晋国就会比以前更强大,而贵国出兵打仗,消耗了国力,又没有得到土地,也就相对显得比晋国弱了。替别人打仗争土地,最后又拱手送给人家,白白地消耗自己的实力,这合算吗?再说,晋国的侵略野心,哪里有满足的日子,它东边灭了郑国,难道就不想向西边的秦国扩张了吗?"

秦穆公沉思了一会,说:"你说得对。"

烛之武说:"您如果肯解除对郑国的包围,我们郑国从此一定心向贵国,做个'东道主',贵国使者在东方道上往来经过的时候,郑国一定尽主人的责任,好好招待,这对你们没有什么不利的吧!"

秦穆公听了烛之武的分析,觉得很有道理,立即答应撤兵,并且和烛之武歃血立盟,同郑国建立盟国关系,互不侵犯。秦穆公没有和晋文公商量,就命令秦国的军队悄悄班师回国了,还留下杞子等三位将军,带领两千秦兵,帮助郑国守城。

晋国国君晋文公见秦穆公不告而别,主动撤军,还和郑国结为盟国,觉得很奇怪。秦国不和晋国攻打郑国,晋国自己去攻打郑国根本没有取胜的把握,也只好下令撤军了。

郑文公听取大臣建议,派遣烛之武来解决难题,结果令人欣慰。烛之武退秦师的佳话不正是知人善用的最佳践行吗?

老子的不武不怒这种不争思想,无论是在军事还是为人处世上,都有其存在的道理以及智慧。它会让一场战争取得胜利,更会让一个人提升自己,也会使一个国家和社会取得进步。

原文

用兵有言："吾不敢为主①，而为客②；不敢进寸，而退尺。"是谓行无行③；攘无臂④；扔无敌⑤；执无兵⑥。祸莫大于轻敌，轻敌几丧吾宝。故抗兵相加⑦，哀⑧者胜矣。

注释

①为主：主动进攻，进犯敌人。

②为客：被动退守，不得已而应敌。

③行无行：行，行列，阵势。此句意为：虽然有阵势，却像没有阵势可摆。

④攘无臂：意为虽然要奋臂，却像没有臂膀可举一样。

⑤扔无敌：意为虽然面临敌人，却像没有敌人可赴。

⑥执无兵：兵，兵器。意为：虽然有兵器，却像没有兵器可执。

⑦抗兵相加：意为两军相当。

⑧哀：闵、慈。

纪老师说

焦宏《老子翼》引吕吉甫曰："道之动常在于迫，而能以不争胜。其施之于用兵之际，宜若有所不行者也。而用兵者有言：吾不敢为主而为客,不敢进寸而退尺,则虽兵犹迫而后动,而胜之以不争也,而况其他乎。何则?主逆而客顺,主劳而客逸,进骄而退卑,进躁而退静。以顺待逆,以逸待劳,以卑待骄,进骄而退卑,进躁而退静。以顺待逆,以逸待劳,以卑待骄,以静待躁,皆非所敌也。所以尔者,道之为常出于无为,故其动常出于迫,而其胜常以不争,虽兵亦由是故也。诚知为常出于无为,则吾之常无行,其攘常无臂,其仍常无敌,其执常无兵,安往而不胜哉?苟为不能出于无为,知主而不知客,知进而不知退,是之谓轻敌,轻敌则吾之所谓三宝保而论之者,和于丧矣。故曰祸莫大于轻敌,轻敌几丧吾宝,夫唯以不争为胜者,则未有能胜之者也。故曰:抗兵相加,哀者胜矣。"

张松如先生在《老子校读》中是这样说的:"今人或谓老子以退为进的方针,在军事方面,则表现为以守为主,以守取胜的主张。这条总的作战原则是不对的,但老子提出的不可轻敌和双方兵力差不多相等的条件下,悲愤的一方将获胜等见解,还有它合理的地方。"唐朝王真注老的《道德经论兵要义述》中提到,"五千之言"的《老子》"未尝有一章不属意于兵也"。

这种论断许是有些不太符合实际的。从本章内容看,老子是持有反战态度的。他认为,万一不得已被迫卷入战争的是非当中,那我们就应该采取以守为攻的姿态,老子无疑是把他一直以来的忍让谦虚、无为静柔的思想哲学,通过军事战略再次表达出来,然而老子并不是专业的兵家,也并不是简单地针对军事而讨论军事。这在前面,我们已经多次提到,在此就不再赘述。

老子在这一章里再次论证了他的战争观:以退为进,以守为攻的军事思想。老子认为,一场战争的胜负并不在于你有多少英勇的士兵,有多少厉害的武器，有多少应战的勇气，而在于拥有慈爱的道德。其实，从古到今，真正有智慧的将领统帅们对这种思想也是默认的，在这场战役正式开火前，两方都会选择一些展示自己柔弱姿态的方法让对方自以为自己很强大，让对方产生骄傲自大的心理甚至轻敌，然后，趁其不备，出其不意，打他个措手不及。

下面让我们来看一下"退避三舍"的故事。

晋文公即位以后，整顿内政，发展生产，把晋国治理得渐渐强盛起来。他也想像齐桓公那样，做个中原的霸主。这时候，正好周朝的天子周襄王派人来讨救兵。周襄王的异母兄弟太叔带联合了一些大臣，向敌国借兵，夺了王位。周襄王带着几十个随从逃到郑国。他发出命令，要求各国诸侯护送他回洛邑去。列国诸侯有派人去慰问天子的，也有送食物去的，可就是没有人愿意发兵打敌人。有人对周襄王说："现在诸侯当中，只有秦、晋两国有力量打退敌人，别人恐怕不中用。"襄王才打发使者去请晋文公护送他回朝。晋文公马上发兵往东打过去，把敌人打败，又杀了太叔带和他那一帮人，护送天子回到京城。

过了两年，又有宋襄公的儿子宋成公来讨救兵，说楚国派大将成得臣率领楚、陈、蔡、郑、许五国兵马攻打宋国。大臣们都说："楚国老是欺负中原诸侯，主公要扶助有困难的国家，建立霸业，这可是时候啦。"晋文公早就看出，要当上中原霸主，就得打败楚国。他就扩充队伍，建立了三个军，浩浩荡荡去救宋国。公元前632年，晋军打下了归附楚国的两个小国——曹国和卫国，把两国国君都俘虏了。楚成王本来并不想同晋文公交战，听到晋国出兵，立刻派人下命令叫成得臣退兵。可是成得臣以为宋国迟早可以拿下来，不肯半途而废。他派部将去对楚成王说："我虽然不敢说一定打胜仗，但也要拼一个死活。"楚成

纪连海谈 道德经

王很不痛快，只派了少量兵力归成得臣指挥。成得臣先派人通知晋军，要他们释放卫、曹两国国君。晋文公却暗地通知这两国国君，答应恢复他们的君位，但是要他们先跟楚国断交。曹、卫两国真的按晋文公的意思办了。成得臣本想救这两个国家，不料他们倒先来跟楚国绝交。这一来，真气得他双脚直跳。他嚷着说："这分明是重耳这个老贼逼他们做的。"他立即下令，催动全军赶到晋军驻扎的地方去。楚军一进军，晋文公立刻命令往后撤。晋军中有些将士可想不开啦，说："我们的统帅是国君，对方带兵的是臣子，哪有国君让臣子的理？"狐偃解释说："打仗先要凭个理，理直气就壮。当初楚王曾经帮助过主公，主公在楚王面前答应过：要是两国交战，晋国情愿退避三舍。今天后撤，就是为了实现这个诺言啊。要是我们对楚国失了信，那么我们就理亏了。我们退了兵，如果他们还不罢休，步步紧逼，那就是他们输了理，我们再跟他们交手还不迟。"晋军一口气后撤了九十里，到了城濮（今山东鄄城西南），才停下来，布置好了阵势。楚国有些将军见晋军后撤，想停止进攻。可是成得臣却不答应，一步盯一步地追到城濮，跟晋军遥遥相对。成得臣还派人向晋文公下战书，措辞十分傲慢。晋文公也派人回答说："贵国的恩惠，我们从来都不敢忘记，所以退让到这儿。现在既然你们不肯谅解，那么只好在战场上比个高低啦。"

大战展开了。才一交手，晋国的将军用两面大旗，指挥军队向后败退。他们还在战车后面拖着伐下的树枝，战车后退时，地下扬起一阵阵的尘土，显出十分慌乱的模样。成得臣一向骄傲自大，不把晋人放在眼里。他不顾前后地直追上去，正中了晋军的埋伏。晋军的中军精锐，猛冲过来，把成得臣的军队拦腰切断。原来假装败退的晋军又回过头来，前后夹击，把楚军杀得七零八落。晋文公连忙下令，吩咐将士们只要把楚军赶跑就是了，不再追杀。成得臣带着败兵残将回到半路上，自己觉得没法向楚成王交代，就自杀了。晋军占领了楚国营地。把楚军遗弃下来的粮食吃了三天，才凯旋回国。晋国打败楚国的消息传到周都洛邑，周襄王和大臣都认为晋文公立了大功。周襄王还亲自到践土慰劳晋军。晋文公趁此机会，在践土给天子造了一座新宫，还约了各国诸侯开个大会，订立盟约。这样，晋文公就当上了中原的霸主。这就是"城濮之战"。

也就是从这件事情开始，"退避三舍"，意味着不争和退让。从此，退避三舍被很多军事家列为了诱惑敌人、迷惑敌人的战略。以退为进、以守为攻、轻敌必败、哀兵必胜，这不正是老子主张拥有慈爱之德在军事当中的体现吗？

老子以退为进的道理同样也适用于个人之间。当人与人之间发生矛盾摩擦的时候，如果一方能够主动后退，或许就可以化解纠纷，甚至化干戈为玉帛。"退三步"已经成为很多企业公司员工的必备法则了。"退三步"是一让再让三让，是化解怨气的好方法，让一步怨气减轻，让两步海阔天空，让三步祸乱不生。当双方发生争执，情绪激动，互不相让时，总是边吵边往前走，已经走到对方的跟前，这时候就像老子说的"不敢进寸而退尺"，再进一寸就是肢体接触，非打起来不可，如果退上一尺，退上三尺，既减轻了对方的压力，也减轻了自己的压力。

条条道路通罗马，做事情，学会迂回绕开坎坷，这也是一种智慧。退，并不是畏缩，只是为了更好地"进"。"临渊羡鱼，不如退而结网"，选择暂时的退却，积极做好准备后，换种方式再前进，这才是大智慧。

做事是这样，做人也如此。

原文

吾言甚易知，甚易行。天下莫能知，莫能行。言有宗①，事有君②。夫唯无知③，是以不我知。知我者希，则④我者贵。是以圣人被褐⑤而怀玉⑥。

注释

①言有宗：言论有一定的主旨。

②事有君：办事有一定的根据。一本"君"作"主"。"君"指有所本。

③无知：指别人不理解。一说指自己无知。

④则：法则。此处用作动词，意为效法。

⑤被褐：被，穿着；褐，粗布。

⑥怀玉：玉，美玉，此处引申为知识和才能。"怀玉"意为怀揣着知识和才能。

纪老师说

我们在研究前面的章节的时候，发现了一个问题，那就是老子在谈到政治理想和政治学说的时候，例如他常常提到的静、柔、俭、慈、无为、不争啊等，这些在他看来，都是完全合乎于道，完全本于自然的，所以，他就提出了这样的主张。

其实这些道理应该说是比较容易被人理解、接受并且去做到的。但是，当人们被名利束缚，沉迷于诱惑时，这无为的原则必然不被实行。老子一直致力于探寻人们的思想世界以及对人们的行为进行探索，老子将自己对这世界的认识进行了根本的阐述，他用平凡质朴、浅显易懂的语言文字向世人传达深刻的道理。就像一个人身穿粗布衣裳而怀里揣着美玉一样不被人重视。就是这样不被人理解，所以更谈不上这些原则道理被实行。难怪老子发出"知我者希"这样的感慨。对于这种观点，任继愈先生在《老子新译》中是这样说的："他自以为很高明，颇有怀才不遇、曲高和寡的苦闷。其实他唱出的是没落阶级的挽歌。并不是人们不了解他。而是历史抛弃了他。"然而，张松如先生却有不同的观点，他在《老子校读》中写道："历史却并没有冷落了他。单说先秦时期吧：相传春秋时的叔向、墨翟，战国时的魏武侯、颜触，都曾称引过他的话；庄子在《庄子·天下篇》则颂扬他'古之博大真人哉！'以宋研、尹文为代表的稷下学人又继承了老子而发展为黄老学派；至于韩非，更有《解老》《喻老》之作。降至秦后，西汉初年，黄老之学一度居于统治地位。司马谈《论六家之要旨》，实突出道家，而司马迁《史记》并特为立传。演至东汉，甚至神化为道教的始祖了。凡此一切，总不能说是'历史抛弃了他'吧。"

由此可见，任继愈先生和张松如先生发出不同的看法和理解是因为他们所持有的对这个问题的讨论标准不一样。举个例子，被历史抛弃了的问题到底是指什么呢？按照任继愈先生的理解，是说老子在他所生活的那个时代里，他提出来的这些处事原则和政治主张不被人们理解和采纳，所以老子感慨自己有一种怀才不遇、壮志难酬、政治主张无法施

 纪连海谈 道德经

展的苦闷之感,这种苦闷是一种曲高和寡的孤独感。从这个层面考虑的话,老子是不被他那个时代所接受的,也就是说被历史抛弃。那么,张松如先生又是从哪一方面进行思考的呢?张松如先生,他是从老子身后的几千年的历史长河中去研究他是不是被历史所抛弃的问题。正因如此,任继愈和张松如两位先生的思考角度不一样,看待标准不一样,所以他们的观点就存在差异性。

我们在历史上常常遇见这样的情景,壮志难酬、怀才不遇、政治抱负难以施展的君子们数不胜数,但是,他们却在身后的几百年甚至几千年的历史发展中被后世的人们所理解、看重。老子是这样的,孔子又何尝不是这样呢?所以,我们的认识是,老子是被他所生活的时代给抛弃了,他的原则、道理、政治主张是不能被人们看重的,更是不被实行的;然而,老子却又被后世的人们认可、看重,老子的思想学说、处事原则、处世之道、政治主张,一部分被统治者理解、接受并且加以实行,一部分被尊为道教的经典之论,被推向了至尊之位。

老子所处的那个时代,权势诱惑时刻考验着人们的纯真质朴,在如此强大的诱惑力面前,又有多少人能耐得住考验呢?正是如此,老子所倡导的"无为""不争"等处世思想又怎么能被世人理解接受呢?所以老子不无感慨:"我所说的大道原理很容易明白,也很容易实行。可天下却没有人能明白,没有人去实行。"为什么很容易理解、很容易践行的道理,推广实行起来那么困难?深究原因其实是百姓们被虚荣世界所迷惑。老子一直想着把自己的理论付诸实践,使这个家园成为一个无为而治的和谐的安乐的地方。可是,前路茫茫,如何去做呢?这正和伯乐千里马的关系一样,韩愈说"世有伯乐,然后有千里马。千里马常有,而伯乐不常有"。遇到伯乐的千里马无疑是幸运的千里马。我们来看一

看慧眼识英才的伯乐熊庆来的故事。

华罗庚读初中的时候，功课并不好，有时数学还考不及格呢。当时教华罗庚的数学老师，是我国著名教育家、翻译家王维克，他发现华罗庚虽然贪玩，但思维敏捷，数学习题往往改了又改，解题方法十分独特。一次，学校的老师感叹学校"差生"多，没有"人才"时，王维克说："不见得吧，依我看，华罗庚同学就是一个！""华罗庚？"一位老师笑道："你就看看他那两个像蟹爬的字，也能算'人才'？"王维克有些激动地说："当然，他的字一般，成为书法家的希望很小，可他在数学上有才呀，你怎么能从他的字上看出来呢？要知道金子被埋在沙里的时候，看起来和沙子并没什么两样，我们做老师的一双眼睛，就要有沙里淘金的本领，否则那是要埋没人才的啊！"

华罗庚初中毕业后，但因家境不好，便不得不退学去当店员，他一边做店员，一边自学。18岁时患伤寒病，命保住了，可是造成了右腿残疾。虽然这样，他依旧坚持自学。1930年春，他的论文《苏家驹之代数的五次方程式解法不能成立的理由》在上海《科学》杂志上发表。这引起了当时清华大学数学系主任熊庆来教授的重视，他问周围的人说："这个华罗庚是谁？"但是谁也没有听说过华罗庚这个人。后来，一位叫唐培经的清华教员向熊庆来介绍了华罗庚的身世。熊庆来听后非常赞赏："这个年轻人真不简单啊！应该请他到清华来。"这年，华罗庚只有19岁，却已经走过了一段相当坎坷的生活道路。

在熊庆来教授的培育下，华罗庚成为了世界上著名的数学家。我国许多著名科学家，如数学家徐宝禄、段学复、庄圻泰，物理学家严济慈、赵忠尧、钱三强、赵九章，化学家柳大纲等都是熊庆来教授的学生。60年代时，他已经70多岁了，还抱病指导两个年轻人，后来这两人也成了著名的数学家，他们是杨乐和张广厚。所以熊庆来教授既是中国近代数学的先驱，同时也是识千里马的伯乐。愿今天的学校多几个熊庆来这样的伯乐，此乃大学之幸，国家之幸。

《道德经》虽然文字极其简朴，道理简单，内涵却又是丰富至极的，也如同粗衣里面藏着美玉一般不被世人看重，被褐怀玉之德的道理告诉我们，我们要注重内心的充实，而不要虚有其表。有句话叫作"别看衣裳破，肚里有干货。"不过，话说回来，如果一个人只是把大道理挂在嘴上，而不去真正体悟、实行，这也谈不上懂道。

老子，是一位伟大的哲人，更是一位心怀世界、胸怀万物的思想家。老子是上天给世人的馈赠。老子的思想是拯救世界拯救人类的文化，是需要世人赏识的千里马。

原文

知不知①，尚矣②；不知知③，病也。圣人不病，以其病病④。夫唯病病，是以不病。

注释

①知不知：注解家们一般对此句有两种解释。一说知道却不自以为知道，一说知道自己有所不知。

②尚矣：尚通"上"。

③不知知：不知道却自以为知道。

④病病：病，毛病、缺点。把病当作病。

纪老师说

本章谈论的是认知问题，特别指出认识自身认知局限的可贵。知道并承认自己的"不知"，既需要应有的坦诚和勇气，又需要认识自身认知局限的理智和能力，这是一种偏重于自我反省的理智和能力。

在社会生活中，有一些人自以为是，不懂装懂，刚刚了解了一些事物的皮毛，就以为掌握了宇宙变化与发展的规律；还有些人没有什么知识，而是凭借权力地位，招摇过市，摆出一副智者的架势，用大话、假话欺人、蒙人。对于这些人，老子大不以为然，并且提出了尖锐的

纪连海谈 道德经

批评。

"知不知,尚矣;不知知,病也。"在这里"知不知",有两种理解。第一种是知道自己不知道什么,第二种是对目前似乎比较完善的现状不满足,而求进一步的"知"。"知不知,尚矣。""不知"是意动用法。"上"也是针对有知说的。意思是说,已经有了知识,还以为没有知识,这是上等的有知。人认知世界是无穷的,《庄子·养生主》里说:"吾生也有涯,而知也无涯。"庄子认为,我的生命是有尽的,而知识却是无尽的。人如果认识到这一点就会清醒地看到,每个人都有自己并没有认知的领域,这个领域比自己忆知的领域大得多。这样才能把自己的知识放在一个合理的限度里,这才是清醒的、正确的,所以才是上等的有知。

其次,做人的方法也是这样。比如我们都晓得唐朝代宗皇帝告诉郭子仪的话:"不痴不聋,不作阿姑阿翁。"做长辈的,有时候分明知道,但知而不知,装作没有看见。如果太精明了,水太清则无鱼,人太清则无福。可是,我也是只会说而做不到,所以,一辈子也没有福,看不见的也看见了,听不到的也听到了,始终想学"知不知",而偏偏都知,真的很麻烦。"知不知"也是人生的厚道处,尤其是做长辈的,或者做校长的,或工厂老板的,有时候要学会"知不知"。人就是人,有时犯一点小错误,你要偶然装作看不见,下一次他就不会错了。"知不知"是真聪明、假糊涂。

"不知知",就是自己不知道自己其实是不知道的,还以为自己是很明白的那个状况。得了一鳞半爪的知识就以为什么都知道了,这是"小器易盈"的表现。所以老子认为,这才是一种"病"。在自知之明的问题上,中国古代哲人们有非常相似的观点。孔子就曾经说过:"知之为知之，不知为不知，是知也。"（《论语·为政》）在老子看来，真正领会"道"之精髓的圣人，不轻易下断语，即使是对已知的事物，也不会妄自臆断，而是把已知当作未知，这是虚心的求学态度。只有这个态度，才能使人不断地探求真理。

那么，什么是"自知"呢？千万不要以为为自己评功摆好是自知，它更多的是指向对自己短处的认知，并且不是那种自然的短处，而是知道什么是自己所不具备的德行，从而谦虚地学习别人；什么是自己所承受不起的赞誉，从而识趣地让给别人。从这个意义上说，自知这件事说说容易，真做起来难。

人什么时候需要"自知"？是在日常吗？不是，是在荣誉猝然降临、赞美纷至沓来的时候，这种时候往往牵涉到利益，能做到大利在前，撒手一放，不是一件容易的事。

乾隆做皇帝的时候，有一年殿试，出现了让主考官为难的情况，什么情况呢？有两个考生的文采都非常出众，不相上下、难分伯仲，毕竟状元只能取一个，这下主考官拿不定主意了，犹豫了半天也没选出谁是状元。选出状元后要面君呀，可是乾隆皇帝等了很长时间也没见到状元、榜眼、探花的影子，他就纳了闷了，怎么回事呢？乾隆爷等得不耐烦了，于是就出了大殿，来到考试的地方看看到底是怎么回事。主考官见皇上来了，心想这下好了，来救星了。他们赶紧来到皇上身边，把两个考生难分伯仲的情况汇报给了皇上。乾隆皇帝了解了情况后说："这事不难，你们去把两个考生传来，我要亲自考一考这两个考生，看看谁的水平高。"主考官听了，赶紧把两个考生叫了过来。其他的大臣们听说皇上亲自出题定状元，都来看个究竟，看看皇上用什么方法选出状元来。

乾隆皇帝想了一会儿，对两个考生说："朕听说你们两个都文采出众，不相上下，现在就当着众位爱卿的面，朕要亲自出题考一考你们两个，谁胜出谁就是状元。我现在出一上联，你们对下联。听好了，此上联是：烟锁池塘柳。"考生甲一听到这几个字，马上脸色大变，一个字也没说，就快速离去了。考生乙紧皱眉头思索了一会儿，摇了摇头，也怏怏地离开了。乾隆皇上看到两个考生都走了，赶紧说："众位爱卿，快把两位考生传回来，状元已经定好了。"两个考生被传回来后，考生甲被乾隆皇帝钦点为状元，乙为榜眼。众位大臣都一头雾水，不明白皇上为什么选考生甲为状元，乾隆皇帝看出了众位大臣的意思，得意地说："哈哈，我出的这个上联看上去很简单，仅仅五个字，这五个字却包含了金木水火土五行，实属难对。甲考生一听便知，很有自知之明，所以马上离开了。乙考生思考了一会儿也没对上，才选择离开，所以考生甲的文采高于考生乙的文采。众位爱卿，你们说是吗？"大臣们听了后，明白了其中的道理，齐声说："圣上英明！"

在这一章里，老子特别提出：人要"知不知"，就是要知道却不自以为知道，这是讲谦虚的重要性，是一种对一己之才终有所不逮的自知。如果反是，"不知知"，即不知道却以为自己知道，就是不小的缺点了。

可是，千百年来，人还是如此，"知不知"的太少，"不知知"的却到处都是。这些人缺乏自知之明，刚刚学到一点儿知识，就以为了不起，从而目中无人，目空一切，甚至不把自己的老师放在眼中。这些人肆意贬低别人、抬高自己，以为自己天下第一，这说到底，如果不是道德品质问题，那就是没有自知之明。

原文

民不畏威①，则大威至②。无狎③其所居，无厌④其所生。夫唯不厌⑤，是以不厌。是以圣人自知不自见⑥；自爱不自贵⑦。故去彼取此⑧。

注释

①民不畏威：威，指统治者的镇压和威慑。此句意为，百姓们不畏惧统治者的高压政策。

②大威至：这个威是指人民的反抗斗争。

③无狎：狎通"狭"，意为压迫、逼迫。无狎，即不要逼迫的意思。

④无厌：厌指压迫、阻塞的意思。

⑤不厌：这个厌指人民对统治者的厌恶、反抗斗争。

⑥不自见：不自我表现，不自我显示。

⑦自爱不自贵：指圣人但求自爱而不求自显高贵。

⑧去彼取此：指舍去"自见""自贵"，而取"自知""自爱"。

纪老师说

人民对于国家机器的威力，对于统治阶级的威权通常都是有所畏惧

 纪连海谈 道德经

的,统治者却往往因此更加没有节制地加重压迫,以至于民不堪命,只好鼓足勇气,铤而走险。因此在本章中,老子着重讲统治者要有自知之明,反对采取高压政治,反对肆无忌惮地压榨百姓。提出了保持统治威权的一个基本原则——"无狎其所居,无厌其所生"。这个原则不仅适用于治国,对于修道养生等方面也是一样适用。

前面我们讲过,老子那个时代,人民处在统治者相互争夺的环境中,战争给人民带来了极大的痛苦,苛捐杂税压迫得人民喘不过气来,人民时时处处受到统治者的威逼,生活艰难,朝不保夕,甚至于生不如死。在这种情况下,还怕什么威逼?还怕什么死亡?人民的人性被极大地扭曲,这个时候最容易走上极端。人民为了生存就会反抗,有的甚至会去抢夺偷窃、暴乱,社会生活就会混乱,更有甚者还会发生弱肉强食、"易子而食"的可怕情景。所以老子说一旦百姓什么威逼都不怕的时候,"大威"就来临了。"大威"就是大的灾难、大的祸乱。这是老子对当时暴政的一种抗议,也是为统治者敲响的警钟。

公元前210年,秦始皇病死了,他的小儿子胡亥即位,就是秦二世。秦二世是个昏庸而残暴的皇帝。在他的统治下,老百姓的徭役赋税负担更为沉重,刑法更加苛毒。广大劳动人民在饥饿与死亡线上挣扎。

秦二世元年(前209年)秋,朝廷征发闾左贫民屯戍渔阳,陈胜、吴广等900余名戍卒被征发前往渔阳戍边,途中在蕲县大泽乡为大雨所阻,不能如期到达目的地,情急之下,陈胜、吴广领导戍卒杀死押解戍卒的军官,发动兵变。起义军推举陈胜为将军,吴广为都尉。连克大泽乡和蕲县,并在陈县(今河南淮阳)建立张楚政权,各地纷纷响应。

大泽乡起义又称"陈胜吴广起义",是秦末农民战争的一部分,沉重打击了秦朝,揭开了秦末农民起义的序幕,是中国历史上第一次大

规模的平民起义。这就是官逼民反的典型例证。毛泽东有句名言："哪里有压迫，哪里就有反抗"。其源头就在老子本章"民不畏威，大威至！"领导与被领导是一组互动关系！唐太宗李世民就深刻认识到了这一点：水可载舟，亦可覆舟！理解这一点，就会清晰老子无为思想的精妙，领导者秉持三宝，谦逊处下，见素抱朴，以利百姓，则百姓亲之誉之，天下自正！

有的学者认为："这一章可以看出老子对人民压迫斗争的敌视。"当然，我们认为老子不希望暴乱，不管是统治者的高压暴政，还是人民的反抗斗争，都极力加以反对，这是因为暴乱将给社会造成严重灾难。

那么，只要仔细加以分辨，我们就会得知，老子重点反对的是统治者的高压政策和自见、自贵的政治态度。因为人民的反抗斗争必须有一个前提，这个前提就是只有当统治者对人民实施暴政，压迫和掠夺人民的时候才会发生。所以老子警告统治者，对待人民必须宽厚，"无狎其所居，无厌其所生"。"狎"，帛书本作"闸"，是截断、关闭的意思。"厌"，压迫。两句的第一个字"无"通"勿"。这是老子对统治者的劝告，意思是要关注民生，给百姓正常起居生活，不要封闭、逼迫人民衣食住行等日常生活。哪里有压迫，哪里就有反抗。当人们一旦感到生活无望，生不如死的时候，就会以死相拼，去反抗腐朽的统治者。

纵观历史，不论是奴隶社会还是封建社会，国家分分合合，每一个王朝都不是永久的。反动统治一旦出现无法挽回的政治危机，就会被一个新的朝代所代替。这一历史现象产生的根源就在于统治者以"人"治国，实行以"人"（己）为本，利己主义。只有实行"以道治国""无为之治"，让权利永远属于人民，社会才能真正地安定，人民才会真正地富足。

纪连海谈 道德经

"夫唯不厌,是以不厌",前一个"厌"和后一个"厌"意思是不一样的,前面是压迫的意思,后面是厌恶的意思。"夫唯不厌",因为你不施加压力给社会人民,"是以不厌",所以人民自己也不感到压迫,自然会好好地活下去,活得很快乐。我们看动物世界,只要合于天时地利,那些动物自然就活得很好。

自知、自爱,是超越了功名利禄的最高的人格形象。所以,尊道贵德之人取自知、自爱,舍弃自见、自贵。坚守"三宝":慈、俭、不敢为天下先,以先天下之忧而忧,后天下之乐而乐为行为准则,以淡泊明志,宁静致远为心态,顺其自然地做到尊道贵德,才会受到全体公民的真正拥戴和爱护!

本章是论政治、谈管理。歌颂了尊道贵德之人的自知、自爱精神,鞭挞了专制统治者的自见、自贵作风。并告诫统治者,不要无视人民的力量,否则,必被人民推翻。

从另一个角度讲,老子倡导的"自知不自见,自爱不自贵",是对生命价值、生命意义的独到见解;是珍爱自己、尊重他人辩证关系的精辟表述。

"自知",是对自己的认识,对生命真谛的领悟,对自己生命价值的理解,对自己的优势、弱点的认定,对自己在群体中的地位、价值确认,这是一个漫长的勤奋学习、刻苦磨炼、深入思考的过程;"自爱",是对自己生命的尊重,爱护,珍惜,是珍惜自己生命的价值。珍惜,当然意味着精心呵护、保护、捍卫,但更为重要的是着力提升自己的生命价值,珍惜自己经过努力获得的成果,志在使自己的生命价值发挥到极致。

"自知"与"自爱",是对己而言,从本质上讲,是对自己生命

价值的尊重；而"不自见"与"不自贵"，即不自我炫耀、不刻意抬高自己，是对他人而言，从本质上讲，是对他人生命价值的尊重，人生活在天地间，应既有自知之明，又有知人之智。我们应该深切地认识到自己的生存与发展，始终不能离开他人的支持、帮助，而尊重他人，理解他人，支持他人，帮助他人，正是自己获得他人尊重、理解、支持、帮助的先决条件。因此，每一个人在自知、自尊、自爱、自立、自强的同时，一定不可忘记尊重别人，理解他人，爱护别人，帮助别人，至少不伤害别人。就像孔夫子所言"己欲立而立人，己欲达而达人""己所不欲，勿施于人"。

在纽约，某商人看到一个衣衫褴褛的铅笔推销员，顿生一股怜悯之情。他把1元钱丢进卖铅笔人的怀中就走开了，但他又忽然觉得这样做不妥，就连忙返回，从卖铅笔人那里取出几支铅笔，并抱歉地解释说自己忘记取笔了，希望不要介意。最后他说："你跟我都是商人，你有东西要卖，而且上面有标价。"几个月过后，在一个社交场合，一位穿着整齐的推销商迎上这位纽约商人，并自我介绍："你可能已经忘记了我，我也不知道你的名字，但我永远忘不了你，你就是那个重新给了我自尊的人。我一直觉得自己是个推销铅笔的乞丐，直到你跑来告诉我是一个商人为止。"

有道的圣人不但有自知之明，而且也不自我表现；有自爱之心也不自显高贵。要想别人尊重你，你首先要尊重自己；真正做到尊重他人，就要善于站在对方的角度，感同身受，推己及人。

"不自见""不自贵"，是尊重他人的前提。尊重他人，首先是自己在他人面前，不自我膨胀，不故意抬高自己，不自我标榜。即使自己学识再高、权位再重、财富再丰，也不自命不凡，不恃才，不摆谱，不耍阔，不炫富，不做作，不作秀，始终坚守平等、平和、平易待人；为人处世，与人为善，要尊重他人生命价值、人格、志趣、经历、思维方式、生活方式，理解人、爱护人，帮助人，宽容人，与人和谐相处。

人的社会价值，只有在他为社会做出的贡献中，才能体现出来。人生活在天地间，理应自知不自见，自信不自负，自爱不自贵，自强不自傲，在与人和谐相处中，着力提升自己的基本素质，增强自己的实力，才可能争取自己对他人、对社会的贡献更大一点，才能在为他人谋福利、为社会做贡献中提升自己的生命价值。

原文

勇于敢则杀,勇于不敢则活①。此两者,或利或害②。天之所恶,孰知其故?是以圣人犹难之③。天之道④,不争而善胜,不言而善应,不召而自来,繟然⑤而善谋。天网恢恢⑥,疏而不失⑦。

注释

①勇于敢则杀,勇于不敢则活:敢,勇敢、坚强;不敢,柔弱、软弱。此句意为勇于坚强就会死,勇于柔弱就可以活命。

②或利或害:勇于柔弱则利,勇于坚强则害。

③是以圣人犹难之:此句已见于六十三章。

④天之道:指自然的规律。

⑤繟然:安然、坦然。

⑥天网恢恢:天网指自然的范围;恢恢,广大、宽广无边。

⑦疏而不失:虽然宽疏但并不漏失。

纪老师说

本章主要讲人生哲学。第一层意思是柔弱胜坚强,第二层意思是天道自然。这两层意思之间是互通的。

老子认为,自然的规律是柔弱不争的。勇气建立在妄为蛮干的基础上，就会遭到杀身之祸；勇气建立在谨慎的基础上，就可以活命。勇与柔相结合，人们就会得到益处，勇与妄为相结合，人们就会遭受灾祸。同样是勇，利与害大相径庭。老子的主张是很明确的，他以为自然之道，贵柔弱，不贵强悍妄为；贵卑下，不贵高上贵重。而自然之道是不可违背的。有人认为老子只注重自然规律，而忽视人的主观因素，不讲人的主观努力的作用，是在宣扬退缩、胆小怕事的生活态度和命定论的思想。我们不同意这种观点，因为老子所宣扬的是自然规律，人们立身处世不可以违背自然规律，勇而敢是不遵循自然规律的肆意妄为，并不是我们现在所说的勇敢坚强的含义。勇而不敢是顺应自然规律，不以主观意志取代客观实际，并不是懦弱和软弱的代名词。我们同意老子的观点，人类的行为应该是选择后者而遗弃前者。

在老子这里，"勇"和"敢"是两个截然不同的词汇。从他所说的"慈故能勇"来看，他对"勇"是抱有肯定态度的，但此处的"勇"绝非匹夫之勇，逞一时意气而不顾后果的行为绝不是"勇"，而是"敢"的否定。而这些观点的提出是与老子所尊崇的柔能克刚，弱能胜强的观点密切相关的。

汉初的淮阴侯韩信是一位叱咤风云的战将，为汉王朝立下了赫赫战功，这样一位盖世英豪，早年却忍受了不少奇耻大辱。他原本是没落贵族，因其性格落拓不羁，难以被世人理解，故而未被选为官吏，但他又不懂得经商之道，所以无以谋生，只能钓鱼换钱维持生计，还常常依靠别人的接济才能勉强度日。因其境遇窘迫，很多人都看不起他。

市井中有个年轻人想欺辱韩信，就对他挑衅说："你虽然身材高大，还佩带长剑，但不过是个懦夫罢了。"又当着众人羞辱他说："不怕死就拔剑杀了我，怕死的话就立刻从我胯下钻过去。"韩信思索一下，没有拔剑，竟然真的从那人胯下钻了过去。于是围观者大笑，以为他不过是个怯懦之人罢了。

对于这件事，韩信后来说："我其实并非真的怕他，而是没有杀他的道理，如果就因为计较些许小事而杀人，那我也不过就是个莽撞的匹夫罢了，还哪里会有我的今天呢？"

苏东坡《留侯论》："古之所谓豪杰之士，必有过人之节，人情有所不能忍者。匹夫见辱，拔剑而起，挺身而斗，此不足为勇也；天下有大勇者，卒然临之而不惊，无故加之而不怒，此其所挟持者甚大，而其志甚远也。"

"匹夫见辱，拔剑而起"，就是说那些普通人、小人物，受到一点侮辱以后，第一个反应就是这样：拔刀子或者掏拳头，这叫鲁莽，这叫盲动，不是真正的大智大勇。真正的大勇敢是"卒然临之而不惊，无故加之而不怒"——突然面临一件什么事情，神色不变，并不惊慌失措，别人无缘无故把一个罪名加在你身上也不生气，这才是君子之勇、英雄之勇、大丈夫之勇。

故而，"勇"之所以为"勇"，在于谨慎与顺应，故而才能够全力以赴，能够专注地做事。而将勇气建立在妄为蛮干的基础上逞强使气，往往就会招致杀身之祸。所以，"勇"和"敢"之别在本质上其实就是柔与刚的区别，也是自然法则预先就已经规定好了的。蕴藏于万事万物中的道本身就是难以捉摸的，所以想要做到遵循自然的法则就尤须谨慎了。

"勇于敢则杀，勇于不敢则活"，应该勇于什么呢？人生最高的勇气是慢一步，事先问一下，有没有把握？多考虑一下。多考虑一下就是勇气，看见地上有一叠钞票，只要拾起来无人看见，当然就是我的

纪连海谈 道德经

了。如果"勇于敢",说不定刑警在后面,误认你是小偷。如果"勇于不敢",这个钱拿与不拿,再多考虑五分钟,结果就可能不同。可是,"勇于不敢"是很难做到的,有时候被人骂懦弱;若怕被人骂懦弱,而"勇于敢"就完了。

怎样才能做到不争、不言、不召呢?

"天之道,不争而善胜",老子一路说下来,叫我们效法上天无为之治,无为之道,才能做到不争之胜。"不言而善应",真正的天道是无言无声,也就是《中庸》上最后告诉我们的一句:"上天之宰无声无臭。"孔子在《易经系传》上经就讲到"寂然不动,感而遂通",就是形容这个道理。这也就是"道""佛"的境界,是清净空寂,如如不动的。"感而遂通"这句话是说只要你一动,他那边就有感应,一种力量的作用就出来了。"不召而自来",人生的祸福善恶因果之间,没有另外一个做主的,就是所谓的"无主宰"。我们人生一切的遭遇,严格地反省下来,痛苦、幸福、烦恼等,都是自己召来的。天道就是这样一个东西。

"繟然而善谋",天道就像一张网一样,无所不在,可是看不见,"而善谋",意思是有其智慧。真智慧无主宰,但又不是自然,不是物理的自然。中国的成语中,经常可以看到这两句话:"天网恢恢,疏而不漏。"上天有一个东西,无主宰,但是也非偶然。这个天,天网,叫它神也可以,菩萨也可以,佛也可以,甚至叫它鬼也无妨;它不会与你计较这些名词,因为"天网恢恢",胸襟广大。它没有道理,没有主宰,没有标准,可是又有一个大原则,一个标准。这个道理,在任何宗教哲学上都是最深刻的一个道理。简单一句话说明,就是因果律,自己造的因,自己自然得这个果,谁都逃脱不了。在这里,老子所讲的自然无为的人生哲学,细细读来,颇能启迪人的心灵。

原文

民不畏死，奈何以死惧之？若使民常畏死，而为奇①者，吾得执②而杀之，孰敢？常有司杀者③杀。夫代司杀者④杀，是谓代大匠斲⑤。夫代大匠斲者，希有不伤其手矣。

注释

①为奇：奇，奇诡、诡异。为奇指为邪作恶的人。

②执：拘押。

③司杀者：指专管杀人的人。

④代司杀者：代替专管杀人的人。

⑤斲：砍、削。

纪老师说

这一章讲老子的政治主张。他认为当世统治者施行苛政和酷刑，滥杀百姓，压制民众，其结果是，一旦人民不忍受了，就不会畏惧死亡。人的自然死亡，是从"司杀者杀"的天道掌管的，但人间的君主残暴无道，把人民推向死亡线上，这从根本上悖逆了自然法则。因此，从本章内容看，它是老子对于当时严刑峻法、逼人民走向死途的情形，提出自己的批评与抗议。

在本章里，老子指出了人民已经被残暴的统治者压迫得不堪其苦了，死都不怕了，何必还用死来恐吓他们？如果不对人民使用严刑峻法，人民各得其所，安居乐业，就会畏惧死亡。在那种情形下，对于为非作歹之人，把他抓起来杀掉，还有谁敢再做坏事呢？他认为，应该把主观与客观两方面的情况考虑周全，并且采取宽容的政策，不按天道自然办事，草菅人命，就会带来无尽的祸患。仔细理解老子的本意，他并不是要用残酷的手段随意杀人。尽管在本章里我们见到好几个"杀"字，但并不是要杀害老百姓，这一点还是有必要分辨清楚的。

"民不畏死，奈何以死惧之。"这一句比第七十二章的"民不畏威，则大威至"更进一步了。人的天性就是"畏死"，之所以"不畏死"是因为有比死更不能忍受的东西在压迫他们。孟子说："所恶有甚于死者，故死有所不避也。" 第七十五章更清楚地回答说："民之轻死，以其上求生之厚，是以轻死"。统治者为了自己的生存不顾人民的死活，对老百姓的压迫已经到达了老百姓宁可死也不愿意承受的地步，那么当然就"民不畏死"了。如果老百姓不怕统治者的威胁，那么统治者受威胁的时候就到了，或统治者的末日就快到了。而统治者垂死挣扎，以死威胁老百姓，来挽救自己的统治，那就错了。因为老百姓已经被逼得无法生存，走投无路，就像法国大革命时期的口号"勿战斗就死亡！"已将生死置之度外，这时统治者用"死"来吓唬老百姓又有什么用呢？

反过来要是能使民怕死呢？那么在这种情况下，如果还有少数人不畏死，即为"奇者"，就可以将其抓起来杀死，看谁还敢不畏死。这就是两手统治术，恩威并重，杀一儆百。这里老子认为统治阶级要创造"需要"，创造人生存的"需要"。人总是希望生存，谁会喜欢死亡呢？除非生不如死，怎么才会生不如死呢？统治阶级残暴肆虐，老百姓为生存付出的成本比收益大，或者生存的风险太大，这个风险指统治者的无辜杀戮，所以老百姓对生存失去"需要"。那么统治阶级创造老百姓"生存需要"的办法就是善待老百姓，让他们安居乐业，敬奉主上，生存的成本比收益小，并且没有随时被残暴杀戮的风险，老子一言，道尽了中国几千年官逼民反，王朝更替的万千气象。

所谓"赤脚的不怕穿鞋的"，也有这么个意思，不光是老子的思想，而是早已深入民心。各地方言中也有类似表述，譬如："凶的怕狠的，狠的怕不要命的"。警察最难对付的也就是"亡命之徒"，最厉害的武器也不是原子弹，而是敌人的不怕死，自杀袭击，如果敌人决定同归于尽，那么恐怕是凶多吉少了。

这些都印证了老子的言论，也符合西方管理理论，给当代人什么启示呢？比如开企业，要让员工尽心尽力，就得给他们足以留恋的好处，比如工资奖金，如果失去了工资奖金，对员工有了震慑力，员工才会在乎这个奖惩。当然如果员工压根不在乎钱，这个激励就没有作用，或者员工钱实在多，以至于加薪减薪没有感觉，激励也是徒然。因为生死是唯一的，薪水却只是人生万象中的万一，考虑则复杂多了。

还要再说一说这杀一儆百的方法，和杀鸡儆猴、惩前毖后都是一个意思。历史上有这么一件事就很好地说明了这个问题。康熙帝执政时期，国家呈现出太平盛世的局面。这个时期的繁荣昌盛得益于康熙帝治理天下有方，然而到了康熙执政的晚期，国家就开始走下坡路了。为什么呢？一方面是因为他晚年多病，不能勤政；另一方面是确立皇储的问题搅得朝中一片混乱。因此，在他统治晚年，朝中的官员渐渐疏于政治，因循敷衍、懒散拖沓、贪污行贿，把官场弄得乌烟瘴气，这种情况

一直蔓延到了雍正初年。

雍正登基后,决心全面整顿吏治,改变朝廷大臣玩忽职守的态度和消极懒散的作风,让国家尽快恢复繁荣昌盛的局面。他心里清楚这种作风已经有很长时间了,要彻底改变并不是一天半天、轻而易举的事情。如果天天开会,只对他们宣传一些大道理,给官员们洗洗脑,这些家伙不一定能听得进去,恐怕也不会收到好的效果。

雍正想来想去,觉得用杀鸡儆猴的办法,说不定能产生大的影响,震慑住其他大臣。但是,让谁做这只"鸡"呢?雍正帝处处留意,寻找目标,可是留意了很久,也没找到突破口。

没有条件怎么办?创造条件呀。

一天,雍正让手下趁别人不注意的时候,把刑部大门上的匾额摘了下来,藏在屏风后面。然后雍正就耐心地等待,看看刑部有什么反应。

一天过去了,刑部没有什么异常。

两天过去了,刑部依然像什么事都没有发生一样。

到了第七天,雍正再也沉不住气了。他命令刑部主管官员上殿面君。等刑部官员一到,他突然问:"你们主管衙门外的大匾额还在吗?"

主管官员不知雍正有何用意,毕恭毕敬地回答说:"在!"

可是当他们抬头看皇上时,只见雍正脸色阴沉,不知自己说错了什么,慌忙补充说:"应该在吧!"说罢,就不敢再言语了。

雍正向旁边的侍从招招手,两个内侍便把刑部大门外的匾额从屏风后抬了出来。刑部主管官员一看,匾额怎么在这儿呀,一时不明白究竟是怎么回事,吓得直哆嗦。

雍正指着放在大殿中的匾额,厉声说道:"这块匾额放在这里已经七天了，可你们却没有任何人发现！这么大的漏洞你们居然都没有注意到，不知你们平日整天干什么，会疏忽多少事务！堂堂一部之首都玩忽职守到这种地步，还怎么能够以身作则、下面的人员还能勤于公务吗？"

雍正大发脾气，刑部主管吓得双腿发软，赶紧跪下，连连叩头，俯首请罪。他在皇上面前立下誓言，决心痛改前非，整顿吏治，勤于政务，提高效率，以后做事绝不马马虎虎敷衍了事。

这件事很快就传开了，雍正对其他各部什么都没说，但杀鸡儆猴的效果却非常明显，朝廷六部拖拖拉拉、敷衍了事的办事作风很快就有了转变。

"常有司杀者杀"，人们常以杀去威胁人，以为权威可以控制一切，这是绝对错误的。但是，无地间有一个真权威，宗教家把它塑造成一个神，一个魔鬼，或者一个上帝、菩萨，这些都是形象而已。任何的宗教都是反对偶像崇拜的，佛教也不例外。但是，为什么我们也礼佛呢？我们也知道那是偶像啊！礼佛是因为他使自己生起真正的恭敬心，这不是偶像不偶像的问题。如果认为拜了这个偶像就得福根，那才是错误，那是不懂宗教；任何一种真正的宗教都是不拜偶像的。偶像代表的是真心，是诚敬的精神，所以偶像并不错。

在哲学上的道理来说，宇宙间真正的赏罚就是"天网恢恢，疏而不失"，天地生万物，同时也杀万物，因为结束你的时候正是爱护你。秋天到了，万物必定凋零，今年的草木凋零了，明年的草木生长得更茂盛。不经过这一杀，就没有下一次的生，所以生杀之间或利害之间，的确很难评断。人的生死之间也是一样的道理，所以老子提出来"常"，那是一个永恒无形的存在，这个"常有司杀者"，等于管理生杀的权柄。"司杀者杀",只有它有能力、有道德、有理,可以杀。

但是如果有人代替"道"来行使"司杀"权呢?老子讲:"夫代司杀者杀,是代大匠斫"。谁代"司杀者"杀呢?从老子的一贯思想看,当然是背道而驰的"有欲、有为、相争"之人。本章讲就是统治者。杀谁呢?当然就是百姓了。那么这种"杀"就是代替了"道"的行为,即"大匠"的行为。故"大匠"是老子用来形容"道"的。但是老子认为天地不仁是无意识的,是无偏爱的杀。而人一旦代替"大匠斫"而杀人,就是有意识的,有偏爱的杀了。天无意识地"司杀",没有人能反抗。而"代大匠斫"是有意识的杀。而被杀的对象就会反抗。故老子讲"夫代大匠斫者,希有不伤其手者矣!"真是杀敌一千,自损八百。你杀别人,别人反抗,当然也要反过来杀你了。这正是老子时代战乱的写照。张献忠的"七杀碑"有他的杀人哲学,他说:"天生万物以养人,人无一德以报天,杀杀杀杀……",一连七个"杀"字。人活在世界上,哪一样事情对得起天地呢?这是他"杀"的哲学。可惜张献忠没有读过《老子》,"代司杀者杀",张献忠说他是替天行道才杀,就是所谓"代大匠斫"。

假使他是替天行道,就是代"大匠"去杀的。可是上天真正的刽子手,它有好生之德,也有好杀之能,这是一个形而上不可知的力量。像张献忠这样自认替天行道,是错误的,因为老子说:"夫代大匠斫者,希有不伤其手矣!"你代天去杀,很少有自己不受伤的。试看张献忠的历史就知道了,哲学理论虽然没有错,可是你不能代表上天行道,因为这个职权并不属于你。这是宗教哲学最高的道理,也是中国政治最高的哲学,要有仁慈、仁爱,所以决不可以代"杀",杀是另外一个道理。

原文

民之饥，以其上食税之多，是以饥。民之难治，以其上之有为①，是以难治。

民之轻死，以其上求生之厚②，是以轻死。夫唯无以生为③者，是贤④于贵生⑤。

注释

①有为：繁苛的政治，统治者强作妄为。

②以其上求生之厚：由于统治者奉养过于丰厚奢侈。

③无以生为：不要使生活上的奉养过分奢侈丰厚。

④贤：胜过的、超过的意思。

⑤贵生：厚养生命。

纪老师说

老子在这一章里揭示了老百姓与统治者之间的矛盾对抗。从政治上讲，人民的反抗是由统治者的苛政和沉重的租税所引起来的，这是说，剥削与高压是政治祸乱的最实际的原因。老百姓在这种情况面前，只有铤而走险，毫不畏惧死亡。张松如先生说："本章文显义明，无须诠释。而有的论者，却硬说这是为统治者出谋划策，是骗人的。是的，

'夫唯无以生为者，是贤于贵生也'。确实是代统治者设想的说法。可是古代的从事生产的广大民众，如果不是寄希望于其理想中的所谓'圣人'，难道在复杂的尖锐的阶级斗争的舞台上，还能扮演为独立的主角吗？前述的那些引论者，在这里说老子是为统治者出谋划策，在另一些地方又说老子是新兴的封建制度的对抗者，是势不两立的。这种随心所欲的评价，岂不是自相矛盾吗？"所以，张松如先生在《老子校读》中说："本章揭示了劳动人民与封建统治者之间阶级矛盾的实质：人民的饥荒，是统治者沉重的租税造成的；人民的轻生，是统治者无厌的聚敛造成的。这种说法，当然同贯穿《老子》书中的'无为'思想相通着，可是它岂不也反映了被压迫的人民群众的要求吗？岂不正是作为人民群众主体的广大农民阶级思想的流露吗？"

"民之饥，以其上食税之多"，春秋战国几百年的战乱达到了极点。老子所在的春秋初期，社会已经饥馑到人吃人的时代。大家在史书上只看正面，如果看到历史的反面，中国历史上全部人吃人的时代可以写一部专书。历史上在某一个阶段，曾把儿女互换着吃；天下大乱的时候，也有人母自杀以喂养儿女及一家人的活命。这类的悲惨事件，在历史上屡见不鲜。老子当时已看到社会的贫穷，百姓的饥饿。因为春秋时各国诸侯只有富国强兵的思想，毫不顾及人民的死活；人民税赋又重，以致民不聊生，饥饿又贫穷。

"民之难治，以其上之有为，是以难治。"另一方面，诸侯的愿望太大，头脑太聪明，想统治人驾驭人，造成民穷财尽，当然"是以难治"。老子这些话，对当时的政治是一副清凉剂。其实，何止春秋战国如此，全世界每个国家每个民族，到了末代，都有这种现象。由此可以了解，老子的哲学以无为之治为药，是针对当时时代的一剂良方。这是说明老子提出来社会难治的原因，以及领导人太过聪明、有为，所以难治。

"民之轻死，以其上求生之厚，是以轻死。"老子同时也说明一个现象，到了某一个时候，人们宁愿死掉，所以古时候有所谓"宁为太平鸡犬，不做乱世人民"的说法。唐代的柳宗元写过一篇名为《捕蛇者说》的文章，说当时永州的野外出产一种奇异的蛇，它长着黑色的底子白色的花纹，它碰到草木，草木全都干枯；如果蛇咬了人，则无药可救。然而捉到后把它晾干用来作成药饵，能治愈大风、挛踠、瘘、疠，去除死肉，杀死人体内的寄生虫。起初，太医用皇帝的命令征收这种蛇，每年征收两次，捕蛇人可以用捕的蛇，抵他的赋税。永州的人都争着去做捕蛇这件事。

有个姓蒋的人，三代人都靠捕蛇为生。然而他的祖父、父亲都死在这件事情上。现在他干这差事也已十二年了，有好几次险些丧命，然而还是以捕蛇为生，不肯种田交税。为什么呢？在他看来，一年中冒死的情况只是两三次而已，其余的时间都可以快快乐乐地过日子。而他的乡邻们却天天都活在危险之中。即使现在他死在捕蛇这件事上，也已经死在乡亲们的后面了。

文章通过捕蛇者蒋氏三代宁可死于毒蛇而不肯死于苛政的事例，揭露了唐代中叶封建统治者对农民残酷的经济剥削，反映了当时黑暗的社会现实。

蒋氏的诉说和孔子说的"苛政猛于虎"不谋而和，"苛政猛于虎"是什么事呢？

孔子带着弟子周游列国，一天从泰山脚下路过，远远就听到有人哭泣，哭得很悲伤，孔子让车夫循着哭声往前走，发现有一个妇人在墓前伤心地哭。孔子下了车，扶着车前的横木，听着妇人哭了很长时间。他为了弄清原因，就让子路过去问问那个妇人为什么哭。子路问道："您哭得这样伤心，哭了这么长时间，实在像连着有了几件伤心事似的。"妇人伤心地说："是呀，我家就住在这里，这山上有老虎，之前我的公公被老虎咬死了，后来我的丈夫也被老虎咬死了，现在我的儿子又死在了老虎口中！"说着又伤心地哭了起来。孔子听到了妇人说的话，惊奇地问："你的公公、丈夫和儿子都被老虎咬死了，那为什么不离开这里，到没有老虎的地方住呢？"妇人回答说："老先生你不知道啊，这里虽然有老虎，可是没有残暴的政令呀。"孔子沉默了，也没有再劝说那个妇女，叹了口气，转身回去了。在路上他对弟子们说："你们年轻人要记住这件事，苛刻残暴的政令比老虎还要凶猛可怕啊！"

可见，在上者"食税之多"，是聚敛剥削以奉一己之私利，在上者"有为"，往往是统治者意志和权力的体现，苛政烦民，给人民造成压迫，给社会带来混乱，其结果便是"难治"。

"夫唯无以生为者，是贤于贵生。"做一个领导人，不要只为自己而求生，如老子前面所讲的"无为其生，而后生"，先把自己的生命放在一边，为利益而做，就不怕活不下去了。就是这个道理。

原文

人之生也柔弱①，其死也坚强②。草木③之生也柔脆④，其死也枯槁⑤。故坚强者死之徒⑥，柔弱者生之徒⑦。是以兵强则灭，木强则折⑧。强大处下，柔弱处上。

注释

①柔弱：指人活着的时候身体是柔软的。

②坚强：指人死了以后身体就变成僵硬的了。

③草木：一本在此之前有"万物"二字。

④柔脆：指草木形质的柔软脆弱。

⑤枯槁：用以形容草木的干枯。

⑥死之徒：徒，类的意思，属于死亡的一类。

⑦生之徒：属于生存的一类。

⑧兵强则灭，木强则折：一本作"兵强则不胜，木强则兵"。

纪老师说

这一章以生活中常见的现象，反复说明这样一种观点：柔弱胜刚强。这一章又一次表达了老子的辩证法思想。这种思想来源于对自然和社会现象的观察和总结。老子对于社会与人生有着深刻的洞察，他认为

世界上的东西，凡是属于坚强者都是死的一类，凡是柔弱的都是生的一类。因此，老子认为，人生在世，不可逞强斗胜，而应柔顺谦虚，有良好的处世修养。

老子从直观的认识角度，看到了人初生之时，身体是柔弱的，死了以后就变得坚硬了，草木初生之时也是柔弱的，死了以后就变得枯槁。这种直观的、经验的认识，可以说是老子处弱、贵柔思想的认识论之根源。

本章深以坚强为戒，以柔弱为贵。李嘉谟在《老子本义》引中说："柔弱虽非即道，而近于无为；刚强虽未离乎道，而涉于有为。无为则去道不远，有为则吉凶悔吝随之，益远于道矣。"由此可知，"柔弱"与"刚强"，一阴一阳，一正一反。这一对阴阳，共合于太极之体，既对立又统一地寄存于万事万物中，散在一体之两端，表现在显隐两态的平衡与不平衡之间。

老子的《道德经》向来推崇以柔克刚，但强大为何应处下，柔弱为何应处上？

古代帝王自称孤、寡人。把自己说得很弱小，因为他们知道越高越危险"高处不胜寒"，既处在上方就要以低的姿态来面对众人，若强大不处下就只有死路一条。

苏格拉底说："我嘉赞大树，也嘉赞小草。"大树代表一种宁折不弯的精神，在窘境中仍不肯低下它那颗高昂的头，倔强而固执，不懂得该如何保护本身。小草则恰恰相反，它知道如何低头，忍一时之屈以保全本身。

当年孔子问道于老子，老子什么都没说，只是张开嘴，让孔子看了看他完整的舌头和残缺的牙齿。孔子的众弟子都不明白，只有孔子说：

"舌头虽柔弱却十分完整，牙齿虽坚硬却也残缺。"所以我认为强大之所以处下是因为只有处下才能更好地生存。就好比高山之上，越高越没有植被，而高处的植被都很矮小，就是这个道理。

达尔文讲"适者生存，不适者淘汰"但我们真正了解适者是谁，不适者是谁吗？当年恐龙称霸世界，哺乳动物只不过是它的开胃小菜，但最终活下来的却是弱小的哺乳动物，纵观世界历史，活下来的，胜利的人永远是那些看似弱小的人，或许我们该想一想。弱者真的弱吗？这里的弱者才是最强大的人，因为他们弱并非真的弱，而是藏起自己的强大。

乾隆一生没有做过太子，但最终却做了皇帝，我想正是因为他没做太子，没人太在意他，也没有人谋害他。认为他没有当皇帝的命，所以乾隆才能顺利成长，最终成为中国最长寿的皇帝。又如司马懿，当初他的对手想要谋杀他时，司马懿装成重病，儿子喂的药立马吐了出来，说话装作有气无力的样子，使敌人放松警惕，最后出其不意地杀了对手赢得胜利。所以柔弱能处世，是活下来的基础，强大能立世，能更好地活在世上。

天下最柔弱的莫过于水，它柔软得没有骨头，无丝毫之力，可是，一滴水在一个地方滴了几百年，无论是铁或石头，都会被它滴穿成洞。这就是柔弱胜刚强。刚强的东西没有刚强可加以对抗，只有柔弱可以制胜。

柔弱总是跟生相关，坚强总是跟死相关。为什么会这样？因为柔弱与大道性质相符。树根和树枝比，树根更强大，但树枝在上树根在下；大地和生物比，大地比生物更强大，但大地一直在我们脚下；最强大的人一般都不显山露水，一天到晚吹嘘自己的人大多不是什么高手，金庸小说中武功深不可测的是那个扫地僧。

老子主张用阴、用柔、用弱，不是叫人做坏事。所谓柔弱，在做人的道德行为上就是谦退礼让，也就是吃亏；吃亏并不是笨人，多吃一点亏没有关系，让别人占一点便宜，他也高兴，你也高兴一下蛮好！不要因为被人家占了便宜而难过，只要想到他会因此而高兴，自己坐在家里也笑一笑，替他高兴就行了。所以，吃亏是福，柔弱胜刚强。

在历史的长河中，有很多英雄人物放低姿态，隐忍而成大事，留下了一段段佳话。

在凄冷的寒夜里，太史公披衣而起，一支瘦笔写尽千代风华。而苏武便是他瘦笔下的那个令人敬畏的豪杰。十九年漫长的岁月，唯有冷月相伴，映照在夜夜难眠的心扉，只可惜此月非彼月。十九年，他用忠贞之心敲响千代风华。他很平凡，但他却坚韧，像小草一般卑微却有无穷的力量。

更有许多如苏武一般懂得的人：韩信忍胯下之辱，终成大事；勾践卧薪尝胆，最终复国；孙子膑脚，而《兵法》传世。司马迁忍辱负重，才会有"史家之绝唱，无韵之离骚"。合上历史之卷，我们不禁想到，低头，是一种大气，是一种深谋远虑。

原文

天之道，其犹张弓与？高者抑之，下者举之；有余者损之，不足者补之。天之道，损有余而补不足。人之道①，则不然，损不足以奉有余。孰能有余以奉天下，唯有道者。是以圣人为而不恃，功成而不处，其不欲见贤②。

注释

①人之道：指人类社会的一般法则、律例。

②是以圣人为而不恃，功成而不处，其不欲见贤：陈鼓应先生认为这三句与上文不连贯疑为错简复出。此处仍予保留。

纪老师说

本章亦是紧接上一章"强大处下，柔弱处上"而言，把"天之道"与"人之道"对举，指出"天之道"是"损有余而补不足"，而人之道则相反，是"损不足以奉有余"，表达了老子对社会不公、对剥削制度的不满和抗议，重点就是讲"均衡"之道。老子出于对自然界和人类社会的观察，认为一切事物，在其相互对立的矛盾中，都具有同一性。

"天之道其犹张弓欤？高者抑之，下者举之；有余者损之，不足者补之。"

把天道来比喻拉弓是老子一个绝妙的比喻：拉弓的时候就是同时压低高的那头；提起低的那头；把长的那部分缩短而把窄的那部分拉宽。这里的"均衡"讲的是一种趋势，但高的再低也不会比原本低的低，差距还是存在的，但是要控制在一个"均衡"的范围之内。

清江渔舟是徽州一道靓丽的风景线。岸边以前有三户渔家，每家各有一只小舟、数只鱼鹰。不少旅游团来此后都前去参观。

而现在，三户渔家只剩了一家。导游介绍说，这三家中一家发财致富了，就是现在的这一家；一家亏损；第三家最惨，鱼鹰都死了，只能停业。

游客们感到很惊奇，就让导游细说其中的原因，导游说："原因就出在扎在鱼鹰脖子上的那圈细铁丝上，现在的这家给鱼鹰捆的铁丝圈不紧不松，不大不小，鱼鹰把小鱼吞下去，大鱼吐出来；亏本的那家呢？铁丝圈捆得过松过大，本可卖钱的鱼也让鱼鹰私吞了；而最惨的那家呢，自以为精明，把鱼鹰的脖子扎得又紧又小，结果事与愿违，鱼鹰饿死了，血本无归！"

听到了吧，用铁丝圈捆鱼鹰的脖子也是门学问，捆得太紧，把鱼鹰饿死了，就无法捕鱼了，导致血本无归；捆得太松，大鱼、小鱼全都被鱼鹰吃掉了，渔翁什么都没得着，只能亏损；只有捆得不松不紧，才能有双赢的结果，这其中就要讲究个"度"。

大家想想啊，鱼鹰饿死前眼睁睁地看着吐出的小鱼，那场面，我的内心也崩溃了，地狱和天堂之间呀，我们来人间旅游一趟，不管你是渔翁还是鱼鹰，凡事也得讲个度。这个度就是追求，追求的是佳境而不是绝境，追求的是极致而不是极端，追求的是适度而不是过度，追求的是制衡而不是失衡。"高者抑之，下者举之；有余者损之，不足者补之。"带给我们更多的思考。

从地球表面的自然现象来说，日晒雨淋的结果是不断地用山川之高去弥补河谷之低。这个过程是经久不衰的。但是如果整个地球表面成了彻底的一块平板，就不会有山川河流，所以又从地球的内部不断产生造山运动来凸显高低的差距。

自然之道，在于制衡。在一个由草、虫子、食虫鸟及食肉鸟组成的食物网中，食肉鸟最厉害，但是数量最少，草最弱，但是数量最多，这就是一种制衡。而且，当虫子忽然急剧增多时，草和食虫鸟会相应的增多来抑制虫子的增多，然后虫子的数量会减少（有余者损之）而食肉鸟的数量增加（不足者补之），使食虫鸟数量减少（有余者损之），再然后是食肉鸟因为食虫鸟数量的减少而得不到足够的食物，从而使其本身数量减少，再然后草就又多了（不足者补之）。制衡也不一定是往好的方面发展，当然，这个"好"只是人类认为的好而已，在自然的眼中，是没有什么好坏之分的，一切平等。

"天之道，损有余而补不足。人之道则不然，损不足以奉有余。"

尽管在局部有种种的不均衡，但是从整体和大局来看，"天之道"是最均衡的。易经六十四卦中每一卦阴、阳爻所处的位置、分量、方位都不同，但是从整体上看，阴阳的位置、分量、方位等都是绝对均衡的。所以，天之道就是一个不断在不均衡的现状中求取均衡的过程。损有余而补不足，损掉的都是对于"道"来说是"余食赘形"的东西；补的也正是由于"余食赘形"的存在而一直受压抑、一直没能正常发展的那一部分。

宇宙的法则"天之道"，如拉弓射箭一样，弓拉得满，箭才能射得远。我们中国人说，一个坏人还没有受到恶报，是因为他"恶贯没有满

纪连海谈 道德经

盈",等到坏事做得满盈,如拉弓一样,"啪"的一声就射出去了。所以,上天之道是有一个道理的,也就是为什么好人没见到好报,坏人也未见恶报。西方人也说,"上帝要他灭亡,必先使他疯狂";中国人则说,"天将降大祸于斯人,必先厚其福而报之"。所以有时候得意不是好事,上天可能是要毁灭你,不然不会给你这么好的福气。

人的"道"就不一样:损不足以奉有余。人类却不像天那样公平,人们锦上容易添花,更有损人而利己者,所以人道会受惨痛的报应。历史到了大变乱时代,大的劫运就来了,这是历史的因果。我们读二十五史就知道,如何开国,最后就如何结束,对照起来是一模一样。最传统的解释是掠夺本来就不足的老百姓的财物去奉养那些本来就有余的统治阶级。其实并不仅仅是这个意思。对于每个人来说,都会有这种"损不足以奉有余"的情况。喜欢体能锻炼的人他体能有余而别处不足;喜欢动脑筋的人智力有余而别处不足。包括种种生活习惯、个人爱好、性格趋向等都会自觉或不自觉地老是去做那些"有余"的事情,而不去做那些"不足"的事情。

老子在第四十二章里说过,"故物或损之而益,或益之而损"。也就是这个意思,但这里就更明确地说明了这个道理。损下方能益上,损小而能益大,上益而后能自损而益下,上下相互益之,天道才能昌盛。因此人们也应该保持人道的生态平衡。而人之道就不是这样了,他们减损不足的来奉侍有多余的。老子这还是针对统治阶级而言,上古的统治者是为了使人民安居乐业,使人民能幸福地生活而服务和帮助人民的。然而后来的统治者却利用这种贡赋税收制度,高高在上,由服务和帮助人民而转向剥削和掠夺人民,由满足大众的幸福而转向满足于自己的私欲。也就是说,他们依靠所谓强大的武装力量,剥削和掠夺越来越贫穷

的人民百姓，使他们自己的财富越积越多。

所以有"道"的人，他能够主动减损自己多余的部分，因为他懂得这个"天之道"的规则。钱财、器物、名誉、功劳等有形的东西是世人所热衷的，所以要"取之有道"。这个"有道"不仅指的是"取"的方式和方法，而且还有"取"的多少程度的问题。欲望无限膨胀把自己搞得天怒人怨，这就违反"道"了。

一个人放大空间，心胸自然宽广；放长时间，目光自然久远！大时间、大空间，自有大格局！跳脱开目前的限制，超越出来，你会有意想不到的喜悦！

 纪连海谈 道德经

原文

天下莫柔弱于水，而攻坚强者莫之能胜，以其无以易之①。弱之胜强，柔之胜刚，天下莫不知，莫能行。是以圣人云："受国之垢②，是谓社稷主；受国不祥③，是为天下王。"正言若反④。

注释

①无以易之：易，替代、取代。意为没有什么能够代替它。

②受国之垢：垢，屈辱。意为承担全国的屈辱。

③受国不祥：不祥，灾难，祸害。意为承担全国的祸难。

④正言若反：正面的话好像反话一样。

纪老师说

本章内容从总体上来讲是承接第七十七章的内容。上面说"圣人为而不恃，功成而不处，其不欲见贤"，这是道者的德行。但是，这还不是全部。道者不仅不居功自傲，还要忍辱负重，要有担当。

从本章的内容看，运用了类似《诗经》的比兴手法。我们知道，比兴手法就是托物起兴，先言他物，然后借以联想，引出要表达的事物、思想、感情。本章前两句是说水，表面上看老子一贯的观点，就是极力赞扬水，其实是借水的特征来喻"道"，喻"圣人"。老子用水软弱的

特性,来支持他"弱之胜强,柔之胜刚"的思想观点。

有意思的是,老子说:"弱之胜强,柔之胜刚,天下莫不知,莫能行。"意思就是说,以柔克刚在自然界中的例子很多,天下人都知道。是啊,老子生活的春秋末期,铁器已经被广泛使用,人们在和自然的相处中,对自然现象的认识得到不断提高。在老子的眼中,水表面上看很柔弱,但是它的力量却可以穿透坚硬的石头,滔滔的洪水也能吞没村庄,这种力量是其他任何东西都不能比拟的。通过这些观察,他得出了柔弱事物一定能战胜刚强事物的道理。可以说以柔克刚是老子的信仰,但是,他话锋一转,却说"莫能行",于是大家都知道的道理,却没有人做到。这也是我个人曾经感叹的一个观点,我曾经写过:"道理处在了一个尴尬的地位,人们都明白,却做不到。"现在看来,早在几千年的春秋时代,老子就发出了这样的感叹,自己真是后知后觉了。当然,老子的这个"莫能行"是和下文"正言若反"相呼应的。两者的逻辑关系是什么呢?普通人认为做不到的事情多半是假的,圣人所说"承担起全国的屈辱和灾祸的人才配做君王"的话,被认为是胡说八道了,因为这和普通人的想法是相反的,普通人眼中,做君王就是享受荣耀,而不是相反。在老子看来,社会中人的认识是很不到位的,这也是老子感到悲哀和失望的地方。

当然,对"正言若反"的理解也不能仅仅停留在表面,也不能只停留在本章,"正言若反"是对《道德经》上下两篇所有相辅相成观点的高度概括,比如,"大成若缺""大盈若冲""大直若屈""大巧若拙""大辩若讷""明道若昧""进道若退""夷道若颣""上德若谷""大白若辱""广德若不足""建德若偷""质真若渝""大方无隅""大器晚成""大音希声"等。孙中原说:"这里连句子的结构都

纪连海谈 道德经

是类似的……他们本来是彼此相异的、互相排斥的、对立的,但在某种条件下,某种意义上,表示某种特定事物的概念和它的对方具有统一性,二者互相包含,互相融合,互相渗透,彼此同一、一致。这样,在同一个判断中,就包含了对立概念的流动、转化,体现了概念的灵活性。这种灵活性是有条件的,《老子》中的话也只在一定条件下才有意义。"

我们生活中有很多这样的俗话:退一步海阔天空,以退为进,借力打力,四两拨千金,这些也都和水能创造生命、克制刚强有着类似的道理。你看宇宙中,没有水的地方,便是一片死气。水性是生之途,硬气则是死之途。

春秋时期,吴国和越国两国之间的战争很频繁。交战中,吴王夫差的父亲被越军杀害了,夫差为了报杀父之仇,养精蓄锐二年多,亲自率兵打败了越国军队。

这时,为了不被灭国,越王勾践派大臣去求和,在夫差身边大臣伯嚭的帮助下,夫差答应了越国投降的请求,但是,夫差为了考验勾践投降的诚意,就要求越王勾践给吴国当奴仆。

勾践只好把国家托付给大臣文种,自己带着夫人去了吴国。勾践在夫差父亲的坟墓旁当仆人,给夫差喂马。越王勾践非常听话,不仅认真喂马,还为夫差牵马。夫差病了,他就跑前跑后地亲自侍奉,照顾得非常周到。两年之后,夫差认为勾践真心归顺了,就放他回了越国。

勾践回国后,立志报仇雪恨。他怕奢侈的生活消磨了他的斗志,他就天天睡在干草上,还在饭桌前挂了一个动物苦胆,每天吃饭前,他就先尝尝苦胆的味道,并不停地问自己:"你忘记耻辱了吗?"勾践还亲自种地,并改革了国家政策,鼓励百姓生产,慢慢地积蓄力量。

同时，勾践每年都向吴国进贡大量的金银财宝，还将绝色美人西施献给了夫差。夫差被勾践的行为所迷惑了，他骄傲自大起来，不听手下大将伍子胥的劝告，反而讨厌伍子胥，最后干脆逼迫伍子胥自杀了。

几年之后，越国暗中强大起来，勾践抓住时机，向吴国发起总攻，夫差被逼得走投无路，后悔极了，为了不受辱，只好自杀身亡了。

这不正是刚强死而柔弱生的最好明证吗？由此可见，这"正言若反"四字，是对所引圣人之言的论断，但也可以看作老子整体言论及思想最重要的特征之一。

纪连海谈 道德经

原文

和①大怨，必有余怨，安可以为善？是以圣人执左契②，不责③于人。故有德司契，无德司彻④。天道无亲⑤，常与善人。

注释

①和：调和。

②契：契约。

③责：索取所欠。

④司彻：掌管税收的官职。

⑤无亲：没有偏亲偏爱。

纪老师说

此章还是第七十七章的延续，还是论述天道、人道的思想。最后一句是本章的总结，也是前三章的总结之语，结合这三章内容，传递出老子对统治阶级的警告，"损有余而补不足"的道理，提示为政者不可蓄怨于民，"和大怨，必有余怨"，这是人之道。人性决定了，深重的怨恨表面上得到了和解，内心深处还是会有一丝不快乐的。就如布匹，撕破了，重新合起来，却会留下痕迹。最好的办法是什么？就是不产生怨恨。

但是，第七十七章说了，"人之道，损有余而补不足。"人类社会的规则却存在剥削穷苦人，滋养了富人，也就是现在社会所说的贫富差距不断扩大，从而使广大百姓对富人、对社会产生不满，这是怨恨产生的根本。单方面地要求贫苦的大众接受这个现实，还向剥削阶级感恩戴德，如此"报怨以德"怎么会是好办法呢？这些话都是在向统治者发出警告：不要激化与老百姓之间的矛盾。用刑法去压制百姓、用税赋去榨取百姓的行为，都只会制造出怨恨。根据老子的思想，统治阶级应该怎么做？"是以圣人执左契，不责于人"，就是说，要像有道的圣人那样，"有余以奉天下"，就是行"无为"之治，以"德"化民，给予而不索取，不扰害百姓。

老子所倡导的"执左契，不责于人"有着非常大的功效。古代人与人之间互相借贷，刻木为契，分为左右两部分，债权人执左半边，债务人执右半边。这里的圣人执左契，就是说手执借契而不向借贷者讨还，故圣人是不看重得失的有德之人。后来有些人还真的效仿这一做法。

战国时期，齐国的孟尝君是一个以养士为名的相国。由于他待士十分真诚，感动了一个有真才实学而十分落魄的士人，名叫冯谖。冯谖在受到孟尝君礼遇后，决心为他效力。

一次，孟尝君要让人为他到其封地薛邑讨债，他就问谁愿意去？冯谖说他愿意去，走的时候问孟尝君："用讨债的钱，买些什么东西？"孟尝君说："就买点儿我们家没有的东西吧！"

到了薛邑后，冯谖看到当地的老百姓的生活十分穷困。他就派官吏召集百姓中该还债的人都来合验债据。债据全部合验完毕，他站起来，假传孟尝君的命令，对大家说："孟尝君知道大家生活困难，这次特意派我来告诉大家，以前的欠债一律作废，利息也不用偿还了。今天当着

 纪连海谈 道德经

大伙的面儿，我把债据全部烧毁。从今往后，再不用催还！"说着，冯谖果真点起一把火，把债据都烧完了。薛邑的百姓没有料到孟尝君如此仁义，个个高呼"万岁"。

冯谖随即返回，一大早便去求见孟尝君。孟尝君没料到他回来得这么快，半信半疑地问："讨的债钱呢？"冯谖回答说："替您买了东西了。您不是要我买家中没有的东西回来吗？我考虑到您家有用不完的珍宝，数不清的牛马牲畜，美女也能站满庭院，缺少的只有'义'。因此我把'义'给您买回来了。焚券市义，这对您收归民心是大有好处的啊！"孟尝君虽然心里有不痛快，但也没再说什么。

数年后，孟尝君被人陷害，相位没有了，他只好回到自己的封地薛邑。薛邑的百姓听说恩公孟尝君回来了，全城出动、夹道欢迎。孟尝君受到了当地百姓的真心欢迎和拥护。

孟尝君大为感动，回头看着冯谖说："先生替我买的义，今天我见到了。"

"天道无亲"常常被翻译成：天道至公至平，无亲无疏，对万物众生皆一视同仁，没有偏私。要是结合前几章的理解，我感觉这个"无亲"是不可抗拒的意思，也就是说自然规律是不可抗拒的，只有懂得这个道理的人，天道自然会善待他。为什么这么说呢？因为老子一直在批评"人之道，损不足以奉有余"的错误做法，因为这是和"天之道，损有余而补不足"相违背的，只有"有道者""圣人"是遵从天道的，所以他们有德，大自然也会帮助他、护佑他。这样说来，天道是没有偏爱的吗？天道是偏爱有道之人嘛！

原文

小国寡民①。使②有什伯之器③而不用；使民重死④而不远徙⑤；虽有舟舆⑥，无所乘之；虽有甲兵⑦，无所陈⑧之。使人复结绳⑨而用之。至治之极。甘美食，美其服，安其居，乐其俗⑩，邻国相望，鸡犬之声相闻，民至老死不相往来。

注释

①小国寡民：小，使……变小，寡，使……变少。此句意为，使国家变小，使人民稀少。

②使：即使。

③什伯之器：各种各样的器具。什伯，意为极多，多种多样。

④重死：看重死亡，即不轻易冒着生命危险去做事。

⑤徙：迁移、远走。

⑥舆：车子。

⑦甲兵：武器装备。

⑧陈：陈列。此句引申为布阵打仗。

⑨结绳：文字产生以前，人们以绳记事。

⑩甘其食，美其服，安其居，乐其俗：使人民吃得香甜，穿得漂亮，住得安适，过得习惯。

纪连海谈 道德经

纪老师说

本章集中描述了桃花源式的社会生活图景，反映了老子无为之治的社会政治理想。这种社会政治理想在一定程度上，是对建立在自给自足的小农经济基础上的纯朴自然的古代村社生活的想象，具有一定的现实依据。

很多人没有通读《道德经》，甚至没有读过《道德经》，却对"小国寡民"这四个字很熟悉，因为这是老子所描绘的一种理想社会。这种思想产生的原因，和老子生活的社会现实有关，那时社会急剧动荡变革，除了战争带来的不安全感，找不到一定安宁。他内心充满了失落，又看不到未来是什么样子，既然现实不能和未知的未来比较，就将现实和过去比较，一比较，他发现现在动荡的社会还不如远古蒙昧时代结绳记事的原始生活好呢！后来，晋朝时陶渊明写了一篇传诵至今的名篇《桃花源记》，应该讲，此文显然受到老子八十章内容的影响。这是一个美丽的幻想，同时也表达了他对社会黑暗的不满，反映了人民摆脱贫困和离乱的愿望。在这一点上，老子和陶渊明的思想是一脉相承的。

应该讲，老子小国寡民的思想是有一定消极意义的，上面说了，是因为他自身视野的局限性，因为他看不到社会发展的美好明天，所以就选择退避发展。他提出的"复结绳而用之""不相往来"都是拒绝生活和社会发展的。现在来看，世界都是地球村了，这是老子没有想到的。

当然，从另外的角度讲，老子也是一个对人类异化发出抗议喊声的人。现在社会发展快了，人的物资水平提高了，感觉是实现了"甘美食，美其服，安其居"的理想，其实也未必。

古时候有一个富翁，家有万贯，广厦千间，妻妾成群。忽然有一天，富翁得了一种怪病，多方寻医问药，屡治不愈。眼见富翁生命危在旦夕，家人只好请来法师作祈祷。法师刚进屋转身便走，家人在后面紧追不舍。法师说："你家主人已病入膏肓，无药可救了，你不必再追我了。"

家人不解地问："我家老爷病了才几天，怎么就病入膏肓了呢?"法师说："你家主人已得病多年了，只是他自己没觉察而已。"家人问："怎么会得这种病呢?"法师说："常年露宿，感受风寒。"家人一边往回走，一边纳闷："我家老爷金屋银山，屋宇无数，怎么会因露宿而感受风寒呢?看来这不过是疯子的疯言疯语罢了。"

家人把法师的话原原本本地告诉了富翁。富翁听后恍然大悟，感叹一声说："他并没有说疯话，他是在说我纵然有广厦千间，家财万贯，但心灵空虚，一生除了挣钱什么都不想，浑浑噩噩，没有一个好归宿，结局如同街头露宿者一样啊。"

现在，一个人纵然有亿万家产，如果不懂安心之道，他就不是真正的富有，而且很穷，正如有人说的那样，穷得只剩下钱了。没有人不渴望和追求幸福，可大多人数注重什么呢?只在体格健美、物质富有、工作成就和上司赏识等方面下功夫、找欢乐，却很少向自我的内心世界去努力追求安详。

纪连海谈 道德经

原文

信言①不美，美言不信。善者②不辩③，辩者不善。知者不博④，博者不知。圣人不积⑤，既以为人，己愈有⑥，既以与人，己愈多⑦。天之道，利而不害⑧；圣人之道⑨，为而不争。

注释

①信言：真实可信的话。

②善者：言语行为善良的人。

③辩：巧辩、能说会道。

④博：广博、渊博。

⑤圣人不积：有道的人不自私，没有占有的欲望。

⑥既以为人，己愈有：已经把自己的一切用来帮助别人，自己反而更充实。

⑦多：与"少"相对，此处意为"丰富"。

⑧利而不害：使万物得到好处而不伤害万物。

⑨圣人之道：圣人的行为准则。

纪老师说

本章是《道德经》的收官之作，老子洋洋洒洒说了五千余言，是时候结束了。个人觉得，本章内容既是他一贯的辩证思想的论述，又像是对自己所著《道德经》自身的评价。说通俗点，就是自己说了这么多思想、道理和方法，有谁信呢？是啊，自然是有人不相信、怀疑甚至质疑他的观点，怎么办？这一章就做了很好的说明，简言之，就是信不信由你，我不会和你争辩。有些霸道，也有些无奈啊！

关于"信言不美，美言不信"，我们知道历史上有很多经典的故事，有直言进谏的忠臣，也有谗言害主的小人，都很好地验证了老子的思想。

例如我们熟知的扁鹊见蔡桓公的故事，蔡桓公讳疾忌医，他坚持不信别人的直言，结果丢了性命。

另外一位皇帝的心胸就大多了。玄武门之变后，有人向秦王李世民告发，说："魏征曾经劝说建成杀害秦王。"秦王听了之后，立刻责问魏征，但是魏征却气定神闲，不慌不忙地回答道："可惜啊，那个时候的太子没有听我的话。要不然，就不会是现在这个样子了。"秦王听后，不但没有责怪魏征，反而觉得魏征说话直爽，很有胆识。"

唐太宗即位以后，将魏征提拔为谏议大夫。有一次，魏征在上朝的时候，和唐太宗争论不休。唐太宗想要发作，但又怕在大臣面前丢了自己敢于接受意见的好名声，只好勉强忍住。退朝回到内宫见到长孙皇后气冲冲地说："总有一天，我要杀死这个乡巴佬！"

长孙皇后很少见唐太宗发那么大的火，于是就问他："不知道陛下想杀的是谁呢？"唐太宗说："还不是那个魏征！他总是当着大家的面和我顶嘴，我实在是无法忍受了！"

长孙皇后听了以后，一声不吭，回到自己的内室，换了一套隆重的礼服，向唐太宗下拜。唐太宗奇怪地问道："你这是干什么？"长孙皇后说:"我听说,只有英明的天子才会有正直的大臣,现在有魏征这样正直的大臣,正说明陛下是英明的天子,我怎么能不向陛下祝贺呢!"

长孙皇后的这一番话浇灭了唐太宗的满腔怒火。

公元643年,魏征死了。唐太宗难过地说:"一个人用铜作镜子,可以照见衣帽是否穿戴端正;用历史作镜子,可以知道国家兴亡的原因;用人作镜子,可以发现自己做得对不对。魏征死了。我就少了一面镜子啊。"

"人以铜为镜,可以正衣冠;以古为镜,可以知兴替;以人为镜,可以知得失。魏征没,朕亡一镜矣!"便由此而来。

老子在最后还是不忘记大声疾呼:要分清表象与实质的关系,不要被美丽、善良、博学的表象所欺骗,也不要被人道"逆天行事"所取得的美好表象迷惑,要坚持大道,像圣人一样"以为人""以与人",而不是只知道向大自然索取,不懂得与自然和谐相处。

这是老子用五千余言反反复复强调的。如果再争辩对与错,真的是意义不大。老子是圣人,所以他不争。真的没有必要把时间都浪费到无谓的争辩上。

台湾大学曾仕强教授在百家讲坛《易经的奥秘》系列节目中,曾讲到过一个《子贡问时》的故事。

说是有一天早晨,子贡正在打扫院子。有一个陌生人走进来,问:"你是孔子的学生吗?"

子贡答道:"是的。有何见教?"

"听说孔子是名师,那么你一定也是高徒吧?所以我想请教你一个问题,不知道行吗?"

子贡说:"高徒不敢当。探讨问题是可以的。"

来人说:"你说一年有几季?"

"四季。"子贡笑答。

"不对,一年只有三季!"来者争辩道。

两人互不相让,争论不休。孔子听到声音便走了出来,子贡赶忙上前说明原因,请孔子做决断。

孔子并没有立刻回答,他观察了一下来人,然后说:"一年的确只有三季。"

来人见此,大笑而去。

子贡见来人走远,不解地问老师:"这一年应是几季?"孔子答:"四季。"

孔子继而说道:"方才那人一身绿衣,分明是田间的蚱蜢。蚱蜢者,春天生,秋天亡,一生只经历过春、夏、秋三季,哪里见过冬天?所以在他的思维里,根本就没有'冬季'这个概念。你跟这样的人争上三天三夜也不会有结果的。"

说完,子贡立刻明白了。

这和庄子的"夏虫不可以语冰"有着异曲同工的道理。我想,这些思想的根源,应该就是老子的思想了。充满智慧的老子不会不知道,这个世界上有太多的"三季人",是无法与他们沟通的。

一直倡导顺应大道、争做圣人的老子,也不仅仅只是在口头上喊话,自己一定也是热衷于实践的,他也是一个开创者、实践者,是一个时代的思想楷模,行动楷模。说了这么多了,明白者自然都明白了,不明白者再说五千言也是徒劳,不是吗?老子直言、不辩,是用行动来践行自己的思想的表现,毕竟大道不是高谈阔论,不是对他人评头论足;真诚待人,与人为善,遇到磨难时忍辱不辩,才是正人君子之所为。

纪连海谈 道德经

好了,我们一起重读了《道德经》,重新认识了老子,我也洋洋洒洒地说了几十万字,也是时候结尾了,至于我的言论是否是信,是否是美,是否是善,还是留给大家评说吧!